玄空秘旨

목강선사(目講先師) 저 | 류호기(柳告基)·권도훈(權度訓) 편역

祥元文化社

《玄空秘旨》

著者: 元 目講先師(목강선사)
解　: 清 無心道人(무심도인) 章仲山(장중산)
註解: 竹山佛心翠影書齋(죽산불심취영서재) 鐘義明(종의명)
懸吐: 柳浩基(류호기), 權渡訓(권도훈)
簡疏: 崔明宇(최명우)

서 문

본서는 현공풍수 기초이론을 습득한 다음에 비성반(飛星盤)에 근거하여 음양택(陰陽宅)을 감정을 하는데 활용하는 현공풍수의 고전이며 秘傳(비전)으로 전해 내려온 풍수서적이다.

구성(九星)을 단수(單數)로만 풀이하이 감정하면 대체적인 길흉(吉凶)은 알 수 있지만 깊은 단계의 감정을 하는 데는 한계가 있다.

이러한 한계를 넘어 쌍수(雙數)조합을 풀이하는 비결이 이미 선사(先師)가 저술한 《玄空秘旨(현공비지)》를 비롯한 《玄機賦(현기부)》·《飛星賦(비성부)》·《紫白訣(자백결)》 등의 저서가 있는데, 이중에서 《玄空秘旨(현공비지)》 책이 가장 기본서이면서도 난해한 내용이 많아 그동안 대만과 홍콩의 현공풍수 연구가들이 주석을 달았다.

본서는 대만(臺灣)의 종의명(鐘義明) 대사(大師)의 저서인 《玄空地理叢譚五集(현공지리총담오집)》에 나오는 《玄空秘旨註解(현공비지주해)》를 지난 2012년도에 최명우(崔明宇)선생에게 배운 내용을 토대로 현토와 번역을 하였다. 본서의 대부분이 현토(懸吐)수준의 번역만 한 이유는 원저자와 주석자의 깊은 의미가 혹시라도 왜곡되어 전달될 우려도 있고, 본서를 연구하기에는 오히려 효율적일 수도 있다는 생각에 주로 현토번역만 하게 되었지만 한편으로는 일말의 아쉬움이 남는다.

당시에 함께 동학(同學)하였던 곽임호, 김낙윤, 김상동, 김양춘, 김환국, 류기찬, 문병원, 변응복, 신석우, 신성철, 유용석, 이동철, 이동파, 이민열, 이용성, 이정린, 이찬호, 이해선, 임주완, 장동식, 정경섭, 정만호, 정택복, 정화영, 채옥순, 최흥렬, 한영관, 홍윤표, 황상보 선후배님인 이름도 이 자리를 빌려 기록하며 아울러 많은 조언과 격려에도 감사드립니다.

아무쪼록 본서를 통하여 실생활에 활용하는데 많은 도움이 되기를 바랍니다.

2014년 8월

류호기 · 권도훈 드림

목 차

《玄空秘旨》原文

제 1장

變易(변역)과 不易(불역)의 이치

1. 不知變易(불지변역)， 但知不易(단지불역)，
   九星八卦皆空(구성팔괘개공)，

2. 不識三般(불식삼반)， 那識兩片(나식양편)，
   凡屬五行盡錯(범속오행진착)이다 。

3. 顚之倒之(전지도지)，
   轉禍福於指掌之間(전화복어지장지간)，

4. 左挨右挨(좌애우애)，
   辨吉凶於毫芒之際(변길흉어호망지제) 。

5. 一天星斗(일천성두)， 運用只在中央(운용지재중앙)；
   九曜干支(구요간지)， 旋轉由乎北極(선전유호북극) 。

*但(다만 단)
*皆(다 개)
*那(어찌 나)
*錯(섞일 착)
*顚(뒤집을 전)
*倒(넘어질 도)
*辨(분별할 변)
*毫(가는 털 호)
*芒(털끝 망)
*旋(돌 선)
*轉(구를 전)

제 2장

夫婦(부부)와 兒孫(아손)

1. 夫婦相逢於道路(부부상봉 어도로)，
   卻嫌阻隔不通情(각혐조격 불통정)；

2. 兒孫盡在於門庭(아손진재 어문정)，
   猶恐凶頑非孝義(유공흉완 비효의) 。

*逢(만날 봉)
*卻(오히려 각)
*嫌(싫어할 혐)
*阻(험할 조)
*隔(사이 뜰 격)
*兒(아이 아)
*庭(뜰 정)
*恐(두려울 공)
*頑(완고할 완)

제 3장

空亡(공망)과 反吟伏吟(반음복음)

1. 卦爻雜亂(괘효잡란), 異姓同居(이성동거),	*吟(신음할 음) *雜(섞일 잡) *亂(어지러울 란)
2. 吉凶相併(길흉상병), 螟蛉爲嗣(명령위사)。	*併(아우를 병) *嗣(이을 사)

제 4장

九星組合(구성조합)・有吉有凶(유길유흉)

1. 山風值而泉石膏肓(산풍치이 천석고황),	*膏(살찔 고) *肓(명치끝 황)
2. 午酉逢而江湖花柳(오유봉이 강호화류)。	*逢(만날 봉)
3. 星連奎壁(성련규벽), 啓八代之文章(계팔대지 문장),	*奎(별이름 규) *壁(둥근 옥 벽) *啓(열 계)
4. 胃入斗牛(위입두우), 積千箱之玉帛(적천상지 옥백),	*胃(별이름 위) *箱(상자 상) *帛(비단 백)
5. 雞交鼠而傾瀉(계교서이 경사), 必犯徒流(필범도류);	*鼠(쥐 서) *瀉(쏟을 사) *徙(귀양보낼 사)
6. 雷出地而相沖(뇌출지이 상충), 定遭桎梏(정조질곡)。	*桎(차꼬 질) *梏(쇠고랑 곡)

제 5장

生剋制化(생극제화)의 正變(정변)과 補瀉(보사)

1. 火若剋金兼化木(화약극금 겸화목),	*數(자주 삭)

數經回祿之災(삭경회록지재),

2. 土能制水復生金(토능제수 부생금),
定主田庄之富(정주전장지부); *庄(농막 장)

3. 木見火而生聰明奇士(목견화이생 총명기사), *聰(귀밝을 총)

4. 火見土而生愚鈍頑夫(화견토이생 우둔완부), *愚(어리석을 우) *鈍(무딜 둔) *頑(둔할 완)

5-1. 無室家之相依(무실가지 상의),
奔走於東西道路(분주어 동서도로), *奔(달릴 분)

5-2. 鮮姻緣之作合(선인연지 작합),
寄食於南北人家(기식어 남북인가) 。 *鮮(적을 선) *姻(혼인 인) *緣(인연 연)

제 6장

多情無情(다정무정) · 正配雙至(정배쌍지)

1. 男女多情(남녀다정),
無媒妁而爲私合(무매작이 위사합); *媒(중매 매) *妁(중매 작)

2. 陰陽相見(음양상견),
遇冤讐則反無情(우원수즉 반무정)이다 。 *冤(원통할 원) *讐(원수 수)

3. 惟正配而一交(유정배이 일교),
有夢蘭之兆(유몽란지조); *夢(꿈 몽) *蘭(난초 란)

4. 得干神之雙至(득간신지 쌍지),
多折桂之英(다절계지영) 。 *折(꺾을 절) *桂(계수나무 계)

제 7장

陰神火曜(음신화요), 非類姻親(비류인친)

1. 陰神滿地成群(음신만지 성군),
紅粉場中快活(홍분장중쾌활),

2. 火曜聯珠相遇(화요련주상우),
青雲路上逍遙(청운로상소요) ○

3. 非類相從(비류상종), 家多淫亂(비류상종);
姻親相合(인친상합), 世出賢良(세출현량)

*粉(가루 분)
*快(쾌할 쾌)
*逍(거닐 소)
*遙(멀 요)
*從(좇을 종)
*姻(혼인 인)

제 8장

排山排水(배산배수)와 趨旺避衰(추왕피쇠)

1. 負棟入南離(부동입남리),
竚見廳堂再煥(저견 청당재환),

2. 驅車朝北闕(구거조북궐),
時聞丹詔頻來(시문 단조빈래) ○

3. 全無生氣入門(전무생기입문),
糧蹇一宿(양건일숙),
會有旺神到穴(회유왕신도혈),
富積千箱(부적천상) ○

*棟(용마루 동)
*竚(우두커니 저)
*廳(관청 청)
*煥(불꽃 환)
*驅(몰 구)
*詔(고할 조)
*頻(자주 빈)
*糧(양식 량)
*蹇(절 건)
*宿(묵을 숙)
*到(이를 도)
*積(쌓을 적)
*箱(상자 상)

제 9장

先後天體用(선후천체용) · 河洛相參(하락상참)

1. 相剋而有相濟之功(상극이유 상제지공),
先天之乾坤大定(선천지 건곤대정) ○

*濟(도울 제)

2. 相生而有相凌之害(상생이유 상능지해),
後天之金木交併(후천지 금목교병)。

*凌(깔볼 능)
*併(아우를 병)

제 10장

形理兼看(형리겸간)은 制化의 精微(정미)

1. 木傷土而金位重重(목상토이 금위중중),
禍須有救(화수유구),

*方(드디어 방)

2. 火制金而水神疊疊(화제금이 수신첩첩),
災亦能禳(재역능양)。

*疊(겹쳐질 첩)
*禳(물리칠 양)

3. 土濁水而木旺(토탁수이목왕), 無妨(무방),

*濁(흐릴 탁)
*妨(방해할 방)

4. 金伐木而火榮(금벌목이화영), 無忌(무기)。

*榮(꽃 영)
*忌(꺼릴 기)

제 11장

忌神(기신)은 制神(제신)으로 조절

1. 忌神旺而 制神衰(기신왕이 제신쇠),
乃入室以 操戈(내입실이 조과),

*操(잡을 조)
*戈(창 과)

2. 吉神衰而 凶神旺(길신쇠이 흉신왕),
直開門而 揖盜(직개문이 읍도)。

*揖(읍 읍)
*盜(훔칠 도)

제 12장

剋入(극입)과 生入(생입)

1. 重重剋入(중중극입), 立見死亡(입견사망),
位位生來(위위생래), 連添喜氣(연첨희기)。

*立(즉시 립)
*添(더할 첨)

2. 不剋我(불극아)， 而剋我同類(이극아동류)， 多鰥寡孤獨之人(다과부고독지인)，	*鰥(홀아비 환) *寡(적을 과)
3. 不生我(부생아)， 而生我家人(이생아가인)， 出俊秀聰明之士(출준수총명지사) 。	*俊(뛰어날 준) *聰(귀 밝을 총)

제 13장

不妊(불임) · 生氣山(생기산)의 有無情(유무정)

1. 爲父所剋(위부소극)， 男不招兒(남불초아)，	*招(부를 초) *兒(아이 아)
2. 爲母所傷(위자소상)， 女難得嗣(여난득사)；	*亂(어지러울 란) *嗣(이을 사)
3. 後人不肖(후인불초)， 因生方之 反背無情(인생방지 반배무정)，	*肖(닮을 초) *背(등 배)
4. 賢嗣承宗(현사승종)， 緣生位之 端方朝揖(연생위지 단방조읍) 。	*嗣(이을 사) *承(받들 승) *緣(인연 연) *端(바를 단) *揖(읍할 읍)

제 14장

지나친 我剋(아극)과 지나친 我生(아생)

1. 我剋彼而 竟遭其辱(아극피이 경조기욕)， 爲´財帛^以^喪身(위재백이 상신)，	*辱(욕되게할 욕) *帛(비단 백)
2. 我生之而 反受其殃(아생지이 반수기앙)， 因^產難^而^致死(인산난이 치사) 。	*殃(재앙 앙) *致(보낼 치)

제 15장

形(형)과 氣(기)의 相剋(상극)과 利害(이해)

1. 腹多水而膨脹(복다수이팽창),

2. 足見金而蹣跚(족견금이만산)。

3. 巽宮水路纏乾(손궁수로전건),
   主有吊樑之厄(주유조량지액),

4. 兌位明堂破震(태위명당파진),
   定生吐血之災(정생토혈지재)。

5. 風行地而硬直難當(풍행지이 경직난당),
   室有欺姑之婦(실유기고지부),

6. 火燒天而張牙相鬪(화소천이장아상투),
   家生罵父之兒(가생매부지아)。

*膨(부풀 팽)
*脹(배부를 창)
*蹣(비틀거릴 만)
*跚(비틀거릴 산)
*纏(얽힐 전)
*吊(조상할 적)
*樑(들보 량)
*吐(토할 토)
*欺(속일 기)
*姑(시어미 고)
*燒(사를 소)
*張(베풀 장)
*鬪(싸움 투)
*罵(욕할 매)

제 16장

兩局相關(양국산관)과 孤龍單結(고룡단결)

1. 兩局相關(양국상관), 必生攣子(필생련자),
2. 孤龍單結(고룡단결), 定有獨夫(정유독부)。

*攣(쌍둥이 련)
*孤(외로울 고)

제 17장

卦理(괘리)와 變卦(변괘)

1. 坎宮高塞而耳聾(감궁고색 이이롱),	*塞(막힐 색) *聾(귀머거리 롱)
2. 離位傷殘而目瞎(이위상잔 이목할),	*殘(해칠 잔) *瞎(애꾸눈 할)
3. 兌缺陷而脣亡齒寒(태결함이 순망치한),	*缺(이지러질 결) *脣(입술 순) *憂(근심할 우)
4. 艮破碎而筋臂折(간파쇄이 근비절),	*筋(힘줄 근) *臂(팔 비) *折(꺾을 절)
5. 山地被風吹(산지피풍취), 還生風疾(환생풍질),	*被(당할 피) *吹(불 취)
6. 雷風因金死(뇌풍인금사), 定被刀兵(정피도병) °	

제 18장

子息卦(자식괘)와 父母爻(부모효)

1. 家有少亡(가유소망), 只爲沖殘子息卦(지위충잔 자식괘),	*沖(찌를 충) *殘(해칠 잔)
2. 庭無耆老(정무기로), 都因攻破父母爻(도인공파부모효) °	*庭(뜰 정) *耆(늙은이 기)

제 19장

因形察氣(인형찰기): 形氣로 地氣를 살핀다

1. 漏道在坎宮(누도재감궁), 遺精洩血(유정설혈),	*漏(샐 루) *遺(끼칠 유) *洩(샐 설)
2. 破軍居巽位(파군거손위), 顚疾風狂(전질풍광) °	*顚(머리 전) *狂(미칠 광)

3. 開口筆插離方(개구필 삽리방),
必落孫山之外(필락 손외지외),

4. 離鄕砂飛艮位(이향사 비간위),
定亡驛路之中(정망 역로지중) 。

*插(꽂을 삽)
*驛(역참 역)
*路(길 로)

제 20장

體得其體(체득기체)·用得其用(용득기용)

1. 金水多情(금수다정), 貪花戀酒(탐화연주),

2. 木金相反(목금상반), 背義忘恩(배의망은),

3. 震庚會局(진경회국),
文臣而兼武將之權(문신이겸무장지권),

4. 丁丙朝乾(병정조건),
貴客而有耆耄之壽(귀객이유 기모자수) 。

5. 天市合丙坤(천시합병곤), 富堪敵國(무감적국),

6. 離壬會子癸(이임회자계), 喜產多男(희산다남) 。

*徵(부를 징)
*戀(사모할 련)
*恩(은혜 은)
*兼(겸할 겸)
*武(굳셀 무)
*將(장차 장)
*耆(늙은이 기)
*耄(늙은이 모)
*堪(할 감)

제 21장

動靜(동정)과 純雜(순잡)의 吉凶(길흉)

1. 四生有合人文旺(사생유합 인문전),
四旺無沖田宅饒(사왕무충 전택요) 。

2. 丑未換局(축미환국), 而出僧尼(이출승니),

*饒(넉넉할 요)
*換(바꿀 환)
*僧(중 승)
*尼(여중 니)

震巽失宮(진손실궁)，而生賊丐(이생적개) 。	*賊(도둑 적) *丐(거지 개)
3. 南離北坎(남리북감)，位極中天(위극중천)， 長庚啓明(장경계명)，交戰四國(교전사국) 。	
4. 健而動(건이동)，動非佳兆(동비가조)， 止而靜(지이정)，靜固不宜(정고불의) 。	*啓(열 계) *健(튼튼할 건) *佳(아름다울 가) *兆(조짐 조)
5. 富並陶朱(부병도주)，斷是堆金積玉(단시퇴금적옥)， 貴比王謝(귀지왕상)，總緣喬木扶疏(총연고목부소) 。	*陶(질그릇 도) *總(거느릴 총) *緣(가선 연) *喬(높을 교) *扶(도울 부) *疏(트일 소)
6. 辛比庚(신비경)，而辛更精神(이신경정신)， 甲附乙(갑부을)，而甲益靈秀(이갑익영수) 。	*益(더할 익) *靈(신령 령)
7. 癸爲玄龍(계위현룡)，壬號紫氣(임호자기)， 昌盛各得有攸司(창성각득유유사)， 丙臨文曲(병림문곡)，　丁近傷官(정근상관)， 人財因之耗乏(인재인지모핍) 。	*號(부르짖을 호) *紫(자줏빛 자) *攸(바 유)=所 *司(맡을 사) *耗(줄 모) *乏(가난할 핍)

제 22장

四墓四生(사묘생사)과 卦內卦外(괘내괘외)

1. 見祿存(견녹존)，瘟廣必發(온황필발)，	*瘟(염병 온) *癀(황달병 황)
2. 遇文曲(우무곡)，蕩子無歸(탕자무귀)이다 。	*蕩(쓸어버릴 탕)
3. 值廉貞而頓見火災(치염정이 돈견화재)，	*頓(갑자기 돈)
4. 逢軍破而多虧身體(봉군파이 다휴신체)이다 。	*虧(이지러질 휴)

5. 四墓非吉(사묘비길),
陽土陰土貴剪裁(양토음토 귀전재),

6. 四生非凶(사생비흉),
卦內卦外由我取(내재괘외 유아취)。

7. 若知禍福緣因(약지화복연인),
妙在天心橐籥(묘재천심탁약)。

*剪(자를 전)
*裁(마를 재)

*橐(전대 탁)
*籥(피리 약)

引言(인언)

玄空이란 者는,
倒地翻天(도지번천: 변화)하고,
隨時變易(수시변역)之^玄機(현기: 열쇠)^也이다 。

'目講(목강; 元末明初의 승려이며 堪輿大師)' 은
深得(심득)'其^奧(오: 심오)하여,
作'此^《秘旨(:현공비지)》하여,
闡發(천발: 명백히 설명)'
《青囊(청낭: 청낭經, 청낭序, 청낭奧語)》·
《天玉(: 천옥경)》之^至理(지리: 이치)·
九星이 雙起(쌍기)之^玄關(현관: 핵심)이다 。

辨'吉凶(길흉)하고·定'盛衰(성쇠)하는데,
發'皆(:개 모두)^中節(: 的中)하고,
靈(영: 영험)이 如^桴鼓(부고: 정확)하므로,
眞^理氣之^金針(금침: 비결)^也이다 。

*倒(넘어질 도)
*翻(날 번)
*隨(따를 수)
*堪(하늘 감)
*輿(수레 여)
*深(깊을 심)
*奧(속 오)
*闡(열 천)
*囊(주머니 낭)
*靈(신령 령)
*桴(북채 부)
*鼓(북 고)

【鐘按】

傳世的^인《玄空秘旨》의 版本(판본)에는 有'
(1)《舊註本(구주본)》이고,
(2)《鮑士選(포사선)' 의 註本》이고,
(3)《章仲山(장중산: 清朝시대에 飛星派 玄空風水大家이며 1810~1830년대 저술활동 활발하였음)' 의 註本》이다 。

*版(널 판)
*鮑(절인어물 포)
*章(글 장)
*仲(버금 중)

前二(1번~2번)^本은
均(균: 모두)^題(제: 쓰다)'
'宋' 나라의 '吳景鸞(오경란)' ^著(저: 저서)이고,
《章註本(장주본)》은
題' '目講(목강)' 禪師(선사)^著이다 。

*鑾(방울 란)
*禪(참선 선)
*著(기록할 저)

筆者가 藏有(장유)한
'贛州(감주: 중국 강서성에 있는 도시명으로, '楊筠松'의 풍수유적지가 많음)'의
'楊藏華(양장화)' 선생의《玉匣秘傳(옥갑비전)》에는
'吳景鸞' 선생의 著인《三元一機》內에
有´《玄空秘斷》인, 即^此가《玄空秘旨》인데,
惟^部分^文字는 有´異이지만,
原註의 旨義(지의)인
則^大相逕庭(대상경정: 차이가 많음)하다 。

*藏(감출 장)
*贛(강이름 감)
*藏(감출 장)
*華(꽃 화)
*匣(갑 갑)
*逕(소로 경)
*庭(뜰 정)

另(령: 달리)^有´
《造化元賦(조화원부)》^及^《秘本玄機賦》는,
亦^皆^爲´《玄空秘旨》之^不同한 抄本(초본)이다 。

*另(따로 령)
*賦(문장 부)
*抄(베낄 초)

筆者가 於^1995五年 夏月(하월)에 出版한
《玄空地理斷訣彙解(현공지리단결휘해)》一書中에
已經(: 이미)^披露(피로: 발표)하였다 。

*夏(여름 하)
*彙(무리 휘)
*披(나눌 피)
*露(드러날 로)

另^有´'淸'나라
'程明先(정명선: '장대홍'의 제자인 '駱士鵬[낙사붕]'의 제자)'이
輯註(집주)之^《經義秘旨(:경의비지; 최근에 대만에서 출간되었음))》인데,
內에도 有´《玄空運用五行秘旨曾解》하며,
題´'蔣大鴻(장대홍)' 선생의 家藏(가장)인데,
此^篇도 亦^是´《玄空秘旨》抄本(초본)之^一인데,
惟^甚少(심소: 아주 적게)^傳´世하였다 。

*另(별도로 령)
*程(단위 정)
*駱(낙타 락)
*鵬(붕새 붕)

*輯(모을 집)
*註(주해 주)
*題(표제 제)
*藏(감출 장)
*篇(책 편)
*抄(베낄 초)
*惟(생각할 유)

筆者가 曾^著´
《玄空運用五行秘旨^增解》^及^
《章註^玄空秘旨^增解》인데,
納入(납입: 싣다)´《玄空地理逸篇新解(현공지리일편신해)》卷三하고, 於^1992年 初夏(초하)에 出版하였다 。

*曾(일찍 증)
*納(바칠 납)
*於(어조사 어)
*券(문서 권)
*夏(여름 하)
*版(널 판)

《玄空地理斷訣彙解(현공지리단결휘해)》卷四中에
復(부: 다시)^載'
《章仲山註解玄空秘旨》^與^
《玄空秘旨簡註》二篇이다 。

*彙(무리 휘)
*解(풀 해)
*復(다시 부)
*載(실을 재)
*簡(대쪽 간)
*註(주낼 주)

坊本(방본: 출판된 판본)으로는 是篇은
大抵(대저: 대개)^《沈氏玄空學》인데,
'沈竹礽(심죽잉)' 之^子인
'沈祖綿(심조면: 일명 瓞民[질민])'
又^以^是篇(:
《玄空秘旨(현공비지)》)과 與^
《玄機賦(현기부)》·
《飛星賦(비성부)》·
《紫白訣(자백결)》을 合註하여,
梓爲(재위: 출판)'《玄空古義四種通釋(현공고의사종통역)》
(1940年에 出版)이다 。

*坊(동네 방)
*篇(책 편)

*抵(이를 저)
*礽(다행 잉)
*綿(이어질 면)
*瓞(오지 질)
*賦(문장 부)
*紫(자줏빛 자)
*梓(출판할 재)

*通(통할 통)
*釋(풀 석)

*版(널 판)

《沈氏玄空學》에 云하기를:
『玩'其^理論하니, 實^與^《玄機賦》同하여,
或^本^'吳景鸞(오경란: 宋朝의 風師大師)'
의 作이고,
而 '目講(목강)' 傳之^歟(여)일까?』
這^個^說法은, 大致(대치: 대체로)上으로는
是'可以^讓(: 使)^人이 認同^的이다 。
《章氏註本》^與^《舊註本》은
字句(자구)가 有'異이지만,
但^義(: 의미)는 無殊(무수: 같음)이다 。

*玩(감상할 완)
*鸞(난새 란)
*講(익힐 강)
*傳(전할 전)
*歟(그런가 여)

*讓(사양할 양)
*歟(어조사 여)
*與(더불어 여)
*殊(다를 수)

讀者는 可取'
(1) 《沈氏玄空學(: 1925년 출간)》·
(2) '章'의 著인《心眼指要(심안지요)》·

*讀(읽을 독)
*沈(가라앉을 심)
*談(말씀 담)
*錫(주석 석)
*卷(쇠뇌 권)
*參(간여할 참)

(3) '沈祖綿(심조면)' 著인《玄空古義四種通釋》·
(4) '王亭之(왕정지: 본명은 '談錫永[담석영]'의 著인 《中州派玄空學》中卷을 參覽(참람)이다 ∘

*覽(볼 람)

本篇은 原^載(재)´於^
拙著(졸저)인《玄空地理逸篇新解(--일편신해)》인데,
本擬略去(본의략거: 핵심만 헤아림)하였는데,
但^考慮(고려)´到^
(1) 保存'原著的^完整性(완정성)이고,
(2) 未'購閱(구열: 사서 보다)'《玄空地理逸篇新解(현공지리일편신해)》一書的^讀者이고,
(3) 上書의 出版은 迄今(흘금: 지금까지)^
已(이: 이미)^相隔(상격: 오래 되다)´6年하여,
其間에 筆者가 有'新的^心得하여,
基'於^這^三個^因素(인소: 요소)한,
故^將^當^作/補充'新的^心得하였으며,
不揣譾陋(불췌전루: 중요하지 않는 내용은 생략)하였는데,
復^載(재)´於^此하였다 ∘
舊作(구작)에 缺(결)한 實例를 解說하였고,
新解한 故^重^擧例(거례: 예를 들어)하여 說明하였다 ∘

*載(실을 재)
*拙(졸할 졸)
*逸(뛰어날 일)
*篇(책 편)
*擬(헤아릴 의)
*略(생략할 략)
*考(생각할 고)
*慮(생각할 려)
*整(가지런할 정)
*購(살 구)
*閱(검열할 열)
*迄(이를 흘)
*隔(사이 뜰 격)

*基(의거할 기)
*這(이 저)
*揣(생각할 췌)
*譾(얕을 전)
*陋(한할 루)
*復(다시 부)
*此(이 차)
*舊(예 구)
*缺(빠질 결)
*擧(들 거)

爲了'編輯上的^需要(수요)하여,
依'《原註本》하고 所分'段落(단락)하여,
定^爲´222章하고,
每章은
以^其^旨義(지의)로 擬出(의출: 뽑아내다)´標題(표제)하여,
如此한 則^
章(장)과 節(절)이 分明하고 而^
旨義(지의)가 瞭然(요연)^矣하다 ∘

*編(엮을 편)
*輯(모을 집)

*需(구할 수)
*段(구분 단)
*落(떨어질 락)

*擬(헤아릴 의)
*標(표시할 표)
*旨(요지 지)
*題(표제 제)
*瞭(밝을 료)

제 1장

變易(변역)과 不易(불역)의 이치

1. 不知變易(불지변역)， 但知不易(단지불역)，
九星八卦皆空(구성팔괘개공)，

2. 不識三般(불식삼반)， 那識兩片(나식양편)，
凡屬五行盡錯(범속오행진착)이다 。

3. 顚之倒之(전지도지)，
轉禍福於指掌之間(전화복어지장지간)，

4. 左挨右挨(좌애우애)，
辨吉凶於毫芒之際(변길흉어호망지제) 。

5. 一天星斗(일천성두)， 運用只在中央(운용지재중앙)；
九曜干支(구요간지)， 旋轉由乎北極(선전유호북극) 。

*但(다만 단)
*皆(다 개)

*那(어찌 나)
*盡(다할 진)
*錯(섞일 착)

*顚(뒤집을 전)
*倒(넘어질 도)
*掌(손바닥 장)

*辨(분별할 변)
*毫(가는 털 호)
*芒(털끝 망)

*旋(돌 선)
*轉(구를 전)
*曜(빛날 요)

1. 變易(변역)을 모르고, 不易(불역)만 알고 있다면,
九星(구성)과 八卦(팔괘)는 모두 헛되고,

2. 三般(: 生旺氣)도 모르는데, 兩片(: 順逆)을 알 것인가!
三合五行(: 포태법)은 아주 잘못된 이론이다。

3. 顚之倒之(전지도지: 挨星[애성])에 따라,
禍福(화복)은 掌訣(장결: 현공풍수 운용)에 있다.

4. 陽左(양좌)는 順行하고 陰右(음우) 逆行하는데,
조금의 차이에 따라 吉凶이 다르게 나타난다.

5. 하늘에 별도 북극성을 중심으로 돌듯이,
九星을 中宮에 넣고 順逆飛排한다.

*順(순할 순)
*逆(거스를 역)

*挨(밀칠 애)=飛
*訣(비결 결)

〔章註〕

此言은 玄空大卦로,
陰陽五行(음양오행)은,
縱橫顚倒(종횡전도)하여,
變化不測(변화불측)하고,
毫釐千里(호리천리)이므로,
甚(심: 아주)^屬´玄微(현미)한다 。

*縱(세로 종)
*橫(가로 횡)
*顚(꼭대기 전)
*倒(넘어질 도)
*測(잴 측)
*毫(가는 털 호)
*釐(가늘 호)
*微(작을 미)

'目講(목강)' 이 恐(공: 아마)´
讀者가 無所適從(무소적종: 어떻게 해야 할지 모름)하여,
又^將^衆星이 旋轉之機(선기지기)를 以^示之하였다 。
謂´衆星之^所以(: 이유)^旋轉(선전)^也인데,
其^機가 在´乎^<u>北極</u>(북극)이다 。
陰陽之^所以(: 이유)^「顚倒(전도: 음양이 바뀜)」^也는,
其^樞(추: 회전축,핵심)는 在´乎^<u>三般</u>이다 。

*恐(두려울 공)
*適(갈 적)
*從(좇을 종)
*旋(돌 선)
*轉(구를 전)
*機(틀 기)
*示(보일 시)
*其(그 기)
*乎(~에 호)
*樞(관건 추)
*乎(어조사 호)

讀者는 當^細細(세세)^揣(췌: 생각)之한,
則^縱橫顚倒(종횡전도)之^機이고,
<u>隨時變易</u>(수시변역: 시기에 따른 변화)之^理하면,
自(: 스스로)^可得하여 而^知之^矣이다 。

*細(가늘 세)
*縱(늘어질 종)
*橫(가로 횡)
*顚(꼭대기 전)
*倒(넘어질 도)
*揣(생각할 췌)
*隨(따를 수)

【鐘註】

'蔣大鴻(장대홍)' 선생의

《天元歌(천원가)》에 云'

『一元浩氣 含三象(일원호기 함삼상)』하여,

一元浩氣는 乃'

生生不息(생생불식)之^氣機(기기)로 而^

存'於^宇宙者의 '太極(: 玄空의 中宮)' ^也이다.

亦^本文에서 所謂^之^

「中央(중앙)」·「北極(북극)」^也이다.

宇宙의 動力은 來'自^「北極」하여,

「北極(: 작은 곰자리)」에는 有'五星인데,

① 太子(태자)·

② 帝王(제왕)·

③ 庶子(서자)·

④ 后妃(후비)·

⑤ 天樞(천구: 과거에는 북극에 위치한 별이지만, 현재는 북극의 위치가 아님; 큰곰자리인 북두칠성의 제일성과 같은 이름)이다.

(1) 西方天文學

西方(: 서양)의 天文學에서는

以^北斗七星(: 큰 곰자리)의 第一星인

'天樞(천구: 貪狼星)' 이 爲'宇宙의 核心(핵심)이다,

(2) 中國天文學

中國天文學인 則^以^北極星座中에 第二星인

'帝王(太一)' 이 爲'宇宙의 中樞(중추)이다.

*浩(클 호)
*含(머금을 함)
*象(코끼리 상)
*息(숨쉴 식)
*宇(집 우)
*宙(집 주)
*極(다할 극)

*庶(서출 서)
*后(임금 후)
*妃(왕비 비)
*樞(지도리 추)

*貪(탐할 탐)
*狼(이리 랑)
*核(씨 핵)

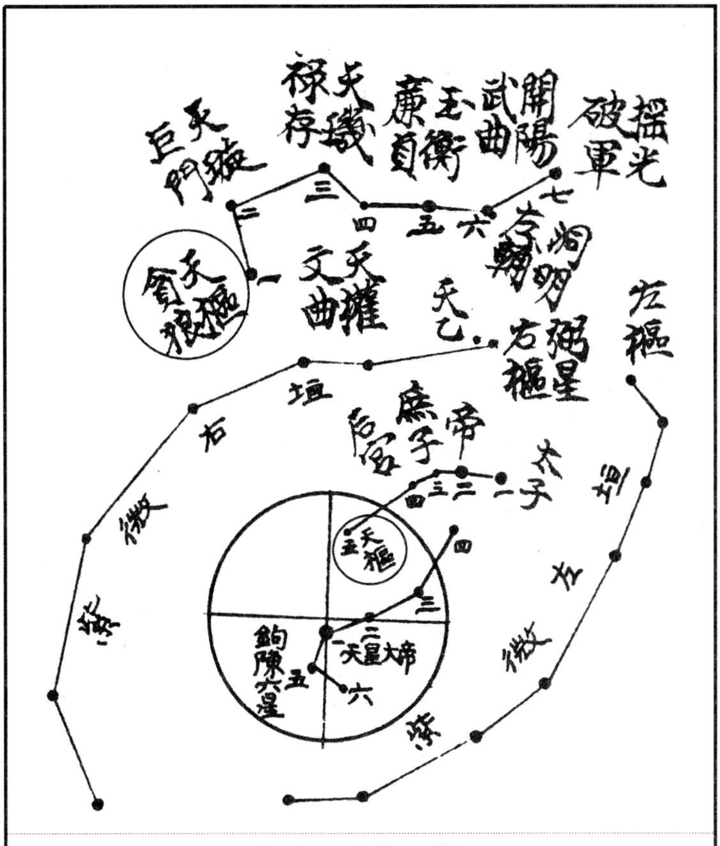

〈天樞星(천추성)〉

*樞(지도리 추)

第二星인 ‘帝王(제왕)’ ^與^
第四星인 ‘后妃(후비:后宮)’는
正反이 相錯(상착)하여 而^生´陰陽^二가 動力으로,
第一星인 ‘太子’는 調和´陰陽의 二力하여,
輪(륜)´與^北斗하므로, 北斗가 旋轉(선전)하고,
帶動(대동: 움직이게 하다)´天體의 群星하는데,
向^同一한 方向하여 旋行(선행)하고,
循環不息(순환불식)하고,
而^各^星團(성단)之^成熟(성숙)者하고,
又^各^有´核心(핵심)은 放射(방사)하는 能量하여,
以^帶動(대동)´行星之^旋行(선행)하여,
發生´萬物한다 。

*帝(임금 제)
*后(임금 후)
*妃(왕비 비)
*錯(섞일 착)
*輪(바퀴 륜)
*旋(돌 선)
*轉(구를 전)
*循(좇을 순)
*環(고리 환)
*團(둥글 단)
*熟(익을 숙)
*放(놓을 방)
*射(궁술사)
*帶(띠 대)

「變易(변역)」이란 者란, 動^也이다 。
宇宙의 萬有(: 만물)는 無不(:모두)^變動하는데,
以^地球'言하자면,
其動은 有'繞日(요일: 태양을 둘러싸고)之^ '公轉' 하여,
四時(: 네 계절)가 生하여 而^一歲(: 일년)가 成^焉이다;
自(:스스로)^西向東之^ '自轉(자전)' 으로,
晝夜가 分爲하는데 隨'太陽系하여
以^每秒에 12浬(리: 해리;지구의 자전속도는 초속 463m)餘之^
速度로 向^織女星(직녀성)하여 齊進(: 함께 가다)之^ '空間位移(공간위이)' 이고,
以及(이급: 그리고)^
每 25,800年에 地軸(지축)이 繞(요)'黃道軸(황도축)하여
一周之^ '歲差(세차)' 이고,
列宿(열수)이 馳(치)^焉이다 。
(지구의) 內層內部는,
海底의 板塊(판괴: 판상표층)下之^
'曼得地層(만득지층: 맨틀)' 係의 高溫(고온)이
流動之^岩層(암층)이고,
其^運動은 造成'地層之^變動한다 。

*繞(두를 요)
*隨(따를 수)
*浬(해리 리)
*餘(남을 여)
*齊(함께 제)
*進(나아갈 진)
*移(옮길 이)
*軸(굴대 축)
*繞(두를 요)
*齊(모두 제)
*差(어긋날 차)
*列(벌일 렬)
*宿(별 수)
*馳(달릴 치)
*底(밑 저)
*板(널빤지 판)
*塊(흙덩이 괴)
*曼(끌 만)
*溫(따뜻할 온)

《易》乾卦의 象詞(상사: 〈彖(단)〉)에
有'
『雲行雨施(운행우시: 하늘이 구름과 비의 영향으로),
品物流行(물품유행: 만물을 만들고),
大明終始(대면시종: 태양은 반복하여 순환하고),
六位時成(육위시성: 6爻는 시간을 이루고),
時乘六龍以御天(시승육룡이어천: 시간에 따라 육룡은 하늘에 오르고),
乾道變化(건도변화: 하늘의 이치는 변화하여),
各正性命(각정성명: 각기 속성과 명을 바르게 하면),
保合大和(보합대와: 큰 조화를 보전하여),
乃利貞(내이정: 이롭고 바르다) 。』

*詞(말씀 사)
*彖(판단할 단)
*施(베풀 시)
*終(끝날 종)
*始(처음 시)
*乘(탈 승)
*御(어거할 어)
*乃(이에 내)
*貞(곧을 정)

'六龍(육룡')인, 即^
時間이
潛伏(잠복)·顯現(현상)·成長(성장)·
躍進(약진)·飛騰(비등)· 滿盈(만영)의,
6階段(단계)之^變動하고 消長(소장)之^道^也이다 。

*潛(잠길 잠)
*顯(나타날 현)
*躍(뛸 약)
*騰(오를 등)
*滿(찰 만)
*盈(찰 영)
*段(구분 단)
*階(층계 계)

「玄空」者란,
玄竅(현규: 天地)로 通用^也이다 。
「玄」은, 天之^施(시)^也이다 。
「空」은, 地之^受(수)^也이다 。
天은 乃'積陽(적양)之^氣로, 爲'「玄」, 爲'生하고;
地는 乃'積陰(적음)之^氣로, 爲'「空」, 爲'死이다 。
天氣는 爲'不見之^形하여, 變化莫測(변화막측)한,
故^曰'「玄」이고;
地氣는 爲'重濁(중탁)하여 可見之^形이지만,
但^有'玲瓏(영롱: 찬란함)^流通之^竅(규: 관건)인,
故^曰'「空」이다 。
陽氣가 下降(하강)하여 而^爲' '月窟(월굴)' 하고,
陰氣가 上升(상승)하여 而^爲' '天根(천근)' 하는데,
而^此^二氣(: 陰陽)는 是'
從(종: 부터)^中五(中宮5)하여 而^往來한다 。
故^玄空之^妙用은 出'於^中(:中宮)이다 。
中五인 即^心으로, 天에는 有'天心이고·
人에는 有'人心이고·地에는 有'地心(:中宮)이다 。
有'一心인 則^有'一性으로,
當^其^寂然不動(적연부동)한,
即^不睹不聞(부도불문: 볼 수도 없고 들을 수도 없음)이지만,
及其(: 급기야)^感而遂通(감이수통)한,
即^莫見莫顯(막견막현: 모두 보이고 모두 나타남)하므로,
心之^爲用(: 쓰임새)이 大^矣이다!
故^玄空之^運用은, 乃'本'於^上述所言이다 。

*竅(구멍 규)
*施(베풀 시)
*受(받을 수)
*積(쌓을 적)
*莫(없을 막)
*測(잴 측)
*濁(흐릴 탁)
*玲(옥소리 령)
*瓏(옥소리 롱)
*降(내릴 강)
*窟(굴 굴)
*升(오를 승)
*根(뿌리 근)
*寂(고요할 적)
*然(그러할 연)
*睹(볼 도)
*遂(이를 수)
*莫(없을 막)
*顯(나타날 현)
*述(지을 술)

1. 不知變易(불지변역)，　但知不易(단지불역)，
九星八卦皆空(구성팔괘개공)，

「變易」은，　隨′元運하여　而^動之^氣이다 。
「不易」은，固定之^山水・八卦・二十四山이다 。

*隨(따를 수)
*固(굳을 고)

「九星八卦皆空」에는 有′二(:두 가지)^義이다;
(1) 若^知′「變易」之^理인，
則^星^與^卦가 皆^隨′運하여 流通이다 。
此處之^空(: 공간)은，指′流通하는 而^言이다 。
(2) 若^執(:집)′「不易」인，則^星卦는 是′死的으로，
禍福(화복)이 無′憑(빙)이다 。
此處之^「空」은，指′‘虛妄(허망)’ 而言이다 。

*執(잡을 집)
*憑(기댈 빙)
*虛(빌 허)
*妄(허망할 망)

2. 不識三般(불식삼반)，　那識兩片(나식양편)，
凡屬五行盡錯(범속오행진착)이다 。

「三般(삼반: 陰陽順逆)」이란，
(1) 子午卯酉 乾坤艮巽은 爲′天元宮이고，
(2) 辰戌丑未 甲庚丙壬는 爲′地元宮이고，
(3) 寅申巳亥 乙辛丁癸는 爲′人元宮이다 。
知′此^「三般」卦하여야，
方^知′分′陽은 爲′一片・陰도 爲′一片이다 。

「五行盡錯(오행진착)」도，　亦^有′二^義(:의미)이다;
(1) 錯(착)은，
爲′八卦의 錯綜(착종)之^錯으로，
陽이 變′陰이고，　陰이 變′陽^也이다 。
指′九星之^陰陽이 隨′時運하여 而^變이다 。

*盡(다될 진)
*綜(모을 종)

(2) 錯(착)은，
誤(오)^也이고，　非(비)^也이고，亂(난)^也이다 。
指′以^五行四局인

*錯(섞일 착)
*誤(그릇할 오)
*亂(어지러울 란)

生旺墓(생왕묘: 포태법을 지칭)의 三合地理는
爲´誤이다 。

運의 禍福(화복)은 (在)´於^「指掌之間」이다;
既^知´中五立極 · 分陰分陽之^秘旨(비지:비밀)한,
則^能操´禍福之^權柄(병권: 열쇠)^矣한다 。
亦^言´玄空法은 有´ ‘掌訣(장결)’ 이 在^焉이다;
一般^剋擇家(극택가: 택일가)는 必^其^之^四^掌訣로,
如^下圖에 所示이다 。

*操(잡을 조)
*權(저울추 권)
*柄(자루 병)
*掌(손바닥 장)
*訣(비결 결)

『通書道理妙無窮(통서도리 묘무궁)하고,
吉凶例訣在飛宮(길흉예결 재비궁)하여;
若能曉得陰陽理(약능효득 음양리)하면,
天地都來一掌中(천지도래 일장중)이다 。』
玄空訣의 所用^者는 爲´
九宮掌訣(:後天掌訣)^與^排山掌訣(배산장결)이다 。

*剋(이길 극)
*擇(가릴 택)
*掌(손바닥 장)
*訣(비결 결)
*窮(다할 궁)
*例(모두 례)
*曉(새벽 효)
*都(모두 도)
*排(밀칠 배)

九宮掌訣(:後天掌訣)		
四 巽 ☴	九 離 ☲	二 坤 ☷
三 震 ☳	五 中	七 兌 ☱
八 艮 ☶	一 坎 ☵	六 乾 ☰

九宮掌訣

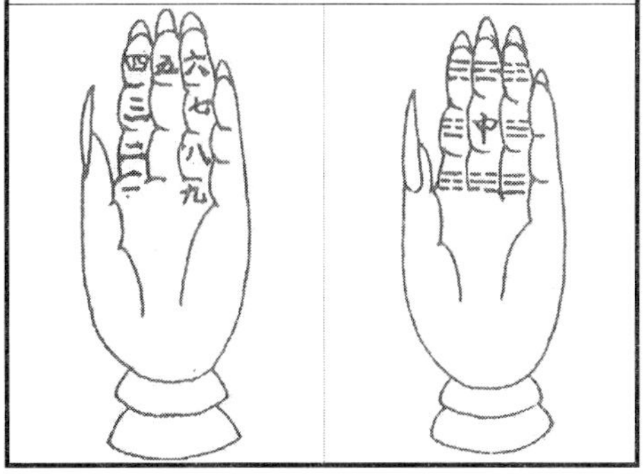

排山掌訣		
逆←		→順
四巽	五中	六乾
三震		七兌
二坤		八艮
一坎		九離

排山掌訣

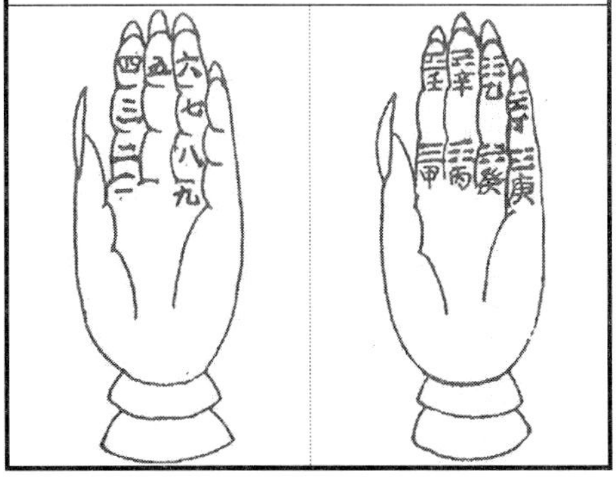

九星의 干支이다:

〈1白〉에는 壬(+) 子癸(-) 貪狼(탐랑)㊌이다 。
〈2黑〉에는 未(-) 坤申(+) 巨門(거문)㊏이다 。
〈3碧〉에는 甲(+) 卯乙(-) 祿存(녹존)㊍이다 。
〈4綠〉에는 辰(-) 巽巳(+) 文曲(문곡)㊍이다 。
〈5黃〉에는 戊(+) 己(-) 廉貞(염정)㊏이다 。
〈6白〉에는 戌(-) 乾亥(+) 武曲(무곡)㊎이다 。
〈7赤〉에는 庚(+) 酉辛(-) 破軍(파군)㊎이다 。
〈8白〉에는 丑(-) 艮寅(+) 左輔(보필)㊏이다 。
〈9紫〉에는 丙(+) 午丁(-) 右弼(우필)㊋이다 。

*貪(탐할 탐)
*狼(이리 랑)
*祿(복 록)
*廉(청렴할 렴)
*貞(곧을 정)
*武(굳셀 무)
*破(깨뜨릴 파)
*輔(도울 보)
*弼(도울 필)

貪巨祿文廉武破輔弼(탐거녹문 염무파 보필)은,
每星은 分´元運(3원9운)하여, 各^入主´中宮^20年이다 。
斗轉星移(두전성이: 시간의 흐름)한 則^八宮의 干支인데,
有時에는
占/陽은 而^陰이고, 占/陰은 而^陽하여,
占/陽은 仍(잉: 여전히)^作/陽이고,
占/陰은 仍(잉: 여전히)^作/陰이다 。
陽인 則^順行으로, 「左挨(좌애: 順行)」이고;
陰인 則^逆行으로, 「右挨(우애: 逆行)」이다 。

*斗(북두 두)
*轉(구를 전)
*移(옮길 이)
*仍(여전히 잉)
*挨(밀칠 애)

【鐘新解】

「不易」이란,

謂´羅經(나경: 包羅萬象 經緯天地[포라만상 경위천지]; 萬象을 품고 天地를 다스린다)의 固定的^八卦와 24山方位이다 。

〈戌乾亥〉는 西北^〈乾卦〉이고,
〈壬子癸〉는 北 ^〈坎卦〉이고,
〈丑艮寅〉은 東北^〈艮卦〉이고,
〈甲卯乙〉은 東 ^〈震卦〉이고,
〈辰巽巳〉는 東南^〈巽卦〉이고,
〈丙午丁〉은 南 ^〈離卦〉이고,
〈未坤申〉은 西南^〈坤卦〉이고,
〈庚酉辛〉은 西 ^〈兌卦〉이다 。

一^周天은 360度이고,
每^卦는 佔(점)´45度로(: 360도÷八卦=45)
一^卦는 分´三山하면(: 45도 ÷3山=15도),
每^山(:坐)은 佔(점)´15度이다 。

*謂(이를 위)
*羅(날줄 나)
*緯(씨줄 위)
*佔(차지할 점)

這^種은 固定的^地磁(지자)의 方位角으로,
只^要是(: 만약)^地球磁場(지구자장)에는
沒有´發生´巨大的^變動이므로,
那(나: 이것)는 是´不會´改易(개이: 수정)^的이다 。

*這(이 저)
*種(씨 종)
*磁(자석 자)
*沒(없을 몰)
*那(이것 나)

■ 有^讀者는
詢問(순문: 질문)´
在^外國各地的^「磁偏差(자편차)」가 不同하므로,
是否´要´修正(수정)´方位角입니까?

*詢(물을 순)
*磁(자석 자)
*偏(치우칠 편)
*差(어긋날 차)

□ 由於(유어: ~때문에)^羅經測量(나경측량)하여 出來的은
是´以^'地磁子午線(지자자오선: 磁北)'을 爲主的^
方位角으로, '一地一太極'은 所以(: 그래서)^不必´
修正(수정)이다 。

*測(잴 측)
*量(헤아릴 량)
*修(고칠 수)

只^有′用′ ‘日影羅經(일영나경; 日晷[일구: 해시계])’ 하여
測出的^方位角과, 及^地圖的^方位角은
是′以^ ‘天子午線(: 眞北또는 圖北)’ 이
爲′準(준: 의거하다)的^方位角이므로,
才(비로소)^要′按(안: 의거하여)′各地的^ ‘磁偏差(자편차)’
角度하여 修正한다 。

*影(그림자 영)
*晷(그림자 구)

「變易(변역)」이란,
謂′隨著(수저: ~따라)′元運(3元9運)하여
流轉變動(유전변동)的^八卦의 24山的^「氣」는,
有′
生(생: 吉)・旺(왕: 吉)・
退(퇴:凶)・衰(쇠:凶)・死(사:凶)・煞(살:凶)之^分하고,
每^一卦・山은,
在^每^一의 元運은 都(도: 모두)^不同하다 。
「不易」이란,
是′用^肉眼(육안)하여
可以^看′得見的^山川形勢^和(화: 그리고)^方位이고,
「變易」인 則^
是′用′心眼(심안)하면
才^可以^察覺的^山川・方位之^氣하여,
必須^透過(투과)′「玄空數理」的^運을 算하여야
才^能′得知한다 。

*隨(따를 수)
*都(모두 도)
*眼(눈 안)
*透(통할 투)
*過(지날 과)
*算(셀 산)

「一天星斗(일천성두)」란,
謂′一^周天인 360度(八卦・九宮・24山)的^星이다 。
「運用은 只^在′中央이다」는
謂′從(종:에 따라)^
運星(: 運盤)・
山盤飛星(: 山星)・
向盤飛星(: 向星)을 入′中宮하여,
依(의: 의거하여)′陰逆・陽順하여 而^排出한다 。

「九曜干支(구요간지)」이란,
謂´「變易」하여 而^
分´天元・人元・地元的^九星이다 。
「旋轉自乎北極(선전자후북극)」이란,
謂´九星的^順逆의 飛排하여, 決定´於^元運한다 。

*旋(돌 선)
*轉(구를 전)
*排(밀칠 배)

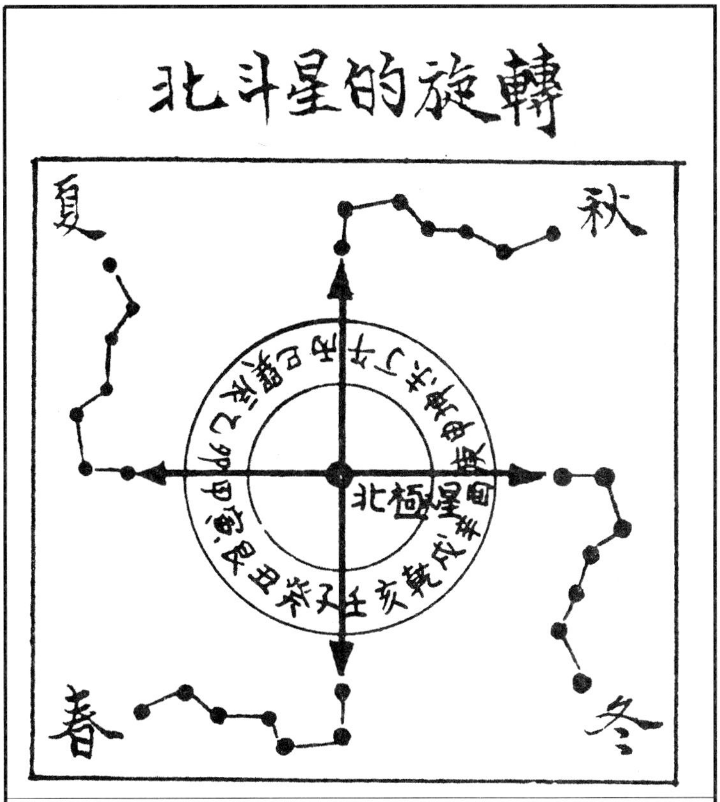

北斗星(북두성)의 旋轉(선전)

三元羅經圖 (삼원나경도)

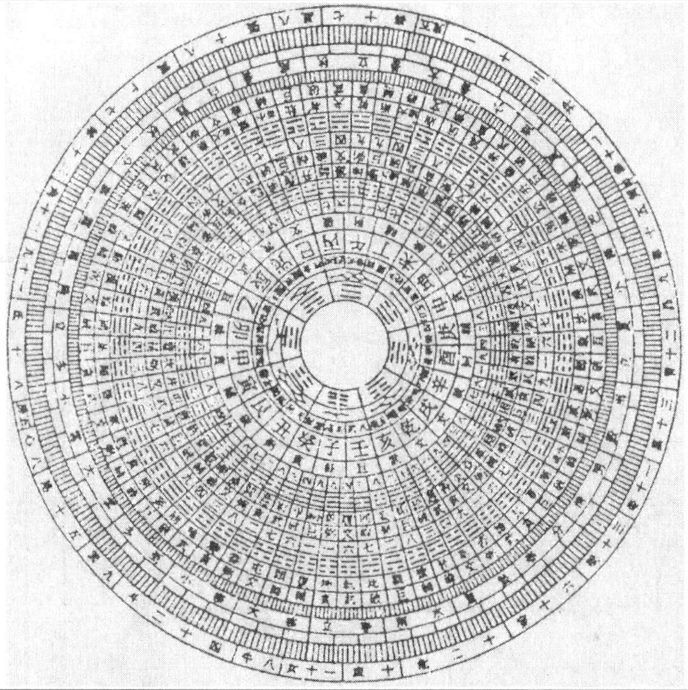

所謂^「羅經(나경)」은 就^是′

「包羅萬象(포라만상), 經緯天地(경위천지)」이다 。

由於^派別(파별)的^不同하여 而^有′各種形式인데,

上圖는

是′「三元式」的^一種이다 。

將(장:~를)^它를 簡化(간화)^後에,

就^成爲′下頁(하혈: 다음 쪽)에

所示的^「不易」圖式이다 。

*就(바로 취)
*包(쌀 포)
*羅(벌릴 라)
*經(날 경)
*緯(씨 위)

*派(물갈래 파)
*別(나눌 별)
*它(그것 타)
*簡(간편할 간)
*頁(페이지 혈)
*圖(그림 도)
*式(법 식)

不易圖 (불역도)

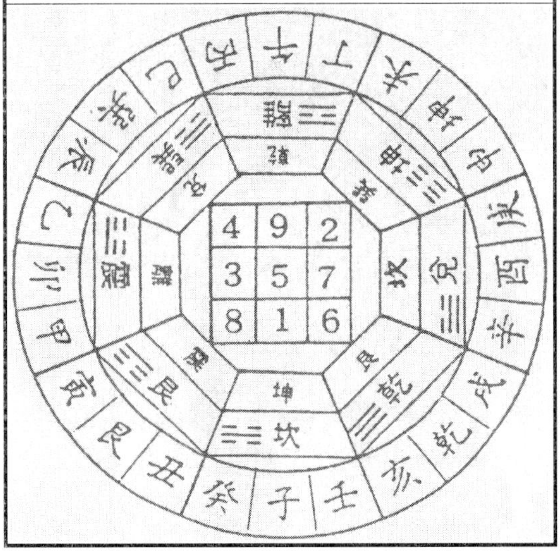

這는 是´固定이고 不變的^宮^與^方位的^形式(又^稱´「元旦盤(원단반)」^或^「靜盤(정반)」)이다 。

「五」는 是´中宮이고, 也即^是´我們(: 우리들)이 要´論斷´一個^事物^時에, 所在的^地位이다 。

總之하여 它는 是´主이고, 是´「太極」이고,

物物은 皆^有´它的^太極이고,

處處^也도 皆^有´其^太極이다 。

*盤(소반 반)
*們(들 문)
*總(거느릴 총)
*它(그것 타)

(1) 上面의 〈9〉는 是´天頂(천정)南方이고,

(2) 下面의 〈1〉은 是´天底(천저)北方이다 。

(3) 左面의 〈3〉은 是´東方은 出^地平이고,

(4) 右面의 〈7〉은 是´西方은 入^地平이다 。

(5-6) 左上의 〈4〉와, 右上〈3〉은 是´黃道^和^赤道的^斜升點(사승점)이다 。

左上은 爲´東南이고, 右上은 爲´西南이다 。

(7-8) 左下〈8〉, 右下〈6〉은, 是´黃道^和^赤道的^斜降點(사강점)이다 。

左下는 爲´東北이고, 右下는 爲´西北이다 。

中間의 兩層은 爲´八卦인데,

外層(: 2층)은 是´後天八卦이고,

內層(: 1층)은 是´先天八卦이다 。

*頂(정수리 정)
*底(밑 저)
*斜(비낄 사)
*升(오를 승)
*降(내릴 강)
*層(층 층)

變易圖(변역도)

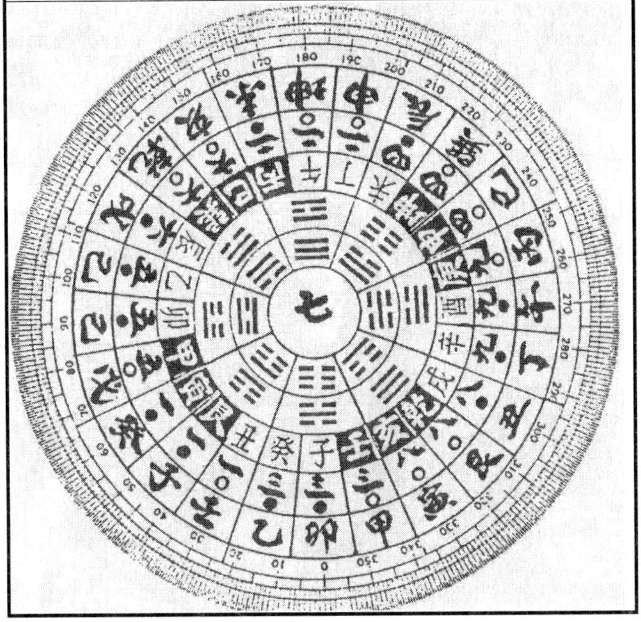

由於^元運(時間流)的^變化하여,
使´固定的^八卦・二十四山之^氣가
發生´了^變化한다。
上圖는 是´
下元 七運(1984年 立春後에서 至´2004年 立春前)
的^「變易」圖式이다:

原^〈坎1〉壬子癸는 變爲´〈震3〉甲卯乙이다。
原^〈艮8〉丑艮寅는 變爲´〈坎1〉壬子癸이다。
原^〈震3〉甲卯乙는 變爲´〈中5〉戊己己이다。
原^〈巽4〉辰巽巳는 變爲´〈乾6〉戌乾亥이다。
原^〈離9〉丙午丁은 變爲´〈坤2〉末坤申이다。
原^〈坤2〉末坤申은 變爲´〈巽4〉辰巽巳이다。
原^〈兌7〉庚酉辛은 變爲´〈離9〉丙午丁이다。
原^〈乾6〉戌乾亥는 變爲´〈艮8〉丑艮寅이다。

《心眼指要(심안지요: 저자 '章仲山')》에
有'傳心八易圖'인,
即^〈19〉·〈28〉·〈37〉·〈46〉之^
用'「逆數」이다。

傳心八易圖(전심팔역도)

-5逆局

6 東南	1 南	8 南西
7 東	-5 中央	3 西
2 東北	9 北	4 西北

+5順局

4 東南	9 南	2 南西
3 東	+5 中央	7 西
8 東北	1 北	6 西北

-1·-9逆局

2 1 巽	6 5 離	4 3 坤
3 2 震	-1-9 中	8 7 兌
7 6 艮	5 4 坎	9 8 乾

-3·-7逆局

4 8 巽	8 3 離	6 1 坤
5 9 震	-3-7 中	1 5 兌
9 4 艮	7 2 坎	2 6 乾

-2·-8逆局

3 9 巽	7 4 離	5 2 坤
4 1 震	-2-8 中	9 6 兌
8 5 艮	6 3 坎	1 9 乾

-4·-6逆局

5 9 巽	9 2 離	7 9 坤
8 6 震	-4-6 中	2 4 兌
1 3艮	8 1 坎	3 5 乾

제 2장

夫婦(부부)와 兒孫(아손)

1. 夫婦相逢於道路(부부상봉 어도로),
卻嫌阻隔不通情(각혐조격 불통정);

2. 兒孫盡在於門庭(아손진재 어문정),
猶恐凶頑非孝義(유공흉완 비효의) 。

*逢(만날 봉)
*卻(오히려 각)
*嫌(싫어할 혐)
*阻(험할 조)
*隔(사이 뜰 격)

*兒(아이 아)
*庭(뜰 정)
*恐(두려울 공)
*頑(완고할 완)

1. 夫婦(: 旺氣向星과 旺氣山星)에 道路(:合局)이라도,
山水가 凶象이면 오히려 싫어하여 무정한 부부이고,

2. 夫婦(: 生氣向星과 生氣山星)이 門庭(:合局)이라도,
山水가 凶象이면 오히려 두렵고 불효자가 난다.

〔章註〕

「相逢(상봉)」者인,
即^山上·水裏의 陰陽이 相見하고,
配合′生生之^謂^也이다;
相見하고 而^得′其所는,
自^有′'福祿之蔭(복록지음)' 이다;
相見하여도 而^不得′其所는,
便^是′'禍咎之根(화구지근)' 이다 。
用法인 即^得은,
是方에 或^逢′形勢가 反背(반배)하고,
水法이 傾流(경류)하면,
似是而非(사시이비: 사이비, 가짜)하여,
定^有′阻隔(조격)·凶頑(흉완)之^更變(경변)^矣이다 。

*裏(속 리)
*配(짝 배)
*謂(이를 위)
*祿(복 록)
*蔭(그늘 음)
*咎(허물 구)

*逢(만날 봉)
*背(등쪽 배)
*傾(기울 경)
*阻(험할 조)
*隔(막힐 격)
*頑(완고할 완)
*更(고칠 경)

此節^及(급: 그리고)^下文은,
總^言′山上과 水裏로,
挨星의 得失之^玄微(현미)인데,
其中에 奧妙(오묘)는,
全^在′
〈說卦(설괘)〉以^推′氣하는데,
〈用卦(용괘)〉以^明′理하고,
〈繫詞(계사)〉以^辨′吉凶한다 。
因形察氣(인형찰기: 形氣로 氣를 살핌),
因氣求形(인기구형: 理氣로 形氣를 구함)하여
以^推′休咎(휴구: 길흉)^也한다 。

*及(그리고 급)
*總(거느릴 총)
*裏(속 리{이})
*奧(속 오)
*妙(묘할 묘)

*推(옮을 추)
*繫(맬 계)
*詞(말씀 사)
*辨(분별할 변)
*察(살필 찰)
*推(옮을 추)

*休(慶事 휴)
*咎(허물 구)

【鐘註】

「夫婦(부부)」・「兒孫(아손)」은,

指´由^運盤하여 而^

生之^하는 山・水・坐・向而^言이다 。

〔章註〕에 所言之^陰陽이 相見은,

乃´上元에

〈1〉, 〈2〉, 〈3〉은 爲´陽이고,

〈7〉, 〈8〉, 〈9〉는 爲´陰之^類이다 。

山은 收得´三陽星하고, 要得´水之^三陰星은

以^配之한다 。

水는 收得´三陽星하고, 要得´山之^三陰星은

以^配之^한다 。

如此하면 才^合´於^

《青囊經(청낭경)》에 所^說的^

『陰用陽朝(: 地陰은 天陽을 받아야 쓰임새가 있고),

陽用陰應(: 天陽은 地陰이 응해야 쓰임새가 있어);

陰陽相見(: 地陰과 天陽이 조화를 이루면),

福祿永貞(: 복록이 영원하다네)』으로,

若^是가 相反하면, 就(취: 바로)^成爲´

『陰陽相乖(: 地陰天陽이 조화롭지 못하면),

禍咎踵門(: 禍가 곧바로 닥친다)』^了(료: 변화)이다 。

三陽・三陰은, 如^下에 述(술: 설명)하였다.

*收(거둘 수)
*排(밀칠 배)

*此(이 차)
*囊(주머니 낭)

*祿(복 록)
*永(길 영)
*貞(곧을 정)
*乖(어그러질 괴)
*咎(허물 구)
*踵(발꿈치 종)
*述(지을 술)

三陽・三陰			
3元9運		三陽(: 吉)	三陰(: 凶)
上元	1運	①. 2. 3	9. 8. 7
	2運	②. 3. 4	1. 9. 8
	3運	③. 4. 5	2. 1. 9
中元	4運	④. 5. 6	3. 2. 1
	5運	⑤. 6. 7	4. 3. 2
	6運	⑥. 7. 8	5. 4. 3
下元	7運	⑦. 8. 9	6. 5. 4
	8運	**⑧. 9. 1**	**7. 6. 5**
	9運	⑨. 9. 2	8. 7. 6

'程(: 程明先: 장대홍의 再傳弟子)' 氏의
《秘本》에는
分´一家骨肉이 如´下表示所:

*程(단위 정)
*傳(전할 전)
*弟(아우 제)

程氏秘本 分´一家骨肉								
三元	1-9運	父	母	子	女	孫男	孫女	妾
		當運	生成	生氣		次生氣		
上元	1運	1白	6白	2黑	7赤	3碧	8白	9紫
	2運	2黑	7赤	3碧	8白	4綠	9紫	8白
	3運	3碧	8白	4綠	9紫	5黃	2黑	7赤
中元	4運	4綠	9紫	5黃	8白	6白	1白	6白
	5運(前10年)	5黃	9紫	6白	8白	6白	1白	6白
	5運(後10年)		1白	7赤	2黑	8白	3碧	4綠
	6運	6白	1白	7赤	2黑	8白	3碧	4綠
下元	7運	7赤	2黑	8白	3碧	9紫	4綠	3碧
	8運	**8白**	**3碧**	**9紫**	**4綠**	**1白**	**6白**	**2黑**
	9運	9紫	4綠	1白	6白	2黑	7赤	1白
		生成		生成		生成		合十

三陽三陰이 相見^矣인데,
若^又^得´夫婦・生成之^配合하면 更^佳이다:

*更(더욱 갱)
*佳(아름다울 가)

生成配合과 正配(夫婦配, 雌雄配)				
三元	1~9運	生成配合	正配	
		生成數 =聯星	夫婦配 =合十=沖剋	雌雄配
上元	1運	6	9	9
	2運	7	8	6
	3運	3	7	4
中元	4運	9	6	3
	5運(前10年)	9	·	·
	5運(後10年)	1	·	·
	6運	1	4	2
下元	7運	2	3	8
	8運	**3**	**2**	**7**
	9運	4	1	1

*雌(암컷 자)
*雄(수컷 웅)
*配(아내 배)
*聯(잇달 련)

《說卦(: 說卦傳)》에,
『數往者는 順하고, 知來者는 逆』이므로,
用′挨星之^逆하면, 以^取′旺氣^也이다 。

《用卦》에 以^洛書의 九星(氣)은
『究(구)′盈虛(영허: 得令失令)·
考(고)′消息(소식: 得令失令)·
測(측)′盛衰(성쇠: 生旺과 衰死)·
辨(변)′得失(득실: 吉凶)』이다 。

*盈(찰 영)
*虛(빌 허)
*消(사라질 소)
*息(숨 쉴 식)
*盛(담을 성)
*衰(쇠할 쇠)
*辨(분별할 변)

因^九星하여 上으로는 應′北斗하여,
主宰(주재: 담당하다)′天地의 化育(:변화와 육성)之道하고,
運은 斡(알: 관리하다)′四時(:사계절)하고,
流通′八國(: 八方)하므로,
乃′理氣之^宗祖·同法之^眞詮(진전)^也이다 。
然^其用은, 要′得′眞訣한다 。

*應(응할 응)
*주재
*斡(관리할 알)
*詮(도리 전)

〈繫詞(계사)〉는 配合′
實質的^인 形體(:形氣風水)^和^
無形的^氣(: 理氣風水)하고,
分別′
零正(영정: 得運과 失運)·
生旺死殺·
生剋…….하여,
以^論′吉凶과 休咎(휴구)한다 。

*繫(맬 계)
*零(제로 영)
*休(기쁠 휴)
*咎(허물 구)

【鐘新解】

《易經》的^《說卦傳》의 主要는
是′在′解說′
八卦的^意象(:八卦的^性情^和^象徵的^事物)로,
乃(내: ~이다)′ '孔子' (BC 551~BC 479)가
所^作《十翼(십익)》之^一이다 。
玄空地理는 將^九星을 結合′八卦意象하여,
作爲′斷驗(단험)的^依據(의거)한다 。
《繫辭(계사: 卦辭,爻辭)》는
是′
'文王(:西周를 창건한 武王[BC 1087~1043]의 부친)' ·
'周公(: BC 1100년~?; 文王의 아들이며 武王의 동생)' 이
解說′每^一卦^和^爻的^文字인,
即^
'卦辭(괘사: 文王)' 和
'爻辭(효사: 周公)' 로,
又^分′《彖傳(단전: 孔子)》 ·
《象傳(상전: 孔子)》(又^分′大象 · 小象)이고,
《易經》中的^
「彖曰(단왈)」 ·
「象曰(상왈)」은
是′ '鄭康成(정강성; 東漢末期학자; 127~200년)' 이
所^加이니,
「文言에 曰」은 是′
'王弼(왕필: 226-249년)' 이 所^加이다 。
這^一部分的^文字는,
是′從^六爻的^整體形象으로,
來′說明′卦的^意義하였다 。
或^將^六爻卦는
還(환: 또한)^原成′三爻卦所^象徵的^事物하여,
說明′全卦的^意義하였다 。

*象(코끼리 상)
*徵(나타날 징)
*翼(날개 익)
*驗(증험할 험)
*依(의지할 의)
*據(의거할 거)
*繫(맬 계)
*辭(말 사)
*從(부터 종)
*爻(효 효)
*整(가지런할 정)
*剛(굳셀 강)
*柔(부드러울 유)

或^以^各爻의 位置・剛柔性情(강유성정)으로,
說明´每^一爻的^意義하였다 。
玄空地理^也도
可´把(파~를)^向盤飛星^和^山盤飛星을 相配하여,
成爲´64卦(稱爲´「盪卦(탕괘)」)하고,
再^參考´《繫辭(계사: 卦辭,爻辭)》來^
判斷´山水의 反應하여
出來的^人生의 吉凶禍福의 現象한다 。
「《用卦》」以^明´理는,
《易經》64卦는
象徵(상징)´
自然界^與^人生層面의 不斷하게 變化的^過程(과정)
・錯綜(착종)・繁複(번복: 복잡)的^現象하고,
某(모)^一^時段(시단: 시간대)에
有´某^一時段的^現象이
或^喜樂(희락)이나,
或^哀怒(애노),
或^平和(평화),
或^爭戰(전쟁)으로,
使´每^一卦는
具(구; 모두)^有´其^特定的^'時義(시의)'^和^
時間의 效果的^'時用(시용)'이다 。
玄空的^〈用卦〉인, 即^
在´掌控(장공: 장악하고 통제함)´時用이고,
將^某^一元運的^九星에,
藉由(자유: 거치다)^山向飛星하고,
選擇´適當(적당)的^山水의 形勢하여,
使´九星이 産生´有效果的^感應한다 。

*把(잡을 파)
*盪(씻을 탕)

*錯(섞일 착)
*綜(잉아 종)
*繁(많을 번)
*復(돌아올 복)
*哀(슬플 애)
*怒(성낼 노)

*掌(손바닥 장)
*控(당길 공)
*藉(깔개 자)

「夫婦(부부)」, 「兒孫(아손)」

「夫婦(부부)」와 「兒孫(아손)」이란,
乃´一家의 骨肉(골육: 긴밀한 관계)이다 。
以^「兒孫」은 而言하자면,
「夫婦」인
 即^其^父母・祖父母이다 。
「夫」는, 爲´陽이고, 天^也로, 天一은 生´㊌이고,
「婦」는, 陰^也이고, 地^也로, 地二는 生´㊋이다 。
所以^「夫(:向星, 天卦)」는
可以^解說´爲´天하여,
無形的^元運九星之^氣하여,
也^可´解說´爲´向盤飛星(:天卦; 向星)이다 。
同理로, 「婦(: 山星, 地卦)」는
就^是´地로,
地表上의 有形의 勢的^景觀(以^山嶽[산악]・河川이
爲´代表)으로,
也^可以^說´是´山盤飛星(:地卦; 山星)이다 。
就^玄空挨星로 來說하자면,
「夫婦」는 是´
當令的^向盤飛星(:향성)^和^山盤飛星(:산성)이고,
「兒孫」은 是´
未來에 元運的^接班人(접반인: 계승자)이다 。
例如^目前의 下元 七運의,
(1) 旺氣星
向盤^與^山盤飛星的^〈7赤破軍星〉은
是´「夫婦」이고,
(2) 生氣星과 次生氣星
未來的^〈8白左輔星〉・〈9紫右弼星〉,
以及^有´輔佐作用的^〈1白〉貪狼星인,
即^是〈7赤〉的^「兒孫」이다 。

*嶽(큰 산 악)
*河(강 이름 하)

山星과 向星에 따른 合局과 不合局

⑴ 合局

當令的^

〈山盤飛星(: 山星)〉은

要′落在′形勢가 美好的^山峰(산봉)·岡嶺(강령)·墩埠(돈부)·高地(고지)·高建物(고건물)上이고,

當令的^

〈向盤飛星(: 向星)〉은

要′落在′形勢가 美好的^江河(강하)·溪澗(계간)·圳溝(수구)·湖泊(호박)·池塘(지당)·低地(저지)·空地(공지)上으로,

如′此方이면 是′「夫婦」가 有情하다 。

*岡(산등성이 강)
*嶺(고개 령)
*墩(돈대 돈)
*埠(선창 부)
*圳(도랑물 수)
*溝(봇도랑 구)
*泊(배 댈 박)
*池(못 지)
*塘(못 당)

⑵ 不合局

反之로, 若^

〈山盤令星(: 山星)〉에

落在′形勢이

醜惡(추악)的^高山이 實地에 上하거나,

或^落在′水裏하여 低空處(저공처)이고

〈向盤令星(: 向星)〉에

落在′形勢이

斜飛走竄(사비주찬)·

污臭濁穢(오취탁예)的^水裏하고,

或^落在′高處이다 。

如′此인 便^是′阻隔(조격: 가로막힘)으로

不′通情的^陌路夫妻(맥로부처: 정이 없는 부부)^了이다 。

*醜(추할 추)
*竄(숨을 찬)

*污(더러울 오)
*臭(냄새 취)
*濁(흐릴 탁)
*穢(더러울 예)

*阻(험할 조)
*隔(사이 뜰 격)

同理로,

未來^及^輔佐(보좌)的^

「兒孫」의 山·向星이,

若^ 位′於^形勢가 不好的^山水上이고,

或^山水가 倒置(도치)하면,

就^成/了^沒有′助力하여,

反而^招引(초인)′災禍的^逆子·逆孫^了이다 。

*輔(도울 보)
*佐(도울 좌)
*倒(넘어질 도)
*置(둘 치)
*沒(없을 몰)
*招(부를 초)
*引(끌 인)
*災(재앙 재)
*禍(재화 화)
*逆(거스를 역)
*孫(손자 손)

■ 例: 下元 七運 庚山甲向 [下卦]

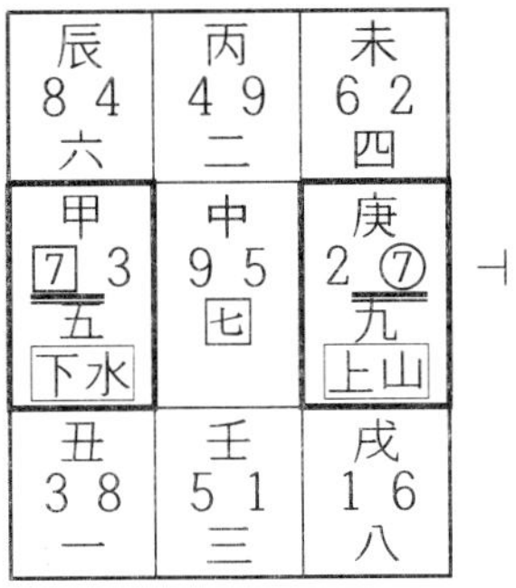

七運 庚山甲向 [下卦]
区上山下水+伏吟

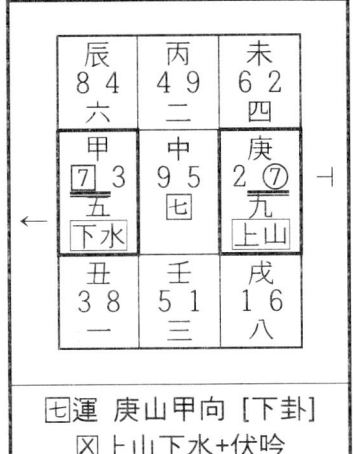

如果^
坐山(後面)은 高大하고,
向首(前面)는 低空하여
有水이다 。
或^後面에는
有′水가 而^分流하여
直去・低陷(저함)이
如^斷崖(단애)하다;
前面에 有′
逼壓(핍압)的^高山建物・
山岡(산강)이 破面巉巖(파면참암)・
屋角(옥각)이 尖射(첨사)하면,
是′「夫婦」가 「阻隔(조격)」하여「不通′情」이다 。

*低(밑 저)
*陷(빠질 함)
*斷(끊을 단)
*崖(벼랑 애)

*逼(협박 핍)
*壓(누를 압)
*巉(가파를 참)
*巖(바위 암)
*阻(험할 조)
*隔(막을 격)

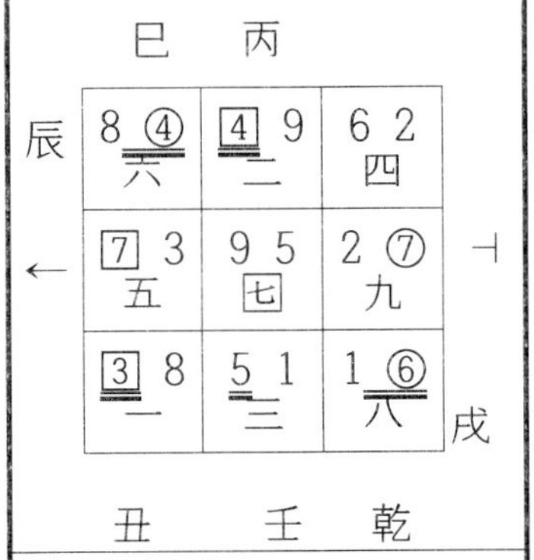

七運 庚山甲向 [下卦]
区上山下水+伏吟

辰方(④)・
戌方(⑥)
[包括^與^
巳(④)・
乾亥(⑥)]에
低空하여 有水하고,
或^有′山이고 而^
破碎醜惡(파쇄추악)・
逼壓(핍압)하고
丑方(3)・丙方(4)・
壬方(5: 包括′艮寅[3]・午丁[4]・子癸[5])에
有′近^而^高大的^山峰이거나, 或^有′水이고 而^
走鼠(주서)하고, 沖激(충격)・汚穢(오예)하면,
是′「兒孫」이 「兇頑(흉완)」하여
「非′孝義」한다 。

*破(깨뜨릴 파)
*碎(부술 쇄)
*醜(추할 추)
*惡(악할 악)
*逼(닥칠 핍)
*壓(누를 압)

*鼠(쥐 서)
*沖(부딪칠 충)
*擊(부딪칠 격)
*汚(더러울 오)
*穢(더러울 예)
*兇(흉악할 흉)
*頑(완고할 완)

兌	辰 8 4 六	風山 漸	孫	丙 4 9 二	火風 鼎		未 6 2 四	地天 泰
婦	甲 [7] 3 五	**雷澤 歸妹**	孫	中 9 5 [七]	澤火 革	夬	庚 2 ⑦ 九	**澤地 萃**
兌	丑 3 8 一	山雷 頤	佐	壬 5 1 三	水澤 節	佐	戌 1 6 八	天水 訟

← ㅓ

[七]運 庚山甲向[下卦]
区上山下水+伏吟

*漸(점점 점)
*鼎(솥 정)
*泰(클 태)
*歸(돌아갈 귀)
*妹(누이 매)
*革(가죽 혁)
*萃(모일 췌)

*頤(턱 이)
*節(마디 절)
*訟(송사할 송)

盪卦(탕괘) 작성법

盪卦(탕괘)는,
擧′向首(: 향궁) · 坐山(: 좌궁)하여
爲′例하여,

*盪(씻을 탕)
*擧(들 거)

(1) 向首의 挨星은 〈[7]③〉 에서,
〈③〉 인 即^震卦(爲′雷)이고,
〈[7]〉 인 即^兌卦(爲′澤)이므로,
〈③[7]〉 은 震兌이므로
'雷澤歸妹' (뇌택귀매:
向星이 上卦, 山星이 下卦;
震下連′兌上絶; ䷵)이다 。

*挨(칠 애)

(2) 坐山의 挨星 〈⑦[2]〉 은 兌坤으로
'澤地萃' (택지췌:
兌上絶′坤三絶; ䷬)이다 。
其他의 各宮은 仿(방: 모방)′此하거나,
或^査′附表(부표)한다 。

*仿(모방할 방)
=倣(본뜰 방)

〈卦辭〉는
可´查覽(사람)´《易經》한데,
如^ ‘歸妹卦(귀매괘: 뇌택귀매괘)’ 는
『‘歸妹(귀매)’ 는,
征凶(정흉)하고, 无攸利(무유리)이다 ○』

〈彖(단)〉에 曰:
『‘歸妹(귀매)’ 는, 天地之^大義^也이다 ○
天地가 不交하면, 而^萬物은 不興한다 ○
‘歸妹’ 는, 人之^終始(종시)^也으로,
說以^動,
所^歸妹^也이다 ○
征凶하여, 位가 不當^也이다 ○
無攸利하고, 柔乘剛^也이다 ○』,

〈象(상)〉에 曰:
『澤上有雷(䷵)는, ‘歸妹’ 인데,
君子는 以^永終知敝(영정지창)이다 ○』

*査(조사할 사)
*附(붙을 부)
*覽(볼 람)

*征(칠 정)
*无=無
*攸(바 유)

*柔(부드러울 유)
*乘(탈 승)
*剛(굳셀 강)

*終(끝날 종)
*敞(높을 창)

盪卦表(**탕괘표**)								
上卦 / 下卦	乾 ☰ 6	兌 ☱ 7	離 ☲ 9	震 ☳ 3	巽 ☴ 4	坎 ☵ 1	艮 ☶ 8	坤 ☷ 2
天 ☰ 6	**乾☰6 爲☰6 天- 천**	澤☱7 天☰6 夬- 쾌	火☲9 天☰6 大有+ 대유	雷☳3 天☰6 大壯- 대장	風☴4 天☰6 小畜- 소축	水☵1 天☰6 需+ 수	山☶8 天☰6 大畜- 대축	地☷2 天☰6 泰+ 태
澤 ☱ 7	天☰6 澤☱7 履- 리	**兌☱7 爲☱7 澤+ 택**	火☲9 澤☱7 睽- 규	雷☳3 澤☱7 歸妹+ 귀매	風☴4 澤☱7 中孚+ 중부	水☵1 澤☱7 節- 절	山☶8 澤☱7 損+ 손	地☷2 澤☱7 臨- 림
火 ☲ 9	天☰6 火☲9 同人+ 동인	澤☱7 火☲9 革- 혁	**離☲9 爲☲9 火+ 화**	雷☳3 火☲9 豊- 풍	風☴4 火☲9 家人- 가인	水☵1 火☲9 旣濟+ 기제	山☶8 火☲9 賁- 비	地☷2 火☲9 明夷- 명이
雷 ☳ 3	天☰6 雷☳3 无妄- 무망	澤☱7 雷☳3 隨+ 수	火☲9 雷☳3 噬嗑- 서합	**震☳3 爲☳3 雷+ 뇌**	風☴4 雷☳3 益+ 익	水☵1 雷☳3 屯- 둔	山☶8 雷☳3 頤+ 이	地☷2 雷☳3 復- 복
風 ☴ 4	天☰6 風☴4 姤- 구	澤☱7 風☴4 大過+ 대과	火☲9 風☴4 鼎- 정	雷☳3 風☴4 恒+ 항	**巽☴4 爲☴4 風+ 풍**	水☵1 風☴4 井- 정	山☶8 風☴4 蠱+ 고	地☷2 風☴4 升 승
水 ☵ 1	天☰6 水☵1 訟+ 송	澤☱7 水☵1 困- 곤	火☲9 水☵1 未濟+ 미제	雷☳3 水☵1 解- 해	風☴4 水☵1 渙- 환	**坎☵1 爲☵1 水+ 수**	山☶8 水☵1 蒙- 몽	地☷2 水☵1 師+ 사
山 ☶ 8	天☰6 山☶8 遯- 돈	澤☱7 山☶8 咸+ 함	火☲9 山☶8 旅- 려	雷☳3 山☶8 小過+ 소과	風☴4 山☶8 漸+ 점	水☵1 山☶8 蹇- 건	**艮☶8 爲☶8 山+ 산**	地☷2 山☶8 謙- 겸
地 ☷ 2	天☰6 地☷2 否+ 비	澤☱7 地☷2 萃- 췌	火☲9 地☷2 晉+ 진	雷☳3 地☷2 豫- 예	風☴4 地☷2 觀- 관	水☵1 地☷2 比+ 비	山☶8 地☷2 剝- 박	**坤☷2 爲☷2 地+ 지**

註:

(1) 上卦는 是'向盤飛星(: 向星)이고,
下卦는 是'山盤飛星(: 山星)이다 。

(2) 飛星이 逢´〈5〉는,

■ 在^五運時에는

是´以^入中宮的^山向飛星(: 山星이나 向星)은 爲´

「寄星(기성)」

(坎離의 山向은 爲´〈19〉이고, *寄(부칠 기)

坤艮의 山向은 爲´〈28〉이고,

震兌의 山向은 爲´〈37〉이고,

巽乾의 山向은 爲´〈46〉이고,) 이다.

■ 其他의 各運은

以^當運令星이 爲´「寄星」

一運에는 〈1坎〉이고 · 二運에는 〈2坤〉이고 ·

三運에는 〈3震〉이고 · 四運에는 〈4巽〉이고 ·

六運에는 〈6乾〉이고 · 七運에는 〈7兌〉이고 ·

八運에는 〈8艮〉이고 · 九運에는 〈9離〉이다 。

如^前例에,

中宮이 〈9⑤〉라면,

〈5〉는

要´當作´〈7〉(因爲^是´在^七運時造作)인,

則^〈9⑤〉는 〈9⑦〉로

上兌下離는 澤火革(택화혁)이 된다 。

(3) 表中에

有´〈+〉的^은 是´順子卦(: 대괘파 이론)이고,

有´〈-〉的^은 是´逆息卦(: 대괘파 이론)로,

見´三元式^羅經의 先天六十四卦이다 。

前例에서,

也(:도)^可´把^庚甲은 當^作´「夫婦」이고,

其他^ '六宮' 은

同屬´地元^干支的^辰戌丑未^壬丙으로

當^作´是´‘一家骨肉’的^「兒孫」이다。
凡^是´形勢가 秀麗穎異(수려영이)하고
且^當令의 生旺的^龍穴砂水는,
都가 要´位´於^這八個의 干支上하면,
才^是´‘地元族(지원족)’的^‘親骨肉’으로,
如果^
位´於^其他의 天支上인 就^不是´‘親骨肉’으로,
而^有´瑕疵(하자)^了한다。
詳見은 下章이다。

*秀(빼어날 수)
*麗(고울 려)
*穎(뛰어날 영)
*瑕(티 하)
*疵(흠 자)

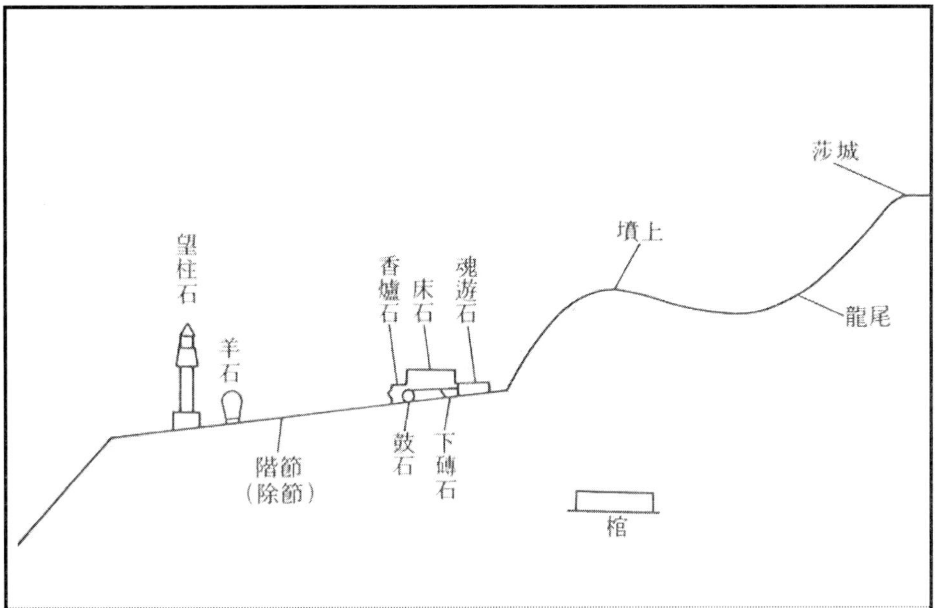

墓域圖(묘역도)

* 望柱石(망주석): 무덤 앞의 양쪽에 세우는, 여덟 모로 깎은 한 쌍의 돌기둥.
* 羊石(양석): 양(羊)의 모양으로 새겨 무덤 주변에 세운 돌.
* 階節(제절): 무덤 앞에 평평하게 닦아 만든 땅.
* 香爐石(향로석): 향로를 올려놓기 위해 무덤 앞에 놓은 네모반듯한 돌.
* 床石(상석): 무덤 앞에 제사를 지내기 위해 돌로 만들어 놓은 상(床).
* 鼓石(고석): 북 모양으로 만들어 무덤 앞의 상석을 괴는 돌.
* 下磚石(하전석): 두께가 얇고 넓적한 돌. 또는 下薄石(하박석).
* 魂遊石(혼유석): 영혼이 놀도록 무덤의 앞에 설치해 놓는 직사각형의 돌.
* 棺(관): 시체를 담는 궤.
* 墳上(분상): 무덤에서 흙을 쌓아올려 봉긋한 부분.
* 龍尾(용미): 무덤의 분상 뒤를 용의 꼬리처럼 만든 자리.
* 莎城(사성): 무덤 뒤에, 반달 모양으로 두둑하게 둘러쌓은 흙더미.

제 3장

空亡(공망)과 反吟伏吟(반음복음)

*吟(신음할 음)

1. 卦爻雜亂(괘효잡란), 異姓同居(이성동거),

2. 吉凶相併(길흉상병), 螟蛉爲嗣(명령위사)。

*雜(섞일 잡)
*亂(어지러울 란)
*併(아우를 병)
*嗣(이을 사)

1. 坐向이 空亡이면, 다른 성씨와 같이 살게 되고,

2. 吉凶이 뒤섞이고, 養子(양자)를 들이게 된다.

*姓(성 성)
*螟(마디충 명)
*蛉(잠자리 령)

*螟蛉(명령):

나나니벌이 배추나비의 애벌레를 물어다가 키운다고 하여 양자(養子)를 들인다는 의미로 사용하였음. 그런데 사실은 나나니벌이 배추나비 애벌레를 잡아 보관하는 이유는 나나니벌이 알이 낳고 애벌레가 되면 배추나비 애벌레를 영양이 공급원으로 사용하기 위함이다.

〔章註〕

'出卦' 는,
取´卦氣가 「雜亂(잡난)」 이다;

「雜亂」 인,
即^ '龍神交戰(용신교전)' 한다 。
'交戰' 과 「雜亂」은,
自有(: 본래 있다)´此^應이다 。

*雜(섞일 잡)
*難(어려울 난)

「雜亂(잡난)」은, 指´天干方位하여 而^言이고;
「相併(상병)」은,
指´挨星이 反・伏하는 而^言이다 。
所謂^
用´得인, 即^是´相見이고;
用´失은, 便^謂´反吟한다 。

*併(아우를 병)

【鐘註】

24山의 干支는 分爲´三元인데:

(1) 天元: 父母卦

〈+乾+坤+艮+巽〉와 〈-子-午-卯-酉〉는

爲´天元(南北卦·父母卦)이다 。

(2) 人元: 順子卦

〈-乙-辛-丁-癸〉와 +〈寅+申+巳+亥〉는

爲´人元(江西卦·順子卦)이다 。

(3) 地元: 逆息卦

〈+甲+庚+丙+壬〉와 〈 -辰-戌-丑-未〉는

爲´地元(江東卦·逆息卦)이다 。

立´坐向하고·

收´來龍하고·

納´來水하고·

消´去水하고·

撥´砂峰은,

要´

(1) 父母(: 天元)는 兼´子息(자식: 順子, 逆息)하는데;

(2) 順子(: 人元)는 不可兼´逆息(:地元:大空亡)하고,

可兼´父母(: 天元)한다;

(3) 逆息(: 地元)은 宜^獨行하므로,

不´與´父母·順子하여 相兼하는데,

如´此하면 才^算´純淸(순청)이다 。

*立(설 립)
*收(거둘 수)
*納(바칠 납)
*消(사라질 소)
*撥(다스릴 발)

*息(자식 식)

*純(순수할 순)
*淸(맑을 청)

寅	艮	丑	癸	子	壬
人元	天元	地元	人元	天元	地元
順子	父母	逆息	順子	父母	逆息
可兼⇨	⇦可兼⇨		可兼⇨	⇦可兼⇨	
←不兼		←不兼→	←不兼		←不兼→
		[獨行]			[獨行]

'孔昭蘇(공소소: 본명은 聖裔[성예])' 的^用法은,

(1) 陽山陽向

〈乾坤艮巽(: +天元)〉·
〈寅申巳亥(: +人元)〉·
〈甲庚丙壬(: +地元)〉은,
是'陽山陽向이므로,
其^兼左兼右之^度數는 爲'+1·+3·+5로,
爲'合'陽之兼法이다。

*昭(밝을 소)
*蘇(소생할 소)
*裔(후손 예)
*兼(겸할 겸)

(2) 陰山陰向

〈子午卯酉(: -天元)〉·
〈乙辛丁癸(: -人元)〉·
〈辰戌丑未(: -地元)〉는,
是'陰山陰向이므로,
其^兼左兼右之^度數는 爲'-2·-4로,
爲'合'陰之兼法이다。

(3) 地元

地元인
〈辰戌丑未(: -地元)〉·
〈甲庚丙壬(: +地元)〉은·
以^立'正向하여야 爲'宜하지만,
若^限'於^山水情意가
不能'摘(적: 들어맞다)'正向時에는,
可'斟酌(짐작)하여 變通한다。

*宜(마땅할 의)
*摘(딸 적)
*斟(술 따를 짐)
*酌(따를 작)

[簡疏]

*孔昭蘇(공소소: 1904~1982년):

중국 '廣東省(광동성)'출신으로 자는 '聖裔(성예)'. 초기에는 玄空風水 6대 문파인 '상우파(上虞派)'인 '장심언(張心言)'의 大卦派 이론을 연구하였으나 문제점을 인식한 후에는 '장중산(章仲山)'의 '무상파(無常派)'를 연구하였다. 본래 홍콩에서 살았는데 '蔣介石

*虞(헤아릴 우)
*介(끼일 개)

(1887~1975년)'총통의 묘지감정 건으로 대만정부로부터 초청받은 유명한 풍수사이며, 저서로는 《孔氏玄空寶鑑(공씨현공보감)》등 다수가 있다.

《玄龍經(현룡경)》^及^
《古鏡歌(고경가)》에
有'敍述(서술)'出卦의 錯雜(착잡)的^主應事項이다 。
筆者가 將^之^整理(정리)하여, 列'表於^後한다 。

如^《古鏡歌(고경가)》에:
『壬子癸中原富貴(임자계중 원부귀
;坎卦인 壬子癸로만 되면 원래 부귀인데),
亥來女子死期壓(해래여자 사기압
;[壬亥] 大空亡은 여자는 죽을 때가 닥쳐오고)
左邊丑字最無情(좌변축자 최무정
;[癸丑] 大空亡은 아주 無情하여),
一到宮中男乏嗣(일도궁중 남핍사
;한번 空亡에 이르면 남자자손이 없다)이다 。』

(1) 這는 是'說收'當令的^壬水인데,
但^亥上^也에도 有水하여,
[壬‖亥]가 同來하거나 或^
[壬兼 ı 亥]에 來하면,
主'傷'婦女한다 。
(2) 收'當令的^癸水하는데,
但^丑上^也에 有水하고,
[癸‖丑]에 同來나 或^
[癸兼 ı 丑)]으로 來하면,
主'無子(或^早夭)이다 。

*鏡(거울 경)
*敍(차례 서)
*述(지을 술)
*期(기약할 기)
*壓(누를 압)
*邊(가 변)
*乏(부족할 핍)
*嗣(이을 사)
*早(일찍 조)
*夭(어릴 요)

[簡疏]
*《玄龍經(현룡경)》:
저자는 '趙魯源(조노원)'이며 1925년 출간하였으며,

내용은 形氣風水와 玄空風水가 있는데, 玄空의 진전(眞詮)은 없음.

*《古鏡歌(고경가)》:

저자는 '蔣大鴻'이며, '鐘義明'의 저서 《玄空地理逸篇新解(현공지리일편신해)》에 원문과 주해가 있음.

此種의 出卦는 錯雜(착잡)的^主應은,
在
'賴布衣(뇌포의)' ^和^
'張九儀(장구의)' 的^著作中^也에도
有´提及(제급: 언급)하는데,

(1) [癸∥丑]大空亡
如^癸丑(: 大空亡)의 出卦的^斷訣은
是´
『陰光牽牛入塚宅(음광견우 입총댁
; '牛' 星[:癸丑大空亡]으로 入向한 무덤은),
隨母改嫁忘姻宗(수모개가 망인종
; 새어머니를 따르므로 본 외가를 잊어버리고);
少亡毒藥因女禍(소망독약 인녀화
; 젊은이가 여자 문제로 음독자살하고),
兄弟屠戮交相攻(형제도륙 교상공
; 형제간의 죽을 각오로 싸운다.)』;
『癸丑之中定空神(계축지중 정공신
;계축大空亡은 아주)』이다 。

(2) [壬∥亥] 大空亡
壬亥(: 大空亡)的^斷訣은
是´
『亥壬若逢人吐血(해임약봉 인토혈
; 해임大空亡은 피를 토하게 병에 걸린다)』이다 。

挨星이 不當令時에는, 其^主應은 更^凶하다 。

<u>坐向分金・來龍出脈・撥砂(발사)는,</u>
<u>均^可´通用하고, 羅經(나경)은 要´看´地盤正針한다 。</u>

*錯(섞일 착)
*雜(섞일 잡)

*賴(신뢰할 뢰)

*儀(거동 의)
*提(끌 제)
*及(미칠 급)

*牽(끌 견)
*塚(무덤 총)

*隨(따를 수)
*嫁(시집갈 가)
*忘(잊을 망)
*姻(혼인 인)

*毒(독 독)
*藥(약 약)
*禍(재화 화)

*屠(잡을 도)
*戮(죽일 륙)
*攻(칠 공)

*賴布衣(뇌포의):

原名은 賴風岡(뇌풍강), 字는 文俊(문준), 自號는 布衣子(포의자)・先知山人(선지산인)이고, 江西省(강서성) 定南縣(정남현) 鳳山岡人(풍산강인)이다.
宋朝 徽宗(휘종) 年間인 (1101~1126年間)이다.

*張九儀(장구의: 1634~?):

清初의 저명한 堪輿學者로 三元玄空의 '蔣大鴻(1616~)'과 '宋'朝의 '賴布衣'의 撥砂法(발사법)과 輔星水法(보성수법)이론으로 쌍벽을 이루었다.
'方又承(방우승)'의 제자로 저서는 理氣風水論인 《地理四彈子(지리사탄자)》에 주해를 단 책이 있는데,
이 책에는
鐵彈子(철탄자)의 《地理元機(지리원기)》・
金彈子(금탄자)의 《地理元珠經(지리원주경)》・
玉彈子(옥탄자)의 《地理元樞(지리원추)》・
鉛彈子(연탄자)의 《地學要義(지학요의)》가 포함되어 있고,
형기풍수서적인 《地理琢玉斧巒頭歌括(지리탁옥부만두가괄)》다.

主	雜入	主應	敗房
[壬⇑	亥]	傷女人・貧(빈)。 主僕姦通(주복간통)。上元傷男。	季
子			
[癸⇑	丑]	男乏丁・傷丁・賤(천)。 老妻少夫・淫亂(음란)・主僕姦通。 上元傷女, 下元傷男。	長
[丑⇑	癸]	陰賤。敗長房・男鰥女寡(남환여과), 再婚。上元傷女, 下元傷男。	季
艮			
[寅⇑	甲]	入首龍은 主´官刑殺戮(관형살륙)하고 下元에 傷男。伯娣亂倫(백제난륜), 損丁。上元傷男, 下元傷女。	長
[甲⇑	寅]	傷婦女。伯娣亂倫(백제난륜) 上元傷男, 下元傷女。	季
卯			
[乙⇑	辰]	破財乏謫(파제핍적)。 官司・亂催。 上元傷女, 下元傷男。	長
[辰⇑	乙]	官司(관사)・婦女不和。 上元傷女, 下元傷男。	季
巽			
[巳⇑	丙]	入首龍主官刑・殺戮 女子夭傷 老夫少妻 上元傷男, 下元傷女。	長
[丙⇑	巳]	女子夭傷, 貧窮(빈궁), 翁媳亂倫(옹식난륜)。上元傷男, 下元傷女。	季
午			
[丁⇑	未]	男子夭傷, 女嫌夫(여혐부), 公納妾。 上元傷女, 下元傷男。	長
[未⇑	丁]	賤。富貴人家多暗醜,出賊盜。女嫌夫, 公納妾。上元傷女,下元傷男。	季
坤			
[申⇑	庚]	破財。 叔嫂通姦, 兄弟鬩牆(혁장)。	長
[庚⇑	辛]	傷女人。 入首龍主官刑・殺戮。 叔嫂通姦。 上元傷男, 下元傷女。	季
酉			
[辛⇑	戌]	貧窮。 亂倫・剋妻。 上元傷女, 下元傷男。	長
[戌⇑	辛]	兄弟不和, 上元傷女・下元傷男。	季
乾			
[亥⇑	壬]	入首龍主官刑・殺戮。 主僕通姦, 上元傷男, 下元傷女。	長

*貧(가난할 빈)
*僕(종 복)
*姦(간사할 간)
*季(끝 계)
*賤(천할 천)
*淫(음란할 음)
*亂(어지러울 란)

*賤(천할 천)
*鰥(환어 환)
*寡(적을 과)
*戮(죽일 륙)

*謫(귀양 갈 적)
*催(재촉할 최)

*貧(가난할 빈)
*窮(다할 궁)

*翁(늙은이 옹)
*媳(며느리 식)

*嫌(싫어할 혐)
*納(바칠 납)

*暗(어두울 암)
*醜(추할 추)

*叔(아재비 숙)
*嫂(형수 수)
*鬩(다툴 혈)
*墻(담 장)

*依(의지할 의)
*據(의거할 거)

※註:
表의 下^方(: 네모칸)的^房分法은 是'
依據'
《古鏡歌(고경가: 저자는 장대홍)》的^
〈公頭訣(공두결)〉 이다 。
上 · 下元은 是'《玄龍經》之^說은,
不可'盡(진: 전부)^信이다 。

1. 大空亡 8개중 辰戌丑未 4개

[乙↑辰] ·
[辛↑戌] ·
[丁↑未] ·
[癸↑丑]은
爲「縱橫相錯(종횡상착)」,
「出卦(출괘)」, 「大空亡(대공망)」으로 主'絶한다 。

2. 大空亡 8개중 甲庚丙壬 4개

[寅↑甲] ·
[申↑庚] ·
[巳↑丙] ·
[亥↑壬]은
爲「隔宮差錯(격궁차착)」으로,
若^에 水法이 當旺하면,
雖^可'享(향)'瞬息之榮(순식지영)이나,
久後(구후)에는 亦^絶이다 。

*隔(사이 뜰 격)
*錯(섞일 착)
*享(누릴 향)
*瞬(눈깜작일 순)
*息(숨 쉴 식)
*榮(꽃 영)

3. 小空亡 16중 12개

[子↑壬]·[午↑丙]·[卯↑甲]·[酉↑庚]·
[乙↑卯]·[辛↑酉]·[丁↑午]·[癸↑子]·
[辰↑巽]·[戌↑乾]·[丑↑艮]·[未↑坤]은,

巳[巽↑辰]	[乙↑卯↑甲]	寅[艮↑丑]	[癸↑子↑壬]
亥[乾↑戌]	[辛↑酉↑庚]	申[坤↑未]	[丁↑午↑丙]
人[天↑地]	[人↑天↑地]	人[天↑地]	[人↑天↑地]

爲′「同宮相錯(동궁상착)」으로,
房分이 不均하고,
長房은 出′不父不子(: 아버지 노릇도 못하고 자식노릇도 못함)·
悖理(패리)之^人이다 。

*悖(어그러질 패)

3-1. 小空亡4개

[壬↑子]·
[丙↑午]·
[甲↑卯]·
[庚↑酉]는,
敗′長房하고, 出′逆子逆婿하고,
上元에는 傷男하고, 下元에는 傷女한다 。

巳[巽↑辰]	[乙↑卯↑甲]	寅[艮↑丑]	[癸↑子↑壬]
亥[乾↑戌]	[辛↑酉↑庚]	申[坤↑未]	[丁↑午↑丙]
人[天↑地]	[人↑天↑地]	人[天↑地]	[人↑天↑地]

3-2. 小空亡4개

[子↑壬]·
[午↑丙]·
[卯↑甲]·
[酉↑庚]은,
敗′三房한다 。

巳[巽↑辰]	[乙↑卯↑甲]	寅[艮↑丑]	[癸↑子↑壬]
亥[乾↑戌]	[辛↑酉↑庚]	申[坤↑未]	[丁↑午↑丙]
人[天↑地]	[人↑天↑地]	人[天↑地]	[人↑天↑地]

3-3. 小空亡4개

[乙↑卯]·

[辛↑酉]·

[丁↑午]·

[癸↑子]는,

敗'三房한다。

巳[巽↑辰]	[乙↑卯↑甲]	寅[艮↑丑]	[癸↑子↑壬]
亥[乾↑戌	[辛↑酉↑庚]	申[坤↑未]	[丁↑午↑丙]
人[天↑地]	[人↑天↑地]	人[天↑地]	[人↑天↑地]

3-4. 小空亡4개

[辰↑巽]·

[戌↑乾]·

[丑↑艮]·

[未↑坤]은,

敗'長房한다。

巳[巽↑辰]	[乙↑卯↑甲]	寅[艮↑丑]	[癸↑子↑壬]
亥[乾↑戌]	[辛↑酉↑庚]	申[坤↑未]	[丁↑午↑丙]
人[天↑地]	[人↑天↑地]	人[天↑地]	[人↑天↑地]

4. 南派(남파) 房分訣(방분결)

關´於^房分的^斷法은,

要´以^玄空挨星을 爲主로

別外로 可參考的^有´

'南派(남파)' 玄空之^「房分訣」이 있다.

(1)

天元卦・人元卦吉,

若^雜地元卦, 不出丁・

反損少丁, 敗仲房이다 ○

天元卦・地元卦吉,

若^雜人元卦, 敗長房이다 ○

人元卦・地元卦吉,

若^雜天元卦, 敗仲房이다 ○

(2)

子午卯酉・乙辛丁癸・寅申巳亥24山은

爲水龍이다 ○

乾坤艮巽・甲庚丙壬・辰戌丑未24山은

爲山龍이다 ○

山龍兼水龍, 敗長房;

水龍兼山龍, 敗季房이다 ○

辰戌丑未, 敗仲房;

寅申巳亥, 敗長房이다 ○

(3)

寅申巳亥는 屬´〈1・4・7〉房〉

子午卯酉는 屬´〈2・5・8〉房〉

辰戌丑未는 屬´〈3・6・9〉房〉

乾坤艮巽은 巽´〈1・4・7〉房〉

甲庚丙壬은 屬´〈2・5・8〉房〉

乙辛丁癸는 屬´〈1・3・9〉房이다 ○

以^上的^「房分訣」은

甚^多´矛盾(모순)之^處하며,

5. 筆者의 經驗(경험)

當^合´玄空九星應用:

〈1白〉인, 即^坎^中男이다 。

〈4綠〉인, 即^巽^長女이다 。

〈7赤〉인, 即^兌^少女이다 。

〈2黑〉인, 即^坤^老母이다 。

〈5黃〉인, 即^戊己^㊏이다 。

〈8白〉인, 即^艮^少男이다 。

〈3碧〉인, 即^震^長男이다 。

〈6白〉인, 即^乾^老父이다 。

〈9紫〉인, 即^離^中女이다 。

讀者는 多^作´現場에서 考驗(고험: 경험)하여,

必^有´心得이다 。

再^錄´

《秘本》的^錯雜(착잡: 空亡)斷訣(단결)인데,

供´讀者하니까 參考이다 ◦

*供(이바지할 공)
*參(간여할 참)
*考(상고할 고)

1 [辛⇑戌(67)]交逆 獨傷人 (신술교역 독상인: 사고), *逆(거스를 역)

2 [乙⇑辰(34)]凶星 不留情 (을진흉성 불류정: 無情) ◦ *留(머무를 류)

3 [丁⇑未(92)]並行 家無粟 (정미병행 가무속: 가난), *粟(조 속)

4 [癸⇑丑(18)]之中 定空神 (계축지중 정공신: 허망) ◦

5 [寅⇑甲(83)]雙行 家耗散 (인갑쌍행 가모산: 손실), *耗(줄 모)

6 [申⇑庚(27)]水上 仔細尋 (신경수상 자세심: 조심) ◦ *仔(자세할 자) *細(가늘 세)

7 [亥⇑壬(61)]若逢 人吐血 (해임약봉 인토혈: 토혈), *吐(토할 토)

8 [巳⇑丙(49)]之中 定遭刑 (사병지중 정조형: 범법자) ◦ *遭(만날 조)

9 [壬↑子(11)]之中 絕火煙 (임자지중 절화연: 가난), *煙(연기 연)

10 [艮↑寅(88)]之上 主煎熬 (간인지상 주전오: 고민) ◦ *煎(달일 전) *熬(볶을 오)

11 [甲↑卯(33)]水中 瘋痰見 (갑묘수중 풍담견: 정신이상), *痰(가래 담)

12 [巽↑巳(44)]之中 聾啞全 (손사지중 농아전: 귀머거리) ◦ *聾(귀머거리 롱)

13 [丙↑午(99)]水土 火炎炎 (병오수토 화염염: 화재), *炎(불탈 염)

14 [庚↑酉(77)]方上 亂淫全 (경유방상 난음전: 음란) ◦ *淫(음란할 음)

15 [乾↑亥(66)]定出 癲狂子 (건해정출 전광자: 정신병), *癲(미칠 전)

16 [坤↑申(22)]孤寡 不須言 (곤신고과 불수언: 과부) ◦ *寡(과부 과)

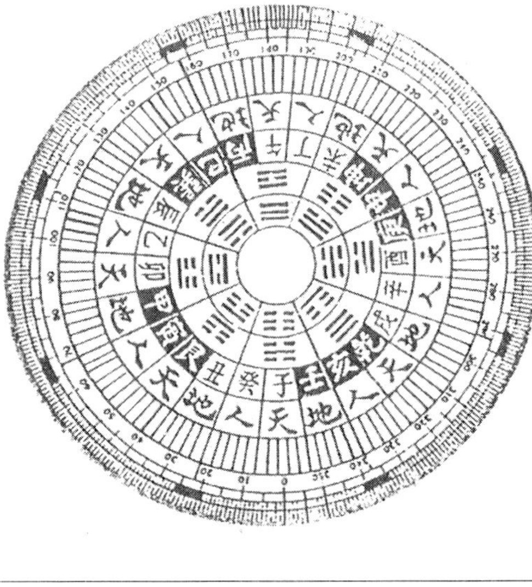

空亡表示圖

6. 伏吟理論(복음이론)

挨星(애성)的^反・伏吟은, 有´二說이다:

(1) 三陽星

山的^三陽星이 不′逢山이고, 反^逢水이고,

水之^三陽星이 不′逢水이고, 反^逢山이다 ○

山은 收得´三陰星이고,

水는 收得´三陰星이다 ○

(2) 기존이론 反・伏吟

一・九運之^壬・丙山;

二・八運之^艮・坤・寅・申山;

三・七運之^甲・庚山;

四・六運之^巽・乾・巳・亥山;

五運之^乾坤艮巽・寅申巳亥・

甲庚丙壬^山이다 ○

'章仲山(장중산)' 이 是´以^

『本元(: 1~9運)向星之^旺氣가 到山하면

爲′反・伏吟』

^即「上山」之^局^也이다 ○

《都天寶照經(도천보조경)》 說하기를;

『本山來龍立本向(본산래룡 입본향

; 해당運의 山星이 해당 運의 向星이 되면),

反吟伏吟禍難當(반음복음 화난당

; 반음복음으로 화를 감당하기 어려워),

自縊離鄉蛇虎害(자액리향 사호해

; 목을 매달고, 고향을 떠나고, 대형사고를 당하거나),

作賊充軍上法場(작적충군 상법장

; 도적이 나고, 범죄자가 되고, 實刑을 받는다)이다 ○

明得三星五吉向(명득삼성 오길향

; 三星을 알고 五吉의 向을 하면),

轉禍爲福大吉昌(전화위복 대길창

; 전화위복하여 크게 창성한다) ○』

反・伏吟은 是´極凶的^挨星^局으로,
要´如何하여 破解(파해)^呢(니)입니까?

'章仲山' 은
(《도천보조경》의 〈주해〉 에서)說하기를:
『苟^曉´五吉・三星之^妙理이고,
山水의 分用之^要訣은,
方^知´在^山은 謂´「本山」이고;
在^水는 即^爲´十道인데;
用得은 爲´三吉이고;
用失힌 即^是´「反吟」이다;
在^水는 謂´三吉하고,
在^山은 便^是´本山數語(: 본산내룡입본향)이고,
當^細細^揣(췌: 생각하다)之^하면,
自得´五吉・三星로,
補救(: 替卦)와 直達(: 下卦)之^
妙用^矣이다!』
指出´要´逢水하여야,
才^能´化凶爲吉(화흉위길: 凶을 吉로 변화시킴)
之^法이다 。

*苟(진실로 구)
*曉(깨달을 효)

*細(가늘 세)
*揣(생각할 췌)
*補(도울 보)
*救(건질 구)

*矣(어조사 의)

*逢(만날 봉)

【鐘新解】

■ 反伏吟의 擧´例

下元 七運 甲山庚向[下卦]

1. 滿盤伏吟(만반복음)

*滿(찰 만)

辰 4 8 六	丙 9 4 二	申 2 6 四
甲 3 7 五	中 +5+9 七	庚 7 2 九
丑 8 3 一	壬 1 5 三	戌 6 1 八

七運 甲山庚向 [下卦]

山盤飛星이

〈+5〉 入中하여,

〈5〉인 即^

天盤・

地盤之^甲(+陽)으로,

順飛한 則^

〈6〉이 到´乾宮이고・

〈7〉이 到´兌宮이고・

〈8〉이 到´艮宮이고・

〈9〉가 到´離宮이고・

〈1〉이 到´坎宮이고・

〈2〉가 到´坤宮이고・

〈3〉이 到´震宮이고・

〈4〉가 到´巽宮으로,

字字^與^

元旦盤(원단반)이

相同(上圖의 阿拉伯(아랍백: 아라비아)´

數字는 是´元旦盤的^洛書卦數하여,

此名은 「滿盤伏吟」으로,

如果^

把^墳墓(분묘)나 或^房屋이

建´在^四面八方에

都^有´山峰・高樓(고루)的^地方이면,

必定^

*阿(언덕 아)
*拉(꺾을 랍)
*伯(맏 백)

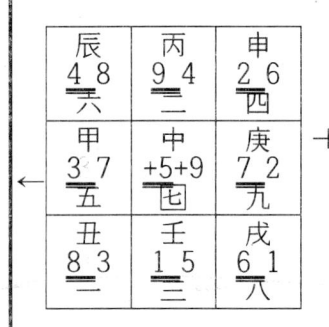

會有^
家破人亡(가파인망)的^慘劇(참극)이 發生한다 。

背山面水(배산면수)的^宅墳(택분: 음양택)은,
名^「上山下水」인데,
破財(파재)・
剋妻(극처)・
橫禍(횡화)・
官司(관사)・
火災(화재)・
傷殘(상잔)・
損丁(손정)을 難免(난면)이다 。
這^種의 格局의 適宜(적의)는
在^
平洋이나, 坐空朝滿(좌공조만)的^穴場이다 。

*墳(무덤 분)
*墓(무덤 묘)
*慘(참혹할 참)
*劇(심할 극)
*司(맡을 사)
*傷(상처 상)
*殘(해칠 잔)
*適(갈 적)
*宜(마땅할 의)

2. 盪卦反伏吟(탕괘반복음)

還(환: 또한)^有^
一種의 '反伏吟' 的^看法이다!
以^山・向的^ '盪卦(탕괘)' ^
與^羅經(나경)上的^先天64卦를
相^比較(비교)하여,
(1) 복음
卦가 相同的은 是^ '伏吟(복음)' 이고,
(2) 반음
卦가 相反的(綜卦[종괘]인, 即^爻的^陰陽이 全部^
相反)
은 是^ '反吟(반음)' 이다 。

*還(돌아올 환)
*盪(씻을 탕)
*羅(벌여놓을 라)
*經(조리 경)

坐山의 犯^反伏吟은 不可用이고,
向首가 犯^反伏吟은
要有^水하면 解化가 才^可用하다 。

■ 盪卦(탕괘) 反伏吟(반복음)

丁

巽 2 1 比 六	午 6 6 乾 二	坤 4 8 蠱 四
卯 3 9 噬嗑 五	中 1 2 師 七	酉 8 4 漸 九
艮 7 5 復 一	子 5 7 夬 三	乾 9 3 豊 八

↓

七運 午山子向 兼丙壬
[下卦]

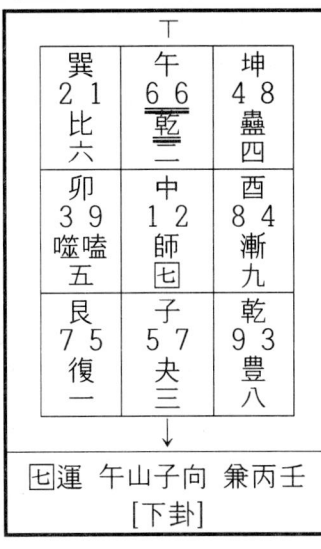

如^
七運에
午山兼丙 [下卦]는,
先天64卦는 是坐′
「乾爲天卦」인데,
挨星이 〈6⑥〉
盪卦^也도
是′乾爲天(: 66)으로,
此인 即^ 犯′伏吟하여,
不可′用이다 。

[簡疏]

離															卦
195 도					180 도					165 도					坐
丁					午					丙					
壬午	庚午	戊午	丙午	甲午	壬午	庚午	**戊午**	**丙午**	**甲午**	癸巳	辛巳	己巳	丁巳	乙巳	分金
							A	B	C						

恒 항	鼎 정	過大 과대	姤 구	乾 건	夬 쾌	有大 유대	壯大 장대	64
風雷	風火	風澤	風天	天天	天澤	天火	天雷	卦
43	49	47	46	A 〈66〉	67	69	63	數

(1) 〈66〉과 [乾卦66]의 숫자가 같아 盪卦伏吟이 된다.

(2) 丙午분금 전체와, 戊午와 甲午분금은 일부가 해당된다.

3. 單宮 反伏吟

反伏吟이 如果^不是′在^坐山이나 · 向首하고,
而^在′其他^六宮時에는,
犯′反伏吟이 那宮에
不可有′高山實物
(如^樓宇[누우] · 牆壁[장벽])이 阻塞(조색)하고,
而^要′通暢(平坦的^空地 · 水道 · 門路)이다 。
這는 是′指′挨星^與^元旦盤的^反伏吟이다,

*樓(다락 루)
*牆(담 장)=墻
*壁(벽 벽)
*阻(험할 조)
*塞(막힐 색)
*暢(펼 창)
*坦(평평할 탄)

■ 例: 下元 [七]運 戌山辰向[下卦]

辰 9 7 六	丙 4 2 二	未 [2] 9 四 ❷
甲 1 8 五	中 -8-6 [七]	庚 6 4 九
丑 5 3 一	壬 3 ① 三 ❶	戌 7 5 八

[七]運 戌山辰向
[下卦]

山의 未方之^
山盤飛星은 〈[2]〉 이고,
壬方之^
向盤飛星은 〈①〉 으로,
此^兩宮은
犯´伏吟이므로,
不可´阻塞(조색)이고,
而^要´通暢(통창)이다 。

未方([2])이 阻塞(조색)하면,
主´出´
寡婦(과부) · 產難(난산) · 腹疾(복질) ·
惡瘡(악창) · 腸胃出血(위장출혈) ·
仲房大敗(중방대패: 至´[八] · [九]運時)이다 。

*疾(병 질)
*瘡(부스럼 창)
*胃(밥통 위)
*仲(버금 중)

壬方(①)이 阻塞(조색)하면,
主´
咳喘(해천) · 官訟是非(관송시비) · 瘋癲(풍전) ·
肝膽病(간담병) · 脚病(각병) ·
仲房大敗(중방대패: 至´[九] · [一]運時)이다 。

*咳(기침 해)
*喘(헐떡거릴 천)
*瘋(미칠 풍)
*癲(미칠 전)
*肝(간 간)
*膽(쓸개 담)
*脚(다리 각)

[簡疏]

單宮伏吟의 4국에 따른 수

(1) 旺山旺向[下卦]은 單宮伏吟이 항상 2개 궁이 있고,

(2) 雙星會向[下卦]과 雙星會坐[下卦]에는 單宮伏吟이 항상 1개의 궁이 있고,

(3) 上山下水[下卦]에는 單宮伏吟이 없다.

反·伏吟表

卦 運 坐	下卦									替卦								
	1運	2運	3運	4運	5運	6運	7運	**8運**	9運	*1運*	*2運*	*3運*	*4運*	*5運*	*6運*	*7運*	***8運***	*9運*
壬	☒		▼		▼	▼		▼		☒								
子		▼		▼			▼		☒		▼					▼		
癸		▼		▼			▼		☒		▼							
丑	▼		▼	▼		▼												
艮		☒			▼		▼	**☒**	▼					▼			**☒**	▼
寅		☒			▼		▼	**☒**	▼								**☒**	▼
甲	▼		☒		▼		☒	▼				☒						
卯		▼		▼		▼			▼				▼					▼
乙		▼		▼		▼			▼									
辰		▼				☒		▼	▼									
巽	▼		▼	☒	▼		▼			▼			☒	☒				
巳	▼		▼	☒	▼		▼						☒	☒				
丙		▼		▼	▼		▼		☒			▼						☒
午	☒		▼			▼		▼		☒					▼	▼		
丁	☒		▼			▼		▼		☒						▼		
未				▼		▼	▼		▼									
坤	▼	☒	▼		▼			**☒**			☒	▼					**☒**	
申	▼	☒	▼		▼			**☒**			☒	▼					**☒**	
庚		▼	☒		▼		☒									☒		
酉	▼							▼					▼				▼	
辛	▼							▼									▼	
戌	▼	▼		☒				▼						☒				
乾			▼		▼	☒	▼		▼						☒	▼		
亥			▼		▼	☒	▼		▼						☒	▼		

〔註〕

(1) 表中之^「▼」表示는 凶. 「☒」表示는 大凶이다 。

(2) 背後坐實(배후좌실)이나,
山峰이 高逼(고핍)者는 不可用이다;
要′水纏玄武(수전현무)이나， 坐가 空者는 才(: 비로소)^可′使用이다 。

2004-2023年 8運(下卦·替卦)九宮數

坐\卦	下卦	替卦	坐\卦	下卦	替卦
壬	5 2 七 / •9 7 三 (boxed) / 7 9 五 6 1 六 / -4 +3 八 / 2 5 一 1 6 二 / [8]⑧ 四 / 3 4 九	7 9 七 / 2 5 三 / 9 7 五 [8]⑧ 六 / -6 +1 八 / 4 3 一 3 4 二 / 1 6 四 / 5 2 九	丙	2 5 七 / 7 9• 三 (boxed) / 9 7 五 1 6 六 / +3 -4 八 / 5 2 一 6 1 二 / [8]⑧ 四 / 4 3 九	9 7 七 / 5 2 三 / 7 9 五 [8]⑧ 六 / +1 -6 八 / 3 4 一 4 3 二 / 6 1 四 / 2 5 九
子	3 4 七 / [8]⑧ 三 / 1 6 五 2 5 六 / +4 -3 八 / 6 1 一 7 9 二 / 9 7 四 / 5 2 九	5 3 七 / 1 7 三 / 3 5 五 4 4 六 / +6 -2 八 / [8]9 一 9⑧ 二 / 2 6 四 / 7 1 九	午	4 3 七 / [8]⑧ 三 / 6 1 五 5 2 六 / -3 +4 八 / 1 6 一 9 7 二 / 7 9■ 四 (boxed) / 2 5 九	3 5 七 / 7 1 三 / 5 3 五 4 4 六 / -2 +6 八 / 9⑧ 一 [8]9 二 / 6 2 四 / 1 7 九
癸	↑	↑	丁	↑	↑
丑	3 6 七 / 7 1 三 / 5⑧ 五 4 7 六 / -2 -5 八 / 9 3 一 [8]2 二 / 6 9 四 / 1 4 九	←	未	6 3 七 / 1 7 三 / [8]5 五 7 4 六 / -5 -2 八 / 3 9 一 2⑧ 二 / 9 6 四 / 4 1 九	←
艮	1 4• 七 / 6 9• 三 / [8]2• 五 9 3• 六 / +2 +5• 八 / 4 7• 一 5⑧• 二 / 7 1• 四 / 3 6• 九 (center crossed out)	← (crossed out)	坤	•4 1 七 / •9 6 三 / •2⑧ 五 •3 9 六 / •+5 +2 八 / •7 4 一 •[8]5 二 / •1 7 四 / •6 3 九	•4 1 七 / •9 6 三 / •2⑧ 五 •3 9 六 / •+5 +2 八 / •7 4 一 •[8]5 二 / •1 7 四 / •6 3 九
寅	1 4• 七 / 6 9• 三 / [8]2• 五 9 3• 六 / +2 +5• 八 / 4 7• 一 5⑧• 二 / 7 1• 四 / 3 6• 九 (center crossed out)	9 4• 七 / 5 9• 三 / 7 2• 五 [8]3• 六 / +1 +5• 八 / 3 7• 一 4⑧• 二 / 6 1• 四 / 2 6• 九 (center crossed out)	申	•4 1 七 / •9 6 三 / •2⑧ 五 •3 9 六 / •+5 +2 八 / •7 4 一 •[8]5 二 / •1 7 四 / •6 3 九	•4 9 七 / •9 5 三 / •2 7 五 •3⑧ 六 / •+5 +1 八 / •7 3 一 •[8]4 二 / •1 6 四 / •6 2 九
甲	7 9 七 / 2 5 三 / 9 7 五 [8]⑧ 六 / -6 +1 八 / 4 3■ 一 (boxed) 3 4 二 / 1 6 四 / 5 2 九	7 1 七 / 2 6 三 / 9⑧ 五 [8]9 六 / -6 +2 八 / 4 4 一 3 5 二 / 1 7 四 / 5 3 九	庚	9 7 七 / 5 2 三 / 7 9 五 [8]⑧ 六 / +1 -6 八 / 3 4 一 4 3 二 / 6 1 四 / 2 5 九	1 7 七 / 6 2 三 / [8]9 五 9⑧ 六 / +2 -6 八 / 4 4 一 5 3 二 / 7 1 四 / 3 5 九
卯	5 2 七 / 1 6 三 / 3 4 五 4 3 六 / +6 -1 八 / [8]⑧ 一 9 7 二 / 2 5 四 / 7 9 九	←	酉	2 5 七 / 6 1 三 / 4 3 五 •3 4 六 (boxed) / -1 +6 八 / [8]⑧ 一 7 9 二 / 5 2 四 / 9 7 九	2 5 七 / 6 1 三 / 4 3 五 •3 4 六 (boxed) / -1 +6 八 / [8]⑧ 一 7 9 二 / 5 2 四 / 9 7 九
乙	↑	↖	辛	2 5 七 / 6 1 三 / 4 3 五 •3 4 六 (boxed) / -1 +6 八 / [8]⑧ 一 7 9 二 / 5 2 四 / 9 7 九	2 5 七 / 6 1 三 / 4 3 五 •3 4 六 (boxed) / -1 +6 八 / [8]⑧ 一 7 9 二 / 5 2 四 / 9 7 九
辰	■6⑧ 七 (boxed) / 2 4 三 / 4 6 五 5 7 六 / +7 +9 八 / 9 2 一 1 3 二 / 3 5 四 / [8]1 九	[8]6 七 / 4 2 三 / 6 4 五 7 5 六 / +9 +7 八 / 2 9 一 3 1 二 / 5 3 四 / 1⑧ 九	戌	[8]6■ 七 (boxed) / 4 2 三 / 6 4 五 7 5 六 / +9 +7 八 / 2 9 一 3 1 二 / 5 3 四 / 1⑧ 九	6⑧ 七 / 2 4 三 / 4 6 五 5 7 六 / +7 +9 八 / 9 2 一 1 3 二 / 3 5 四 / [8]1 九
巽	[8]1 七 / 3 5 三 / 1 3 五 9 2 六 / -7 -9 八 / 5 7 一 4 6 二 / 2 4 四 / 6⑧ 九	←	乾	1⑧ 七 / 5 3 三 / 3 1 五 2 9 六 / -9 -7 八 / 7 5 一 6 4 二 / 4 2 四 / [8]6 九	←
巳	↑	↖	亥	↑	↖

제 4장

九星組合(구성조합) · 有吉有凶(유길유흉)

1. 山風値而泉石膏肓(산풍치이 천석고황),

2. 午酉逢而江湖花柳(오유봉이 강호화류)。

3. 星連奎壁(성련규벽),
啓八代之文章(계팔대지 문장),

4. 胃入斗牛(위입두우),
積千箱之玉帛(적천상지 옥백),

5. 雞交鼠而傾瀉(계교서이 경사),
必犯徒流(필범도류);

6. 雷出地而相沖(뇌출지이 상충),
定遭桎梏(정조질곡)。

*膏(살찔 고)
*肓(명치끝 황)
*逢(만날 봉)

*奎(별이름 규)
*璧(둥근 옥 벽)
*啓(열 계)

*胃(별이름 위)
*箱(상자 상)
*帛(비단 백)

*鼠(쥐 서)
*瀉(쏟을 사)
*徙(귀양보낼 사)

*桎(차꼬 질)
*梏(쇠고랑 곡)

1. 山이 風을 만나면, 泉石膏肓(천석고황)이고,
〈8山㊏〉←〈4風㊍〉: 탈속(脫俗)주의자

2. 午가 酉를 만나면, 江湖에 花柳(화류)이고,
〈9午㊋〉➔〈7酉㊎〉: 난봉꾼

3. 星(성) 奎璧(규벽)은, 대문장가 나고,
〈1虛㊌〉⇦〈6奎㊎〉: 문장가

4. 胃(위)에 斗牛(두우)는, 천 상자의 玉帛(옥백)을 쌓고,
〈7胃㊎〉=〈8斗牛㊎〉: 부자

5. 雞(계)에 鼠(서)이고, 물이 傾瀉(경사)지면, 유배되고;
〈7鷄㊎〉⇨〈1鼠㊌〉: 범죄자

6. 雷(뇌)에 地(2)이고, 相沖(상충)하면, 장애물을 만난다.
〈3雷㊍〉➔〈2地㊏〉: 장애물

〔章註〕

1. 〈8山㊏〉 ← 〈4風㊍〉 : 탈속(脫俗)주의자

「山風值而泉石膏肓(산풍치이 천석고황)」,

〈艮(8)〉은 爲´山이고, 止^也로

陽이 在^上(☶)인 則^止이다。

〈巽(4)〉은 爲´風이고, 入^也로

陰이 在^下(☴)한 則^伏이다。

'止' 者는, 不事(: 모시지 않음)´王侯(왕후)하고,

高尙(고상)之^士^也이다。

'伏' 者는, 山林에 隱逸(은일)하여,

不求´聞達(문달: 청탁)於^諸侯(제후)者^也이다。

'止8' · '伏4' 이 相投(상투: 만나다)하면,

自有(: 본래 있다)´泉石之癖(천석지벽: 산림은거)이다。

*值(값 치)
*膏(살찔 고)
*肓(명치끝 황)
*止(발 지)
*伏(엎드릴 복)
*事(모실 사)
*侯(제후 후)
*尙(숭상할 상)
*隱(숨길 은)
*逸(달아날 일)
*泉(샘 천)
*癖(적취 벽)

2. 〈9午㊋〉 → 〈7酉㊎〉 : 난봉꾼

「午酉逢而江湖花柳(오유봉이 강호화류)」。

〈9離〉는 爲´㊋이므로,

爲´目이나 · 爲´心이고, 性은 喜´流動한다。

〈7兌〉는 爲´少女 · 爲´妾(첩)이고,

性은 愛´驕奢(교사)하다;

〈9離〉는, 麗(여: 곱다)^也로,

一陰이 附´於^陽(: ☲)한 則^喜한다。

〈7兌〉는, 說(열: 기쁘다)^也이다;

少陰이 出´於^陽(: ☱)한 則^ 說(:悅)이다。

〈9離〉 · 〈7兌〉는 相逢한,

故^有´「江湖花柳(강호화류)」之^應^也니라。

*逢(만날 봉)
*喜(기쁠 희)
*妾(첩 첩)
*愛(사랑 애)
*驕(교만할 교)
*奢(사치할 사)
*麗(고울 려)
*附(붙을 부)
*悅(기쁠 열)
*江湖: 떠돌이

3. 〈1虛㊌〉 ⇦ 〈6奎㊎〉 : 문장가

「星連奎壁(성련규벽: '星'은 '虛'로 수정)은,

啓'八代之文章(팔대지문장)」이다,

〈星9〉은 應'日(: 태양)하고,

司'文章翰墨(문장한묵)之^神인데,

躔(전: 있다)'於^〈奎(규);6〉·〈壁(벽);6〉은,

定^卜(복: 예상하다)'文才傑出(문재걸출)한다 。

*應(응할 응)
*翰(붓 한)
*墨(먹 묵)
*躔(궤도 전)
*傑(뛰어날 걸)

離(9)			
丁	午		丙
柳㊏ 류	星㊐ 성	張㊊ 장	翼㊋ 익

坎(1)				
癸		子		壬
牛	女㊏ 여	虛㊐ 허	危㊊ 위	室㊋ 실

乾(6)			
亥	乾		戌
室㊋ 실	壁㊌ 벽	奎㊍ 규	婁㊎ 루

4. 〈7胃㊎〉 = 〈8斗牛㊎〉 : 부자

「胃入斗牛(위입두우), 積´千箱之^玉帛(옥백)」에서,

〈胃7〉는 爲´㊎로,

主´倉廩(창름) · 五穀(오곡)之^府(부)이고,

躔(전)´於^〈牛斗8〉은,

定^致´千箱之積(천상지적)한다 ◦

*箱(상자 상)
*帛(비단 백)
*倉(곳집 창)
*廩(곳집 름)
*穀(곡식 곡)
*躔(궤도 전)

兌(7)			
辛		酉	庚
婁 루	胃㊏ 위	昴㊐ 묘	畢㊊ 필

艮(8)			
寅		艮	丑
尾㊋ 미	箕㊌ 기	斗㊍ 두	牛 ㊎

5 〈7鷄㊎〉 ⇨ 〈1鼠㊌〉 : 범죄자

〈兌(7)〉에 如^加´〈坎(1)〉이고,

或^傾瀉(경사)하여 奔流(분류)하고,

一^遇(우)´歲君(세군: 太歲)하면,

徒流(도류: 유배)를 不免한다 ◦

*瀉(쏟을 사)
*奔(달릴 분)
*徒(징역 도)
*遇(만날 우)
*免(면할 면)

6. 〈3雷㊍〉 ➔ 〈2地㊏〉 : 장애물

〈震(3)〉이 若^交´〈坤(2)〉는,

或^相沖(상충) · 相射(상사)하고,

年(: 流年)이 逢(봉)´〈F3碧〉하면,

桎梏(질곡)에서 難逃(난도)한다 ◦

*射(쏠 사)
*桎(차꼬 질)
*梏(쇠고랑 곡)
*逃(달아날 도)

【鐘註】

1 〈8山㊏〉 ← 〈4風㊍〉 在野의 賢人

四運에 當^收′〈4〉인데 而^逢′〈8〉하거나,
八運에 當^收′〈8〉인데 而^收′〈4〉하면,
爲′「山風值而泉石膏肓(산풍치이천석고황)」하여,
主′懷才不遇(회재불우)하고,
書空咄咄(서공돌돌: 불평불만)하고,
亦^主′風濕(풍습)・筋骨(근골)之^病이다 ◦

*懷(품을 회)
*遇(만날 우)
*咄(꾸짖을 돌)
*濕(축축할 습)
*筋(힘줄 근)

若^
得令이면 而^挨星이 得〈48(84)〉하면,
主′出′在野之^賢人으로,
如^
'陶宏景(도굉경: 456~536년; 南北朝시대의 道人)'이
爲′山中宰相(산중재상: 벼슬은 없지만 학식이 높아 王이 자문을 구함)하고,
亦^出′喜愛′
雅石(아석: 수석)・奇木(기목)之^人이다 ◦

*野(들 야)
*賢(어질 현)
*陶(질그릇 도)
*宏(클 굉)
*宰(재상 재)
*相(재상 상)
*雅(우아할 아)
*奇(기이할 기)

2. 〈9午㊋〉 → 〈7酉㊎〉는 난봉꾼, 화재

七運에 收′〈9〉하거나,
九運에 收′〈7〉은,
天元의 坐向에, 爲′午酉가 逢이다 ◦
子午卯酉는 乃′咸池(함지: 서쪽)之^宮으로,
且^㊋㊎이 相剋한다 ◦
〈7〉은 爲′先天의 ㊋數이며,
〈9〉는 爲′後天의 ㊋數인데,

*收(거둘 수)
*逢(만날 봉)
*咸(다 함)
*池(못 지)

若^
遇(우)′
掀裙(흔군)이나 舞袖(무수)・
搖頭擺尾(요두파미: 물이 曲形으로 흐름)之^山水하면,
主出′

*掀(치켜들 흔)
*裙(치마 군)
*舞(춤출 무)
*袖(소매 수)
*搖(흔들릴 요)
*擺(열릴 파)
*荒(거칠 황)

酒色荒淫(주색황음)之^人이며;

遇´
枯木(고목)·巨石이 巉巖(참암)하거나·
神廟(신묘)나 屋角(옥각)이 尖射(첨사)하거나·
牆壁(장벽)이 漆紅(칠홍)이거나·
水路가 直衝(직충)하면,
主´
火災(화재)·吐血(토혈)·癆嗽(노수)·姦殺(간살)
等의 凶禍(흉화)한다 ○

*淫(음란할 음)
*枯(마를 고)
*巉(가파를 참)
*巖(바위 암)
*牆(담 장)
*壁(벽 벽)
*癆(중독 로)
*嗽(기침할 수)
*姦(간사할 간)
*凶(흉할 흉)
*禍(재화 화)

3. 〈1虛㊌〉 ⇦ 〈6奎㊎〉 은 문장가

「星連奎璧(성련규벽)」은 當^作´
「虛連奎璧(허련규벽)」이고,
蓋^
古代之^虛日(허일)과 鼠(서)는 在´子인데,
〈1子〉는 乃´ '墨池(묵지: 벼루의 물 담는 곳)'로;
〈6奎㊍狼(랑)〉·〈6璧㊌〉는 在´乾亥하고,
〈6亥〉는 爲´ '天門'으로,
爲´天上의 圖書之府(도서지부)이며,
'雙魚(쌍어)' 之^宮이다 ○
挨星(애성)이 得´ 〈16(61)〉에 有´
'雙魚戲墨(쌍어희묵)'
(硯台[연대]上的^雕刻[조각])之^象이다 ○
且^
〈1白〉은 爲´ '牙笏(아홀)' 이고,
〈6白〉은 爲´ '官星' 으로,
主´文貴나 武貴이다 ○

「啟八代之文章(계팔대지문장)」은
指´ '韓文公(: 韓愈[한유: 768~824년;唐代의 문장가])' 의
'文이 起(:시작하여)하여 八代之衰' ^言은
其^影響´文學思想的으로 偉大한 貢獻(공헌)이지,

*奎(별 이름 규)
*璧(둥근 옥 벽)
*鼠(쥐 서)
*墨(먹 묵)
*池(못 지)
*戲(놀 희)
*硯(벼루 연)
*台=臺
*彫(새길 조)
*刻(새길 각)
*牙(어금니 아)
*笏(홀 홀)
*啓(열 계)
*愈(나을 유)
*衰(쇠할 쇠)
*影(그림자 영)
*響(울림 향)
*偉(훌륭할 위)
*貢(바칠 공)

非′指′年代之^久遠(구원)^也이다 。

*獻(바칠 헌)

4. 〈7胃㊎〉 = 〈8斗牛㊎〉 은 갑부, 속발

「胃(위)가 入′斗牛(두우)」는

挨星이 〈87(78)〉 ^也이다 。

古代에는 〈7胃㊏雉〉는 在′兌宮하고,

〈8斗㊍獬(해)〉 · 〈8牛㊎牛〉는 在′丑艮으로;

〈兌7㊎ · 艮8㊏〉로, ㊏生㊎하고,

且^

〈8丑㊏〉는 爲′金庫(금고)이고,

堅㊎遇㊏하므로,

富가 並′ '陶朱(도주: 춘추전국시대에 갑부)' ^也이다 。

*挨(밀칠 애)
*胃(밥통 위)
*雉(꿩 치)
*獬(해치 해)
*陶(질그릇 도)

〈7兌少女〉 · 〈8艮少男〉은

少陰(: 少女) · 少陽(: 少男)之^配(배: 만남)로,

發達이 最速(최속)하다 。

應′於^下元 七 · 八運이다 。

*配(짝 배)
*速(빠를 속)

5. 〈7鷄㊎〉 ⇨ 〈1鼠㊌〉 는 범죄자

「雞交鼠(계교서)」는

〈7酉〉가 交′〈1子〉^也로,

在′卦는 爲′天元의 〈兌7〉 · 〈坎1〉이다 。

〈7赤兌〉는 爲′少女 · 爲′娼妓(창기);

〈1白坎〉 爲′心 · 爲′酒(주)이다 。

失令이면, 主′酒色破家(주색파가)하고,

少女가 喜伴(희반)하여 中男과 行(: 도주)한다 。

*鷄(닭 계)
*鼠(쥐 서)
*娼(창녀 창)
*妓(기생 기)
*破(깨뜨릴 파)
*喜(기쁠 희)
*伴(짝 반)
*瀉(쏟을 사)

若^

挨星 〈71〉 之^方에 見水가 直瀉而去하면,

主′飄蕩逃亡(표탕도망)이다 。

因은 〈7兌〉은 爲′澤이고,

兌는 瀉(사)′於^下而하여 涸(학: 고갈)^也이고,

亦^主′遺精洩血(유정설혈)之^病이다 。

*飄(질풍 표)
*蕩(쓸어버릴 탕)
*逃(달아날 도)
*亡(달아날 망)
*涸(물 마를 학)
*遺(끼칠 유)
*洩(샐 설)

28宿와 動物							
七政 / 方位	1 ㊍	2 ㊎	3 ㊏	4 日	5 月	6 ㊋	7 ㊌
東方 青龍	角(각) 蛟(교) :교룡	亢(항) 龍(용) :용	氐(저) 貉(학) :담비	房(방) 兎(토) :토끼	心(심) 狐(호) :여우	尾(미) 虎(호) :범	箕(기) 豹(표) :표범
北方 玄武	斗(두) 獬(해) :해치	牛(우) 牛(우) :소	女(여) 蝠(복) :박쥐	虛(허) 鼠(서) :쥐	危(위) 燕(연) :제비	室(실) 豬(저) :돼지	壁(벽) 貐(유) :괴짐승
西方 白虎	奎(규) 狼(낭) :이리	婁(루) 狗(구) :개	胃(위) 雉(치) :꿩	昴(묘) 雞(계) :닭	畢(필) 烏(오) :가마귀	觜(각) 猴(후) :원숭이	參(참) 猿(원) :원숭이
南方 朱雀	井(정) 犴(안) :들개	鬼(귀) 羊(양) :양	柳(유) 獐(장) :노루	星(성) 馬(마) :말	張(장) 鹿(녹) :사슴	翼(익) 蛇(사) :뱀	軫(진) 蚓(인) :지렁이

6. 〈3雷㊍〉 ➔ 〈2地㊏〉 는 폭력, 교통사고

「雷出地(뇌출지)」는 〈32〉 ^也이다 。

〈3碧〉은

乃´蚩尤(치우)之^神으로,

失令이면 爲´賊星(적성: 도적)이다 。

〈2黑坤〉은 爲´法(: 주로 民法)이다 。

故^

失令이고 而^挨星이 收得〈32〉는,

主´出´流氓欺壓(유맹기압: 불량자의 폭행)^鄕里(: 고향)하고,

或^作奸犯科(작간범과)하거나, 遭(조)´刑法이다 。

又^〈3碧㊍〉은 剋 〈2黑㊏〉 하여,

爲´'鬪牛煞(투우살)'로

主´車禍(차화: 교통사고) · 鬪毆(투구: 구타) · 路死(노사) ·

雷擊(뇌격: 벼락사망) · 木打(목타: 폭력)이다 。

「相沖(상충)」은

指´五行相剋 ·

失令^與^形勢之^凶惡하는 而^言이다 。

*蚩(어리석을 치)
*尤(더욱 우)
*賊(도둑 적)
*欺(속일 기)

*流(흐를 류)
*氓(백성 맹)
*壓(누를 압)
*科(과정 과)
*遭(만날 조)

*毆(때릴 구)
*雷(우레 뇌)
*擊(부딪칠 격)
*打(칠 타)

【新解】

九星의 碰撞(팽당: 만남)은
不是′單^在′同一^
宮的^山・向星(一般^初學者는 多^以^坊間의 書籍이나・
通書[이론을 간단하게 나열한 서적[에 所載的^挨星圖는
按圖索驥[안도색기: 초보적이고 낮은 수준의 방법])인데,
有時는 要′以^連跨(연과: 연결과 건넘)′
二宮이나・三宮的^山脈・水道나・門路(대문에 이르기까지의 도로)^來하여 判斷한다。
玆(자: 여기)^擧′二^例하여 說明^之한다。

*碰(부딪칠 팽)
*撞(칠 당)
*索(찾을 색)
*驗(증험할 험)
*跨(타넘을 과)
*玆(이 자)

■ 例: 下元 四運 子山午向(癸山丁向^同) [下卦]

1-1 〈48(84)〉: 옆 궁을 연결하여 감정

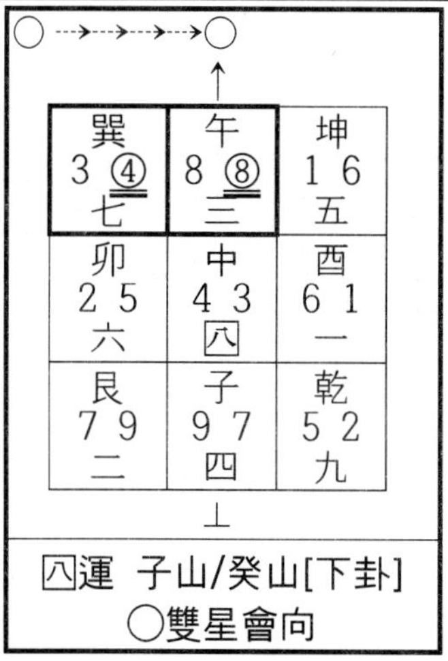

巽宮에
有′水來하여
至′向首하여
聚蓄(축취)하면,
爲′
〈④⑧〉이 相逢하여,
主′
小口(: 미성년자)가
損傷(손상)・泉石膏肓(천석고황)・
氣喘(기천: 천식;4)・肝膽病(간담병;4)・
風濕關節症(풍습관절증;48)이다。
陽宅에서 有′門路^者하면 同斷이다。
若^水路의 狀(상: 형상)이
若^搖頭擺尾(요두파미: 머리와 꼬리를 흔들다)하면,
有′淫暱(음일)之^情者인데,
主′婦女(: 4)는 養′小白臉(소백검: 연하애인;8)한다。

*聚(모일 취)
*蓄(쌓을 축)
*喘(헐떡거릴 천)
*膽(쓸개 담)
*濕(축축할 습)
*關(빗장 관)
*搖(흔들릴 요)
*擺(열릴 파)
*暱(다정할 일)
*臉(뺨 검)

1-2 〈16(61)〉: 옆 궁을 연결하여 감정

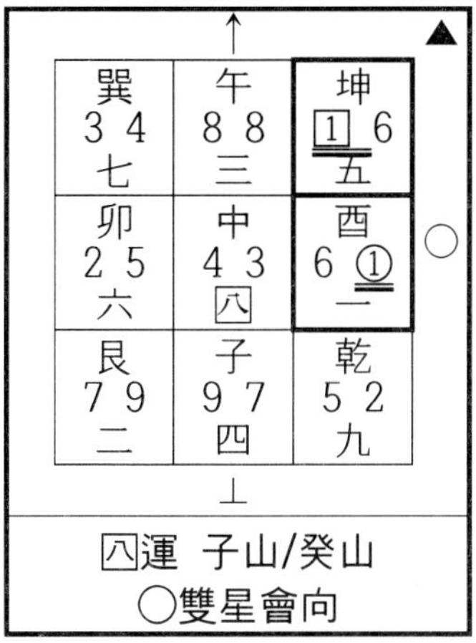

坤・兌^兩宮挨星은
〈1⑥(6①)〉 聯星,
若^坤宮에
有′文筆山(문필산)하고・
兌宮에는 有′
水池가 圓而放光하면,
名′
「虛連奎璧(허련규벽)」이
다。

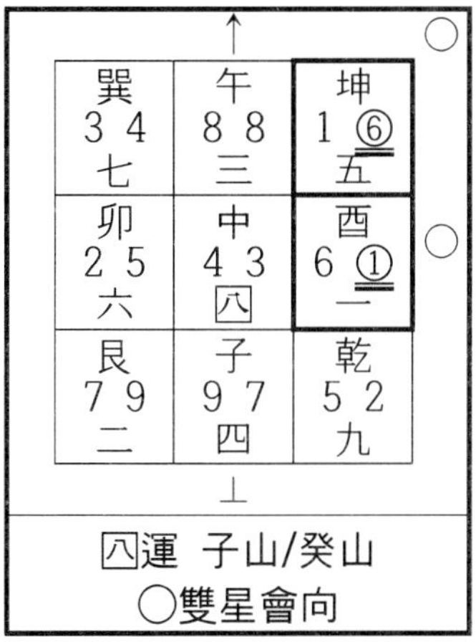

坤・兌의 兩方에
有′圓形水池가 相連하고,

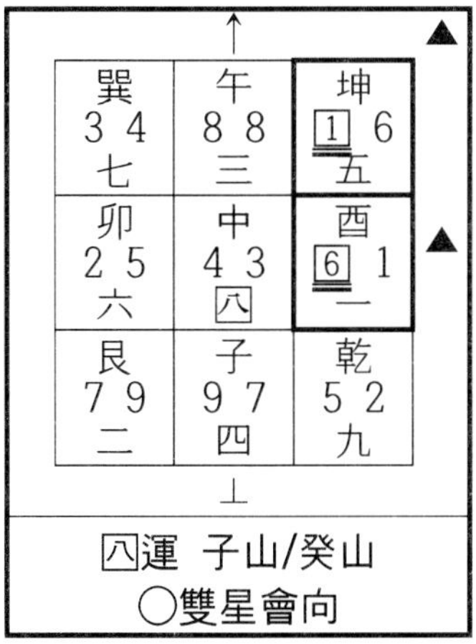

或^
坤・兌의 兩方에
有′尖秀山峰이
連成′
筆架山(필가산: 문필봉이 연봉)이
어도 ^也
是′「虛連奎璧」이다。

1-3 〈79(97)〉: 옆 궁을 水를 연결하여 감정

巽 3 4 七	午 8 8 三	坤 1 6 五
卯 2 5 六	中 4 3 八	酉 6 1 一
艮 7 ⑨ 二	子 9 ⑦ 四	乾 5 2 九
○	○⊥	

八運 子山/癸山
○雙星會向

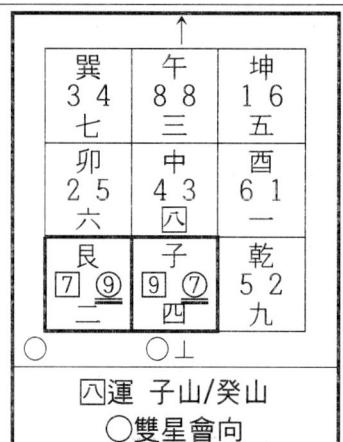

坎・
艮兩宮에
挨星이
〈9⑦〉・
〈7⑨〉
의 聯星(연성)은,
這^兩個^方位은
各^自^有´水이거나
或^連續(연속)하여
有´水(門路・大窗戶[대창호]^同)인,
即^「午酉逢(오유봉)」으로
而^有´好酒好色(호주호색)之^應이다 ◦
蓋^
〈9〉는
爲´離㊋
(爲´目・爲´慾火[욕화: 정욕]),
〈7〉은
爲´兌
(爲´少女・爲´娼優[창우]・爲´婢媵[비잉])^也이다 ◦
若^
山水形勢가 凶惡한,
則^有´火災(화재)・姦殺(간살)之^感이다 ◦

*連(잇닿을 련)
*續(이을 속)
*窗(창 창)
*戶(지게 호)

*連(잇닿을 련)
*續(이을 속)
*窗(창 창)=窓
*戶(지게 호)
*逢(만날 봉)
*蓋(덮을 개)
*慾(욕심 욕)

*媵(첩 잉)
*娼(창녀 창)
*優(배우 우)
*姦(간통할 간)

1-4 〈32(23)〉: 옆 궁을 山을 연결하여 감정

巽 [3] 4 七	午 8 8 三	坤 1 6 五
卯 [2] 5 六	中 4 3 [四]	酉 6 1 一
艮 7 9 二	子 9 7 四	乾 5 2 九

[四]運 子山/癸山[下卦]
○雙星會向

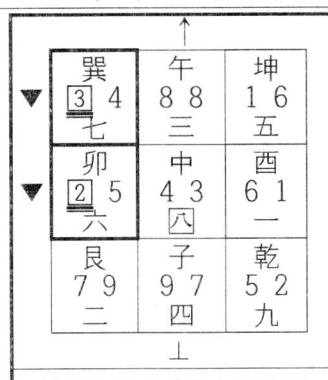

巽・震^兩宮에
有′山岡이 直來하고
或^有′一排의
高樓大廈(고루대하:
其形이 硬直[경직])하면,
爲′
「雷出地〈32〉
而^相沖(상충)」으로,
主′逆子打母(역자타모:
因(인: 이유는)^
〈3碧震〉은
爲′長子・
爲′木棒(목봉)・
爲′躁(조: 성급함)・
爲′雷(뇌)으로,
怒吼(노후: 震怒)이고;
〈2黑坤〉은
爲′老婦・
爲′母・
爲′卑(비)・
爲′順(: 柔弱)으로,

並^
有′
足病(족병: 3)・
腹疾(복질: 2)・
膽病(담질: 3)・
車禍(차화: 교통사고;3)之^應이다 ○

*岡(산등성이 강)
*排(밀칠 배)
*廈(빌딩 하)
*硬(굳을 경)
*直(곧을 직)

*棒(몽둥이 봉)
*躁(성급할 조)
*怒(성낼 노)
*吼(울 후)
*柔(부드러울 유)

*腹(배 복)
*膽(쓸개 담)

■ 例: 下元 [七]運 酉山(辛山^同) [下・替]

2-1 〈⑦①〉: 동떨어진 두 궁을 水를 연결

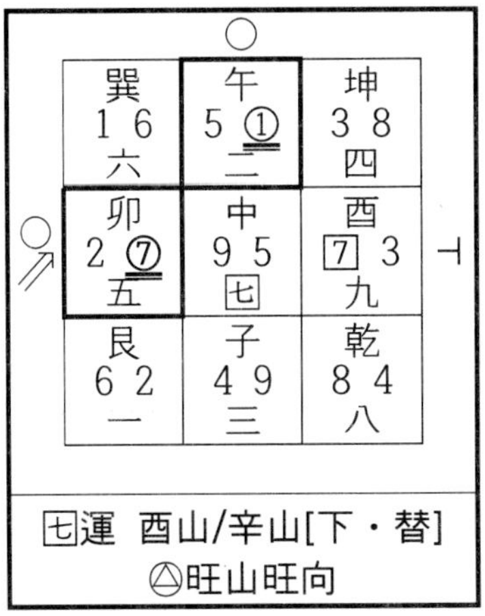

卯方에
有′水나
或^
道路가 斜沖(사충)′
向^午方은,
爲′
「雞交鼠(계교서;71)
而^
傾瀉(경사)」로,

*射(쏠 사)
*沖=衝(찌를 충)
*傾(기울 경)
*斜(비낄 사)
*耽(즐길 탐)
*醇(진한 술 순)

主′暴發한 後에는
耽(탐)′於^醇酒(순주)와 美人이고,
終(종: 마침내)^至′跑路(포로: 도망)한다 。

*跑(달릴 포)

2-2 〈[7][8]〉: 동떨어진 두 궁의 山을 연결

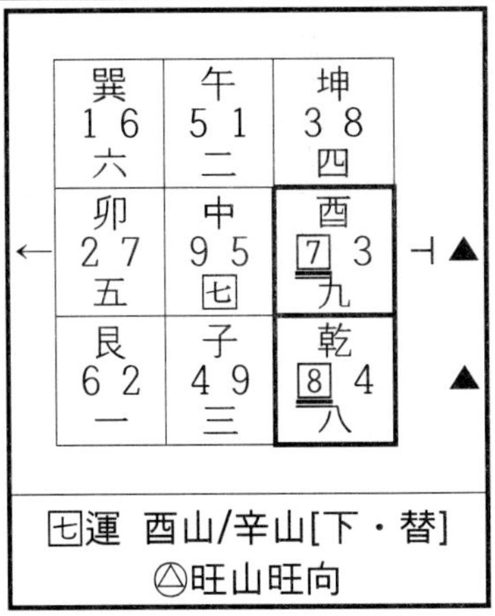

兌・
乾兩宮에
有′方形(: ㊏[8])・
圓形(: ㊎[7])的^
豊滿^
山岡高地(산강고지)는,
是′倉庫山(창고산)인데,
且^挨星이
聯成^

*豊(풍성할 풍)
*滿(찰 만)
*岡(산등성이 강)
*倉(곳집 창)
*庫(곳집 고)
*胃(밥통 위)

〈[7][8]〉은,
爲′「胃入斗牛(위입두우)」하여,
主′出′
善′於^經營之^人才이고,
屋潤家肥(옥윤가비)이다 。

*善(잘할 선)
*潤(젖을 윤)
*肥(살찔 비)

2-3 〈⑦⑧〉: 동떨어진 두 곳의 水를 연결

巽 1 6 六	午 5 1 二	坤 3 ⑧ 四
卯 2 ⑦ 五	中 9 5 七	酉 7 3 九
艮 6 2 一	子 4 9 三	乾 8 4 八

七運 酉山/辛山[下・替]
◎旺山旺向

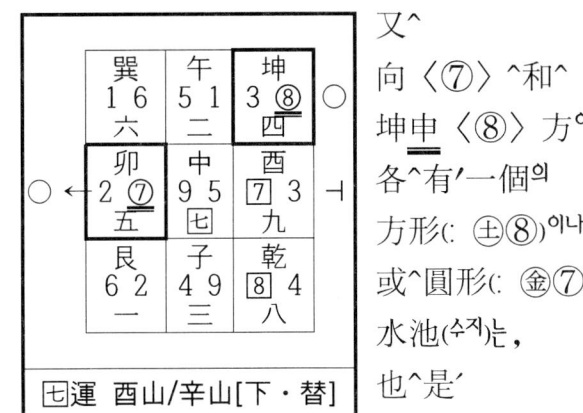

又^
向〈⑦〉^和^
坤申〈⑧〉方에
各^有′一個의
方形(: ㊏⑧)이나
或^圓形(: ㊎⑦)的^
水池(수지)는,
也^是′
「胃入斗牛(;78)」이다。

*池(못 지)
*胃(밥통 위)
*斗(말 두)

제 5장

生剋制化(생극제화)의 正變(정변)과 補瀉(보사)

1. 火若剋金兼化木(화약극금 겸화목),
   數經回祿之災(삭경회록지재), *數(자주 삭)

2. 土能制水復生金(토능제수 부생금),
   定主田庄之富(정주전장지부); *庄(농막 장)

3. 木見火而生聰明奇士(목견화이생 총명기사), *聰(귀밝을 총)

4. 火見土而生愚鈍頑夫(화견토이생 우둔완부), *愚(어리석을 우) *鈍(무딜 둔) *頑(둔할 완)

5-1. 無室家之相依(무실가지 상의),
   奔走於東西道路(분주어 동서도로), *奔(달릴 분)

5-2. 鮮姻緣之作合(선인연지 작합),
   寄食於南北人家(기식어 남북인가)。 *鮮(적을 선) *姻(혼인 인) *緣(인연 연)

1. ㊋剋㊎에 ㊍生㊋하면, 누차 화재가 발생하고,
   [〈7㊎〉🡐〈9㊋〉]⇦〈3㊍ · 4㊍〉: 화재

2. ㊏剋㊌하더라도 金生水하면, 부동산 부자가 나고;
   [〈2㊏8㊏〉🡒〈1㊌〉]⇦〈6㊎ · 7㊎〉: 부자

3. ㊍生㊋하면 聰明奇士(총명기사)가 나고,
   〈3㊍⇨9㊋〉, 〈4㊍⇨9㊋〉: 총명

4. ㊋生㊏는 愚鈍頑夫(우둔완부)가 난다.
   〈9㊋⇨2㊏〉, 〈9㊋⇨5㊏〉, 〈9㊋⇨8㊏〉: 우둔

5-1. 室家(:집안)에 의지할 곳이 없으면,
   이리 저리로 분주하고,
   〈3㊍〉🡐〈6㊎7㊎〉: 부부갈등

5-2. 姻緣(:인연)이 없으면, 이집 저집에서 빌어먹는다.
   〈9㊋〉🡐〈1㊌〉: 거지

〔章註〕

此^節은 專^言´‘生剋制化(생극제화)’之^理하는데,
妙는
在´山水의
峰巒·五星·九星의 正變(: 정격과 변격)之^象이고,
辨別´清楚(청초: 분명)하고,
再^辨´玄空의 ‘隨時變易(수시변역)’之^機·
往來進退(왕래진퇴: 생왕쇠사)之^理하여,
認得´分明하고,

*專(오로지 전)
*峰(봉우리 봉)
*巒(뫼 만)
*楚(모형 초)

當^補者는 ‘補(보)’하고,
當^瀉者는 ‘瀉(사)’하여,
‘制化(제화)’하여 得´宜하면,
自能´
得心應手(득심응수: 마음대로 이루어지다)하지만,
稍(초: 조금)^有´偏勝(편승: 균형을 잃음)이면,
定^見´榮枯(영고: 길흉)는, 理之^必然者^也이다。

*補(기울 보)
*瀉(쏟을 사)
*稍(점점 초)
*榮(꽃 영)
*枯(마를 고)

1. 吉[〈7㊎←9㊋〉←〈 1㊌〉]: 剋(극)
吉[〈7㊎←9㊋〉⇨〈258㊏〉]: 泄(설)

如^〈㊋→㊎〉로 相剝(상박)하면,
當^扶´㊌가 以^剋之^하거나,
或^培´㊏하여 以^泄之^하여,
乃^是´扶㊎壯㊌之^至理이다,

*剝(벗길 박)
*扶(도울 부)
*壯(도울 장)

2. 凶: 〈7㊎←9㊋〉⇦〈4㊍〉: 화재

若^反以^로
㊍助㊋는,
㊋는 藉(: 통하다)´風로
而^愈(유: 더욱)^熾(치: 치열)이므로,
㊍生㊋^而는 愈^旺하여,
回祿(: 회록: 火神)이 難逃(난도)이다。

*藉(깔개 자)
*愈(더욱 유)
*祿(복 록)
*逃(달아날 도)

3. 凶〈2㊏8㊏ ➔ 1㊌〉 : 고갈
吉[〈2㊏8㊏ ➔ 1㊌〉⇦〈6㊎·7㊎〉]: 부자

*苦(쓸 고)
*甘(달 감)

㊏剋㊌인, 則^㊌는 自^涸(학: 물이 고갈됨)인데,
得´㊎曜가 重하여, 洩´㊏하고 壯´㊌하여,
自有´「田庄之富(전장지부)」이다 。
所謂^
强者는 宜^洩하고,
弱者는 宜^扶한
即^同´此意하다 。

*涸(물 마를 학)
*曜(빛날 요)
*洩(샐 실)
*壯(씩씩할 장)
*庄(별장 장)
*强(굳셀 강)
*弱(약할 약)
*扶(도울 부)

4. 吉: 〈3㊍⇨9㊋〉, 〈4㊍⇨9㊋〉: 총명
凶: 〈3㊍4㊍⇨9㊋〉⇨〈2㊏8㊏〉: 우둔

㊋는 由^㊍出하여, 母子가 相得하면,
㊍㊋通明하여, 定多^聰俊(총준: 총명준수)한다 。
㊏는 本^㊋의 生이지만, 太過(태과)한 則^
'㊋炎㊏燥(화염토조)' 하여,
自^產´頑愚(완우)한다 。

*聰(귀 밝을 총)
*俊(준걸 준)
*燥(마를 조)
*頑(둔할 완)
*愚(어리석을 우)

5-1. 凶:
無室家之相依(무가실가지 상의),
奔走於東西道路(분주어 동서도로),
5-2. 凶:
鮮姻緣之作合(선인연지 작합),
寄食於南北人家(기식어 남북인가) 。

男에게는 以^女가 爲´「室」이고,
女에게는 以^男가 爲´「家」인데,
「無家無室(무가무실)」은,
是´言´孤陰·孤陽하여,
無´所^依靠(의고: 의지)한,
故^言´「奔走(분주)」하거나, 「寄食(기식: 빌어먹음)」
于^東西南北(: 여기 저기)^也이다 。

*奔(달릴 분)
*寄(부칠 기)
*于(어조사 우)
*寄(부칠 기)

【鐘註】

五行的^ '生剋制化' 의 理論은,

以^《淵海子平(연해자평)》 '徐大升(서대승: 宋末의 명리학자로 절강성 항주출신)' 的^「五行의 生剋制化에 各^有'所喜所害(소희소해)」이 說'得(: 정도)^最好이다;

*淵(못 연)

1. 지나친 旺은 剋하여 制하여 조절하므로 吉

㊎旺得←㊋, 方成'器皿, (금왕득화, 방성기명)

㊋旺得←㊌, 方成'相濟, (화왕득수, 방성상제)

㊌旺得←㊏, 方成'池沼, (수왕득토, 방성지소)

㊏旺得←㊍, 方能'疏通, (토왕득목, 방능소통)

㊍旺得←㊎, 方成'棟樑 ° (목왕득금, 방성동량)

*器(그릇 기)
*皿(그릇 명)
*濟(구제할 제)
*沼(늪 소)
*疏(트일 소)
*棟(용마루 동)
*樑(들보 량)

2. 지나친 相生은 凶

㊎賴⇦㊏生, ㊏多㊎埋; (금뢰토생, 토다금매)

㊏賴⇦㊋生, ㊋多㊏焦; (토뢰화생, 화다토초)

㊋賴⇦㊍生, ㊍多㊋熾; (화뢰목생, 목다화치)

㊍賴⇦㊌生, ㊌多㊍漂; (목뢰수생, 수다목표)

㊌賴⇦㊎生, ㊎多㊌濁 ° (수뢰금생, 금다수탁)

*賴(힘입을 뢰)
*埋(묻을 매)
*焦(그을릴 초)
*熾(성할 치)
*漂(떠돌 표)
*濁(흐릴 탁)

3. 어설픈 相生은 生我者가 凶

㊎能⇨生㊌, ㊌多㊎沈; (금능생수, 수다금침)

㊌能⇨生㊍, ㊍盛㊌縮; (수능생목, 목성수축)

㊍能⇨生㊋, ㊋多㊍焚; (목능생화, 화다목분)

㊋能⇨生㊏, ㊏多㊋晦; (화능생토, 토다화회)

㊏能⇨生㊎, ㊏多㊎埋 ° (토능생금, 토다금매)

*沈(가라앉을 침)
*縮(줄일 축)
*焚(불사를 분)
*晦(그믐 회)
*埋(묻을 매)

4. 어설픈 剋은 오히려 我가 凶

㊎能剋➔㊍, ㊍堅㊎缺; (금능극목, 목견금결)

㊍能剋➔㊏, ㊏重㊍折; (목능극토, 토중목절)

㊏能剋➔㊌, ㊌多㊏流; (토능극수, 수다토류)

㊌能剋➔㊋, ㊋多㊌熱; (수능극화, 화다수열)

㊋能剋➔㊎, ㊎多㊋熄 ° (화능극금, 금다화식)

*缺(이지러질 결)
*折(꺾을 절)
*流(떠내려갈 류)
*熱(더울 열)
*熄(꺼질 식)

5. 지나친 相剋은 오히려 他凶

㊎衰遇🡐㊋，必見銷鎔；(금쇠우화，필견소용)
㊋弱逢🡐㊌，必爲熄滅；(화약봉수，필위식멸)
㊌弱逢🡐㊏，必爲淤塞；(수약봉토，필위어새)
㊏衰遇🡐㊍，必遭傾陷；(토쇠우목，필조경함)
㊍弱逢🡐㊎，必爲砍折。(목약봉금，필위감절)

*銷(녹일 소)
*鎔(녹일 용)
*熄(꺼질 식)
*淤(진흙 어)
*陷(빠질 함)
*砍(벨 감)
*折(꺾을 절)

6. 相生으로 泄氣

强㊎得⇨㊌，方挫其鋒；(강금득수，방좌기봉)
强㊌得⇨㊍，方泄其勢；(강수득목，방설기세)
强㊍得⇨㊋，方化其頑；(강목득화，방화기완)
强㊋得⇨㊏，方止其焰；(강화득토，방지기염)
强㊏得⇨㊎，方制其害。(강토득금，방제기해)

*挫(꺾을 좌)
*鋒(칼끝 봉)
*泄(샐 설)
*頑(완고할 완)
*焰(불 댕길 염)
*害(해칠 해)

此는 即^
五行이 反生・反剋之^變易이다。
'章仲山'의 所^註는，
包含'
'子平' 命學의
扶弱抑强(부약억강)^與^
通關(통관: 상생소통)的^理論이다。

*扶(도울 부)
*抑(누를 억)
*包(쌀 포)
*含(머금을 함)
*通(통할 통)
*關(빗장 관)

1.「㊋剋㊎兼化㊍」: 화재

「㊋剋㊎兼化㊍」은
指'
挨星이 〈7㊎🡐9㊋〉・〈9㊋➔7㊎〉이고，又^
收得'〈⇦3㊍〉・〈⇦4㊍〉이다。

*收(거둘 수)

2.「㊏制㊌復生㊎」: 부자

「㊏制㊌復生㊎」은
指'
挨星이 〈2㊏➔1㊌〉・〈8㊏➔1㊌〉인데，
又^收得'〈⇦6㊎〉・〈⇦7㊎〉이다。

*復(다시 부)

3.「㊍見㊋而生聰明奇士」: 文明

「㊍見⇦㊋而生聰明奇士」에서

〈㊍〉은 以^有′奇紋(기문)하여 爲′貴하고,

〈㊋〉는 能生′光輝照物(광휘조물)하고,

〈㊍㊋〉는 相生하여

乃′ '文明之象(문명지상)' 이다 ○

此는

指′三 · 四運에,

挨星〈39〉 · 〈49〉가 排到′

秀峰 · 秀水하는 而^言이다 ○

*紋(무늬 문)
*輝(빛날 휘)

4.「㊋見㊏而生愚鈍頑夫」

「㊋見⇨㊏而生愚鈍頑夫」

㊏는 能′掩(엄: 가리다)′㊋하여 無光한데,

挨星이 收得′

〈9㊋⇨2㊏〉이나

〈9㊋⇨5㊏〉이나

〈9㊋⇨8㊏〉이고,

若^失運이고,

又^排′於^

頑山(완산) · 破屋(파옥) ·

墳堆(분퇴) · 糞池(분지)^等의

醜陋(추루) · 汚穢處(오예처)는,

定^出′無智之人이다 ○

*掩(가릴 엄)
*頑(완고할 완)
*墳(무덤 분)
*堆(언덕 퇴)
*糞(똥 분)
*醜(추할 추)
*陋(좁을 루)
*汚(더러울 오)
*穢(더러울 예)

5-1 無室家之相依(무가실가지 상의), 奔走於東西道路(분주어 동서도로),

「東西」는,

指′挨星〈㊍㊎(37)〉하고,

失運이거나 ·

形勢가 反背無情하면,

主′室家分離(가실분리: 별거, 이혼)이다 ○

5-2 鮮姻緣之作合(선인연지 작합),
寄食於南北人家(기식어 남북인가)

「南北」은,

挨星〈19(91)〉^也로,

失運에는 主′飄泊乞食(표박걸식)인데

因(인: 왜냐하면)^

〈1白坎〉, 爲′水인데, 性은 流動이다.

〈9紫離〉는, 爲′大腹이고,

中虛(중허:

肚內가 空空하여--

流産・手術로 取去′子宮・不孕(불잉: 불임)이고

又^癬目盲[선목맹]・失神・心病・貧血이다.)

*飄(질풍 표)
*泊(배 댈 박)
*乞(빌 걸)
*肚(배 두)
*孕(아이밸 잉)
*癬(곳간 선)
*盲(소경 맹)
*貧(가난할 빈)

【鐘新解】

■ 例: 下元 四運 乾山巽向(亥山巳向)[下卦][替卦]

1. 用神宮과 中宮을 연결하여 감정

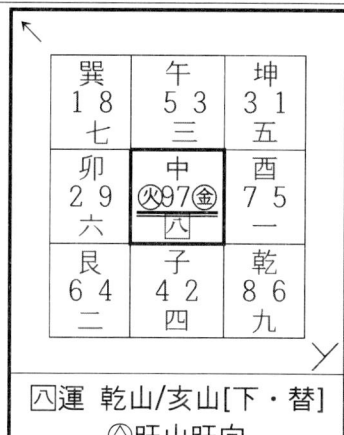

巽	午	坤
1 8 七	5 3 三	3 1 五
卯 2 9 六	中 ㊋97㊎ 四	酉 7 5 一
艮 6 4 二	子 4 2 四	乾 8 6 九

四運 乾山/亥山[下・替]
△旺山旺向

中宮〈9⑦〉인데,
若^住宅에
有´
爐灶(노조;9)・電器(;9)나,
或^屋頂(옥정)이
是´紅色的^尖頂(첨정)이거나,
陰宅에서 墓頂(묘정)이 高大하거나,

*爐(화로 로)
*灶(부엌 조)
*尖(뾰족할 첨)
*頂(정수리 정)

巽	午	坤
1 8 七	5 3㊍ 三	3 1 五
卯 2 9 六	中 ㊋97㊎ 四	酉 7 5 一
艮 6 4 二	子 4 2 四	乾 8 6 九

四運 乾山/亥山[下・替]
△旺山旺向

離宮^午丁方〈③〉에
有´水道나 門路가
沖來한, 即^
是´「㊋剋㊎兼化㊍」
(〈9紫㊋〉가 剋´
〈7赤㊎〉하고,
〈9〉는 爲´後天㊋數,
〈7〉은 爲´先天㊋數이다。

*兼(겸할 겸)

離宮之^向星〈③〉・運星〈三碧㊍〉은
生´㊋인데,
與^中宮의 運星하여 聯成´〈三四〉이 化´㊍이다;
離宮〈5〉는 寄´〈8〉하여,
〈5③=8③〉는 亦^爲´38化㊍인데,
逢´流年이 〈3㊍〉・〈7㊋〉・〈9㊋〉가
入´中宮하거나 或^到´離宮인, 即^主´火災이다。
工廠(공창: 공장)의 中宮에
安´鍋爐(과로)하거나,
爐口(노구: 화로의 입구)가 向^南(: 9)者이면, 同斷한다。

*聯(잇달 련)
*寄(부칠 기)
*廠(공장 창)
*倉(곳집 창)
*安(놓다 안)
*鍋(노구솥 과)
*爐(화로 로)

2-1. 向宮 감정: 山水의 有無

↖○▲

巽 ㊌1←8㊏ ⇧㊎七	午 5 3 三	坤 3 1 五
卯 2 9 六	中 9 7 八	酉 7 5 一
艮 6 4 二	子 4 2 四	乾 8 6 九

八運 乾山/亥山[下・替]
◬旺山旺向

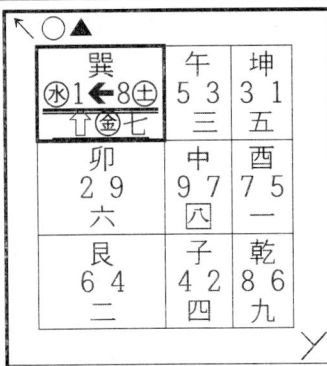

向首〈1⑧七〉은,
〈⑧白㊏〉가
剋′〈1白㊌〉하고
生′〈七㊎〉하는데,
有′圓池이고,
池上에 有′
秀麗端正^的^案山이나
或^遠方에
有′挺秀(정수)之^山峰인,
即^合「㊏制㊌復生㊎」하여
主′富裕(부유)하고 且^蔭生′文武全才之^人이다 。

*秀(빼어날 수)
*麗(고울 려)
*端(바를 단)
*遠(멀 원)
*挺(빼어날 정)
*裕(넉넉할 유)
*蔭(그늘 음)

2-2. 向宮 감정: 山水의 有無

↖○

巽 ㊌1←8㊏ ⇧㊎七	午 5 3 三	坤 3 1 五
卯 2 9 六	中 9 7 八	酉 7 5 一
艮 6 4 二	子 4 2 四	乾 8 6 九

八運 乾山/亥山[下・替]
◬旺山旺向

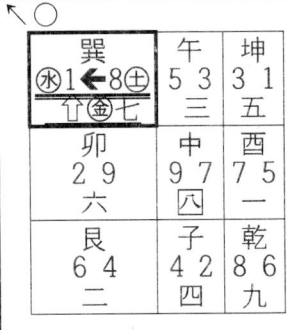

山과 水가 缺′一한
則^不應하는데,

*缺(이지러질 결)

(1)
有水無山하면,
富而不貴하고

↖▲

巽 ㊌1←8㊏ ⇧㊎七	午 5 3 三	坤 3 1 五
卯 2 9 六	中 9 7 八	酉 7 5 一
艮 6 4 二	子 4 2 四	乾 8 6 九

八運 乾山/亥山[下・替]
◬旺山旺向

(2)
有山無水하면,
文章이 千古하지만,
送窮無術(송궁무술: 가난)이다 。

*送(보낼 송)
*窮(다할 궁)
*術(꾀 술)

3-1: 山星에 形氣凶象

巽 1 8 七	午 5 3 三	坤 3 1 五
卯 2 9 六	中 9 7 八	酉 7 5 一
艮 6 4 二	子 4 2 四	乾 8 6 九

八運 乾山/亥山[下・替]
△旺山旺向

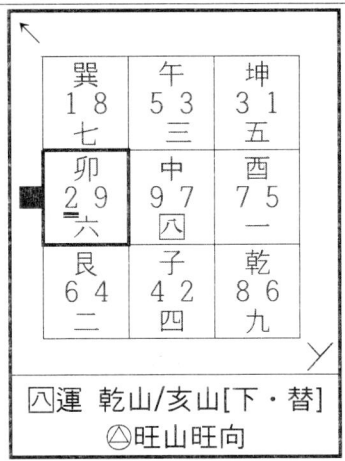

震宮의 挨星(애성)
〈2⑨〉 인데,
該方에 若^
有′破面山하고・
方大(사각모양)^
笨重(분중)的^山이나・
石山이 巉巖(참암)・
巨石・石橋(석교)・
牌坊(패방: 일주문 모양의 건축물)
・破屋敗牆(파옥패장)은,
乃^「㊋見㊏」로, ㊋가 被′㊏하여 晦(회)하여,
主′出′
愚魯庸頑(우로용완)・無智하고 短視之人이다 。

*笨(거칠 분)
*巉(가파를 참)
*巖(바위 암)=岩
*牌(패 패)
*坊(동네 방)
*橋(다리 교)
*牆(담 장)
*愚(어리석을 우)
*魯(노둔할 로)
*庸(쓸 용)
*頑(완고할 완)

3-2: 向星에 形氣吉象

巽 1 8 七	午 5 3 三	坤 3 1 五
㊌ 卯 2 9㊋ 六❸㊍⇧	中 9 7 八	酉 7 5 一
艮 6 4 二	子 4 2 四	乾 8 6 九

八運 乾山/亥山[下・替]
△旺山旺向

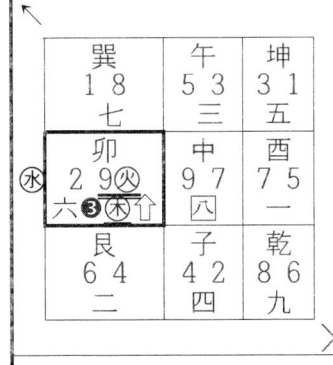

反之^하여,
卯乙方에
有′圓亮澄淸(원량징청)的^
水池이면,
因^向盤飛星〈⑨紫㊋〉
가 被′元旦盤〈❸碧㊍〉
이 所生하여,
是′「㊍見㊋」이니,
主′出′聰明之^奇士이고,
善(: 잘함)′於^經營謀略(경영모략)하여 而^致富(치부)하고,
9紫命人^及^
丁亥(96; 1947)・
丁卯(93: 1987; 震宮에서도 天元인 卯;)・
丁未(92; 1967)年에 生人(: 출생자)이 尤^發이다 。

*亮(밝을 량)
*澄(맑을 징)
*謀(꾀할 모)
*略(다스릴 약)
*致(보낼 치)
*尤(더욱 우)

4. 〈37〉: 奔走(분주)

巽 1 8 七	午 5 3 三	坤 3 1 五
卯 2 9 六	中 9 7 八	酉 7 5 一
艮 6 4 二	子 4 2 四	乾 8 6 九

八運 乾山/亥山[下・替]
◬旺山旺向

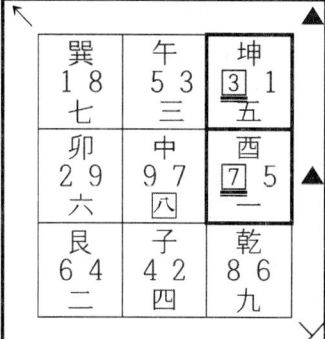

坤兌^兩宮이
高大하고 反背하면,
挨星〈37〉이
聯星(: 연결된 숫자)하여,
失令이면 而^
有′
「奔走於東西道路」之^
應이다。

*奔(달릴 분)

(④번의 是′〈3-7〉爲′殺星・退星으로,
無′室家之^可依)이다。

5.〈①⑨〉生氣方에 물이 없으면

巽 1 8 七	午 5 3 三	坤 3 ① 五
卯 2 ⑨ 六	中 9 7 八	酉 7 5 一
艮 6 4 二	子 4 2 四	乾 8 6 九

八運 乾山/亥山[下・替]
◬旺山旺向

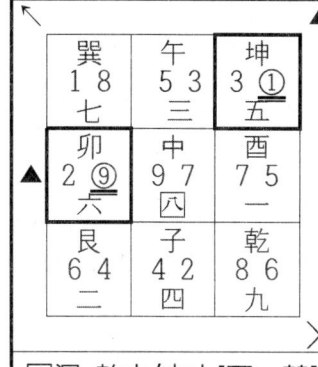

震坤^兩宮에
無水하고,
且^各^有′高大하고
反背之^惡砂이면,
挨星〈①⑨〉는
生氣이지만 而^受′剋하여
主′
「寄食於南北人家(기식어 남북인가)」이다。

*背(등 배)
*寄(부칠 기)

沒有′水하면,
就^是′沒有′「姻緣作合」이다。

*姻(혼인 인)
*緣(인연 연)

五行分類表(오행분류표)						
分類 \ 五行		木	火	土	金	水
自然界	天干(천간)	甲(+) 乙(-)	丙(+) 丁(-)	戊(+) 己(-)	庚(+) 辛(-)	壬(+) 癸(-)
	地支(지지)	寅(+) 卯(-)	午(+) 巳(-)	辰戌(+) 丑未(-)	申(+) 酉(-)	亥(+) 子(-)
	五方(오방)	東	南	中央	西	北
	五數(오수)	3·8	2·7	5·10	4·9	1·6
	五宮(오궁)	靑龍(청룡)	朱雀(주작)	黃龍(황룡)	白虎(백호)	玄武(현무)
	五味(오미)	酸(실 산)	苦(쓸 고)	甘(달 감)	辛(매울 신)	鹹(짤 함)
	五化(오화)	生(날 생)	長(길 장)	化(될 화)	收(거둘 수)	藏(저장할 장)
	五色(오색)	靑(청)	赤(적)	黃(황)	白(백)	黑(흑)
	五音(오음)	角(각)	徵(치)	宮(궁)	商(상)	羽(우)
		가,카	나,다,라,타	아,하	사,자,차	마,바,파
	五季(오계)	春(춘)	夏(하)	長夏(장하)	秋(추)	冬(동)
	五氣(오기)	風(풍)	暑(더울 서)	濕(습할 습)	燥(마를 조)	寒(찰 한)
	五象(오상)	直(곧을 직)	尖(뾰족할 첨)	方(모 방)	圓(둥글 원)	曲(굽을 곡)
	五牲(오생)	羊(양 양)	鷄(닭 계)	牛(소 우)	犬(개 견)	豕(돼지 시)
	五蟲(오충)	鱗(비늘 린)	羽(깃털 우)	裸(벗을 라)	毛(털 모)	介(껍질 개)
	五穀(오곡)	麻(삼 마)	麥(보리 맥)	米(쌀 미)	黍(기장 서)	豆(콩 두)
	五辰(오신)	星(성)	日(일)	地(지)	宿(별 수)	月(월)
	五器(오기)	規(규)	衡(저울 형)	繩(먹줄 승)	矩(곡척 구)	權(저울추 권)
	五臭(오취)	羶(누린내 단)	焦(그을릴 초)	香(향기 향)	腥(비릴 성)	朽(썩을 후)
人事社會	五臟(오장)	肝(간)	心(심)	脾(비)	肺(폐)	腎(신)
	六腑(육부)	膽(담)	小腸(소장)	胃腸(위장)	大腸(대장)	膀胱(방광)
	形體(형체)	筋(근)	脈(맥)	肉(육)	毛皮(모피)	骨(골)
	情志(정지)	怒(성낼 노)	喜(기쁠 희)	思(생각 사)	悲(슬플 비)	恐(두려울 공)
	變動(변동)	握(쥘 악)	嘔(노래할 구)	噦(새소리 홰)	欬(기침 해)	栗(여물 율)
	五官(오관)	目(눈 목)	舌(혀 설)	口(입 구)	鼻(코 비)	耳(귀 이)
	五聲(오성)	呼(부를 호)	笑(웃을 소)	歌(노래 가)	哭(울 곡)	呻(신음할 신)
	五神(오신)	魂(넋 혼)	神(정신 신)	意(뜻 의)	魄(형체 백)	志(마음 지)
	五液(오액)	淚(흐를 루)	汗(땀 한)	涎(침 연)	涕(눈물 체)	唾(침 타)
	五事(오사)	視(볼 시)	言(말씀 언)	思(생각 사)	聽(들을 청)	貌(얼굴 모)
	五政(오정)	寬(너그럴 관)	明(밝을 명)	恭(공손할 공)	力(힘 력)	靜(고요할 정)
	五性(오성)	仁(어질 인)	禮(예도 례)	信(믿을 신)	義(옳을 의)	智(슬기 지)

제 6장

多情無情(다정무정) · 正配雙至(정배쌍지)

1. 男女多情(남녀다정), 無媒妁而爲私合(무매작이 위사합);	*媒(중매 매) *妁(중매 작)
2. 陰陽相見(음양상견), 遇冤讐則反無情(우원수즉 반무정)이다。	*冤(원통할 원) *讐(원수 수)
3. 惟正配而一交(유정배이 일교), 有夢蘭之兆(유몽란지조);	*夢(꿈 몽) *蘭(난초 란)
4. 得干神之雙至(득간신지 쌍지), 多折桂之英(다절계지영)。	*折(꺾을 절) *桂(계수나무 계)

*夢蘭之兆(몽란지조): 得男

*折桂之英(절계지영): 과거급제.

1. 男女가 多情하여, 婚前同居(혼전동거)하고;
   : 形吉理凶 · 失令에 〈78〉

2. 陰陽이 相見이라도, 원수를 만나 오히려 무정하다.
   :〈出卦〉, 〈不合局〉

3. 正配가 되면, 귀한 아들을 낳고;
   : 夫婦配 〈1-9〉, 〈2-8〉, 〈3-7〉, 〈4-6〉

4. 干神이 雙至을 얻으면, 과거급제한다.
   : 雌雄配 〈1-9〉, 〈2-6〉, 〈3-4〉, 〈7-8〉

〔章註〕

1. 形氣吉象도 坐向이 어긋나면 혼전부부

「多情(다정: 형기)」이란,

言´山形水勢가 相得之^情이다 。

「媒妁(매작: 이기)」이란,

謂´立穴의 定向之^得宜인데

如^立穴의 定向이 少^有´差錯(차착)하면,

猶^男女간에 不用´媒妁(매작: 중매쟁이)하여,

便^爲´「私合(: 혼전동거)」이다 。

*猶(~조차 유)
*便(즉 편)

2. 旺山旺向 불합국은 凶

「陰陽」이 雖^得´「相見」하여도,

遇´反伏(반복)·沖剋(충극)·上山·下水하여,

顚倒誤用(전도오용: 불합국)하면,

反^恩(은)이 爲´讐(수: 원수)하여,

定^見´災殃(재앙)이다 。

*顚(거꾸로 전)
*倒(넘어질 도)
*災(재앙 재)
*殃(재앙 앙)

3. 「雙至(쌍지)」

「雙至」인, 即^

干支의 品配가 得´宜하고,

山上·水裏의 排來가 都^吉之^謂^也이다;

此는 即^《青囊(청낭: 최고의 책)》에

所謂^

'四神第一' 者가 是^也이다 。

*雙(쌍 쌍)
*裏(속 리)
*都(모두 도)

【鐘註】

1. 大空亡은 남녀관계 비정상

立穴하고 定向하는데 若^在'

1-2. [亥 II 壬]·[壬 II 亥]·

3-4. [癸 II 丑]·[丑 II 癸]·

5-6. [寅 II 甲]·[甲 II 寅]·

7-8. [乙 II 辰]·[辰 II 乙]·

9-10. [巳 II 丙]·[丙 II 巳]·

11-12. [丁 II 未]·[未 II 丁]·

13-14. [申 II 庚]·[庚 II 申]·

15-16. [辛 II 戌]·[戌 II 辛] 等^

16個「出卦(: 大空亡)」의 範圍(범위)^內는,
筆者의 考驗(고험: 경험)으로는,
確(: 확실히)^有'
男女關係가 不正常的^感應(: 이혼, 별거)이고,
甚至(심지)^
有'父女亂倫(부녀난륜)^的이다 。

*範(법 범)
*圍(둘레 위)
*考(상고할 고)
*驗(증험할 험)
*亂(어지러울 란)
*倫(인륜 륜)

2. 干神雙至(간신쌍지)

'干神雙至'는
'仲山(: 장중산)'은
解爲'《天玉經-內傳下卷》之^
『依得四神爲第一(의득사신 위제일)」』인데,

其《地理辨正直解(지리변정 직해)》에서
云하기를
『此^四神(사신)은,
先^要'曉得(효득)
/何山이 得'何^五行인가?
/何水는 得'何^五行인가?
細細(세세)^裝淸(장청)하여야,
方^知/

*雙(쌍 쌍)
*依(의지할 의)
*曉(깨달을 효)
*確(굳을 확)
*裝(꾸밀 장)
*捷(이길 첩)
*訣(비결 결)

山上은 得´何^兩神이다 。
向首는 得´何^兩神인가?
水裏는 得´何^兩神인가?
如是하여야,
可得´四神之^捷訣(첩결)^矣이다!』

3. 正配者

3-1. 正配者는 得令合局

「正配者」는,
(1) 山之^三陽星이 配´水之^三陰星하고,
而且^要´排到´實地・高處한다 。
(2) 水之^三陽星은 配´山之^三陰星하고,
而且^要´排到´水裏・低空之^處^也이다 。

*排(밀칠 배)
*雌(암컷 자)
*雄(수컷 웅)
*配(아내 배)
*媾(화친할 구)

3-2. 正配者는 夫婦配(부부배: 合十; 沖剋)

至´於^
〈1-9〉・
〈2-8〉・
〈3-7〉・
〈4-6〉은,
乃´「夫婦配」이고;

*配(아내 배)

3-3, 正配者는 雌雄配(자웅배)

〈1-9(: 中男-中女)〉・
〈2-6(: 母-父)〉・
〈3-4(: 長男-長女)〉・
〈7-8(: 少女-少男)〉은,
乃´「雌雄配」인데,
皆^屬´正配(부부배+자웅배)이고,
要´排到´當令에 有用的^山上과 或^水裏인데,
如´此하면,
方^爲´交媾(교구: 結實)이다 。

*裏(속 리)
*屬(엮을 속)
*排(밀칠 배)
*媾(화친할 구)

【鐘新解】

'章' 氏의 所說的^'反伏'은,

已^見'第三節^註解(주해)이다 。

「沖剋(충극)」

'沖剋(충극)' 인

〈1-9〉 · 〈2-8〉 ·

〈3-7〉 · 〈4-6〉 ·

〈5-5〉 가,

得令 · 山水가 正配하면 稱爲'「合十」이고,

失令 · 山水가 相反

(也就^是'

上山下水는

山盤飛星(:山星)的^生旺星이

落在'水裏에 低空處이고,

向盤飛星(:向星)的^生旺星이

落在'高山에 實地이다)

即^稱爲'「沖剋(: 불합국)」이다 。

龍穴砂水의 形勢가

秀麗端正(수려단정)하고, 抱護纏繞(포호전요)하고, *纏(얽힐 전)

顧(고: 돌아봄)'穴하여 有情한 來脈이 生活하고, *繞(두를 요)

隱顯(음현: 숨고 나타남)이 得'宜하고, *顧(돌아볼 고)

穴星이 開面하고, *隱(숨길 은)

形體가 穎異純粹(영리순수)하고, *顯(나타날 현)

極暈(극훈: 태극훈)이 明白하고, *穎(훌륭할 영)

(물이)上分下合하면, *純(생사 순)

是'巒頭가 美之^「有情(: 多情)」이다 。 *粹(순수할 수)

有情的^山水인,

即^相登對的^才子佳人(재자가인)이다 。 *佳(아름다울 가)

才子佳人은

要'透過(투과)'「媒妁(매작)」인데; *透(통할 투)

干支와 三元(: 지원, 천원, 인원)이 純淸(:同元)하고

及^挨星(애성)이 當^生旺的^山水이면
才^能'正式結爲^夫妻(부처: 부부)이다 。

如果^

(1) 形氣(: 穴場):
點穴에 偏差(편차)하고,

(2) 理氣(: 坐向):
立穴分金이 犯'出卦差錯하고,

(3) 理氣(: 時期):
挨星이 不得'生旺한,

則^是' '無媒(무매)' 으로,
那麼(나마: 그러함)하여
即使(즉사: 설령~이라도)^龍穴砂水가
如何(: 아무리)^美好^也라도「無路用」이므로;
不能'
蔭育(음육: 건전한)社會의 菁英(청영: 좋은 기운)이다 。

*偏(치우칠 편)
*差(어긋날 차)
*媒(중매 매)

*那(어찌 나)
*麼(그런가 마)
*蔭(그늘 음)
*育(기를 육)
*菁(부추꽃 정)
*英(꽃부리 영)

제 7장

陰神火曜(음신화요), 非類姻親(비류인친)

1. 陰神滿地成群(음신만지 성군),
   紅粉場中快活(홍분장중쾌활),

2. 火曜聯珠相遇(화요련주상우),
   青雲路上逍遙(청운로상소요) ○

3. 非類<u>相從</u>(비류상종), 家多淫亂(비류상종);
   姻親<u>相合</u>(인친상합), 世出賢良(세출현량)

*粉(가루 분)
*快(쾌할 쾌)

*逍(거닐 소)
*遙(멀 요)

*從(좇을 종)
*姻(혼인 인)

1. 陰數이 무리를 이루면, 여성들이 모여 음란하다.
   : -2,-4,-7,-9는 음란

2. 火星이 연속되면 출세하여 여유롭다.
   : 〈16〉은 합격, 출마당선

3. 다른 種類가 같지 않으면(出卦), 집안에 음란하고;
   來龍・坐向・水口가 不雜(부잡)하면, 현량이 나온다.

〔章註〕

1. 陰數〈-4 -9 -7 -2〉: 음란

〈-4〉〈-9〉〈-7〉〈-2〉는

爲´「陰神」되어,

諸星(제성)이 重疊(중첩)´

於^水口・三叉(삼차: 합수)이나,

或^值´門方・向首하면,

男女가 貪淫(탐음)한다 。

*諸(모든 제)
*疊(겹쳐질 첩)
*值(값 치)
*貪(탐할 탐)
*淫(음란할 음)

2. 〈16〉+形氣㊋星: 과거급제, 출마당선

「㊋曜」인,

即^尖秀挺拔(첨수정발)之^峰이

排立(배립)´於^主山・朝案(조안)하고,

用이 又^得´〈16〉連珠之妙(연주지묘)하면,

自^能´登科及第(등과급제)하거나,

得志(득지)^於^當時^也이다 。

*尖(뾰족할 첨)
*挺(뺄 정)
*拔(뺄 발)
*排(밀칠 배)
*連(잇닿을 련)
*珠(구슬 주)
*登(오를 등)
*科(과정 과)
*及(미칠 급)
*第(차례 제)

3. 相從(상종)・相合(상합)

所云^

「相從(상종)」・

「相合(상합)」者는,

總^言´山上・水裏之^玄空과 及^

方位・干支가

清純(청순)・錯雜(착잡)之^應驗(응험)^耳이다 。

*清(맑을 청)
*純(생사 순)
*錯(섞일 착)
*雜(섞일 잡)
*應(응할 응)
*驗(증험할 험)

【鐘註】

1~2 : 陰神과 火曜

〈-4綠〉은

為´長女・為´風하여,

性이 蕩(탕)하고, 為´色(容貌[용모])이고;

〈-9紫〉는

為´中女・為´目・為´慾火(욕화)・為´美麗(미려);

〈-7赤〉은

為´少女・為´妾婢(첩비)・為´娼妓(창기)・

為´喜悅(희열);

〈-2黑〉은

為´老母・為´主婦로,

性이 貪(탐)・

為´陰戶(: 人門; 여성의 생식기)이다 。

皆^女性之^陰星^也로,

若^

失運・排´於^邪暱不正(사일부정)之^山水이면,

定^主´婦女不貞(부녀부정)이고,

有´風聲(: 소문)之^醜聞(추문)이다 。

筆者(필자)가

認為´「陰神」^與^「火曜」相對한,

則^

「陰神」은

當^指´玄空挨星的^退・死・殺의 三陰星이고,

而

「火曜」는

當^指´生・旺之^三陽星하는 而^言이다 。

'陽星' 이 得時・得地인 則^富貴가 多丁이다 。

'陰星' 은 乃´失時之^氣이고

(不專/指´〈-4・-9・-7・-2〉의 九星的^吉凶은

並非[병비: 결코 아니다]^絕對性이며,

*蕩(방탕할 탕)
*容(얼굴 용)
*貌(얼굴 모)
*慾(욕심 욕)
*婢(여자종 비)
*娼(창녀 창)
*妓(기생 기)
*貪(탐할 탐)

*邪(간사할 사)
*暱(친할 일)
*醜(추할 추)

*認(알 인)

*專(오로지 전)
*絕(끊을 절)
*縱(멋대로 종)
*貧(가난할 빈)
*賤(천할 천)

而^在´於^時와 與^地之^得^與^不得임),
又^
逢´惡山・惡水인,
則^
不求上進(불구상진: 출세를 못함)・
縱情酒色(종정주색)・
貧賤多女(빈천다녀)이다 。

3. 非類相從(비루상종)・雌雄配合(자웅배합)

「非類相從(비류상종)」은,
指/龍・水・坐向이
犯´出卦・差錯이다 。
「雌雄配合(자웅배합: 姻親相合)」은,
指´
(1)
龍・水・坐向이
合´於^父母子息이 與^夫婦的^配合인데,
詳見´拙著인
《玄空地理逸篇新解(-일편신해)》에
'目講(목강)' 師의《金口訣》篇内之^註(:來龍・坐向・水口가 清純不雜)이다 。
(2)
山・水의 挨星的^配置(배치)가
合´於^
陰養陽(음양양)・陽涵陰(양함음)的^原則이다 。
(3)
實際^有形的^龍穴砂水는,
其^
向背(향배)・虛實(허실)・剛柔(강유)・
尊卑(존비)・高低(고저)・遠近(원근) ..
配合하여 得´宜이다 。

*拙(졸할 졸)
*逸(뛰어날 일)
*講(익힐 강)
*訣(비결 결)

*涵(포함할 함)

*尊(높을 존)
*卑(낮을 비)

■ 下元: 八運 卯山酉向(乙山辛向^同)[下卦・替卦]

1. 陰數組合 〈-2, -4, -7, -9〉

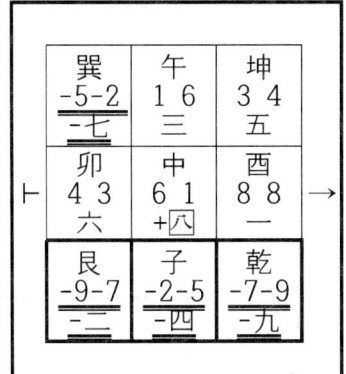

巽 -5-2 -七	午 1 6 三	坤 3 4 五
⊢ 卯 4 3 六	中 6 1 +八	酉 8 8 一 →
艮 -9-7 -二	子 -2-5 -四	乾 -7-9 -九

八運 卯山/乙山[下・替]
◯雙星會向

乾・坎・艮에 三宮의
挨星이 一片(일편: 일대)에
陰神(-2,-4,-5,-7,-9)으로,
此方에 有´
掀裙(흔군: 치마자락)이나
舞袖(무수: 춤추는 소매자락)・
抱肩(포견: 어깨를 껴안음)・
獻花(헌화: 다리를 벌린 모습)의
形狀的^山砂나

或^水形이
搖頭擺尾(요두파미: 물이 넓어졌다가 좁아짐)・
斜飛渙散(사비환산)이다 。

陽宅에서는
房間(방간: 방)・通道(통도)・大窗(대창: 큰 창문)이
集中(집중)´於^這^一邊(일변)^的하면,
主´男女가 邪淫(사음)한다 。

*挨(칠 애)
*掀(치켜들 흔)
*裙(치마 군)
*舞(춤출 무)
*袖(소매 수)
*抱(안을 포)
*肩(어깨 견)
*獻(바칠 헌)
*搖(흔들릴 요)
*擺(열릴 파)
*斜(비낄 사)
*渙(흩어질 환)
*散(흩을 산)
*窗(창 창)=窓
*集(모일 집)
*邪(간사할 사)
*淫(음란할 음)

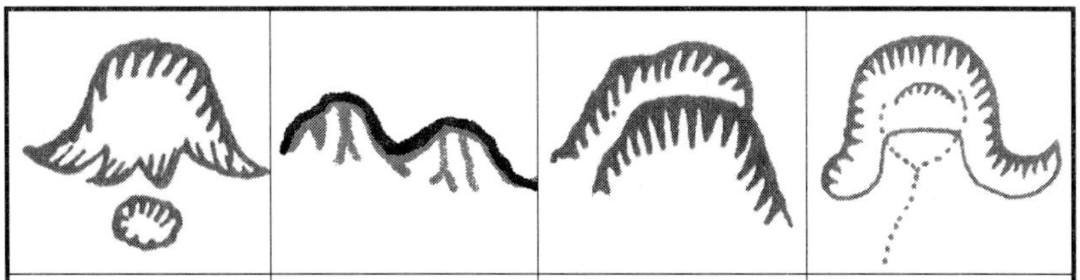

흔군(掀裙)	무수(舞袖)	포견(抱肩)	헌화(獻花)

巽宮에
獨^見´此種의 山水者하여도,
同斷한다 。

2. 〈16〉 +尖山(첨산): 승진, 선거에 당선

*尖(뾰족할 첨)

巽	午	坤
5 2 七	1 6 三	3 4 五
卯 4 3 六	中 6 1 四	酉 8 8 一
艮 -9-7 -二	子 -2-5 -四	乾 -7-9 -九

⊢ →

四運 卯山/乙山[下・替]
○雙星會向

離宮은
本^爲′
㊋宮(代表′光明)인데,
挨星이
又^值′〈1⑥〉
(爲′官星・
牙笏[아홀]・
丹詔[단조: 임명장])이고,
該(해: 그)^方에
若^有′
文筆(문필)・筆架(서가)・一林春筍(일림춘순)・
烈炬燒天(열거소천: 火星)・萬床牙笏(만상아홀: 목성)^
等의 形狀的^尖秀한 山峰이면,
必^出′
大思想家(대사상가)・
文章華國(문장화국)이고,
名播四海(명파사해: 명성이 널리 날림)한다 。

*笏(홀 홀)
*丹(붉을 단)
*詔(고할 조)
*該(그 해)
*筍(죽순 순)
*炬(횃불 거)
*燒(사를 소)
*床(상 상)
*窈(그윽할 요)
*播(뿌릴 파)

上例(: 2번)에서

(1)

若^地形이 平正하고,
無′惡形惡狀的^山水인,
則^不′主′邪淫(사음)한다 。

*邪(간사할 사)
*淫(음란할 음)

(2)

若^
無山에 有水하거나,
或^有山이 而^醜陋(추루)하고 不美하여도,
亦^不出′貴이다 。

*醜(추할 추)
*陋(좁을 루)

제 8장

排山排水(배산임수)와 趨旺避衰(추왕피쇠)

1. 負棟入南離(부동입남리),
   竚見廳堂再煥(저견 청당재환),

2. 驅車朝北闕(구거조북궐),
   時聞丹詔頻來(시문 단조빈래)。

3. 全無生氣入門(전무생기입문),
   糧蹇一宿(양건일숙),
   會有旺神到穴(회유왕신도혈),
   富積千箱(부적천상)。

*棟(용마루 동)
*竚(우두커니 저)
*廳(관청 청)
*煥(불꽃 환)

*驅(몰 구)
*詔(고할 조)
*頻(자주 빈)

*糧(양식 량)
*蹇(절 건)
*宿(묵을 숙)
*到(이를 도)
*積(쌓을 적)
*箱(상자 상)

1. 용마루를 지고 남쪽으로 들어가면,
   집을 신축(또는 가문의 영광)한다.
   : 〈3㊍〉⇨〈9㊋〉: 신축, 교지(敎旨), 임명장

2. 수레를 몰고 대궐의 북문을 향하여,
   교지(敎旨)를 받게 된다
   : 〈3㊍〉⇦〈1㊌〉: 발령장이나 임명장

3. 大門에 生氣가 없으면 하루 먹을 양식도 없고,
   大門에 旺氣가 이르면 대부호가 된다.

〔章註〕

1. 〈3㊍〉 ⇨ 〈9㊋〉

「負」者는,

'排'^也이고, '挨'^也이다 。

挨排'〈3震㊍〉이 加'於^〈9離㊋〉으로,

出'乎^震者이고, 復^相見'乎^離인,

故^有'「廳堂之再煥(청당지재환)」이다 。

*排(밀칠 배)
*挨(밀칠 애)
*廳(관청 청)

2. 〈6㊎〉 ⇨ 〈1㊌〉

〈6乾㊎〉이 排'於^〈1坎㊌〉는,

成'乎^地者이고, 又^生'乎^天으로,

天地가 生生不息(생생불식: 순환)하여,

定^主'

「丹詔(단조: 임명장)가 頻來(빈래)」이다 。

*息(숨쉴 식)
*丹(붉을 단)
*詔(고할 조)
*頻(자주 빈)

3. 生氣와 旺神

無'「生氣」·有'「旺神」은,

總^

言'宜'生이고 不宜'剋(극)이고 ·

宜'旺이고 不宜'衰(쇠)로,

此는

亦^趨旺避衰(추왕피쇠)之^最要者^也이다 。

*總(줄곧 총)
*宜(마땅할 의)
*衰(쇠할 쇠)
*趨(달릴 추)

【鐘註】

〈3㊍〉 ⇨ 〈9㊋〉 : **문명찬란**

> **1. 負棟入南離(부동입남리),**
> **竚見廳堂再煥(저견 청당재환),**

*棟(용마루 동)
*竚(우두커니 저)
*廳(관청 청)
*煥(불꽃 환)

「負(부) · 驅(구)」는
皆^指′挨排하는 而^言이다 。
排′〈3〉이고 至′〈9〉인데,
在^[九]運에
[收山은] 要′〈山[9]〉〈水③〉인데, 若^
收水인, 則^要′〈水⑨〉〈山[3]〉之^品配는
〈㊍生㊋〉인데,
㊍은 有′文이고,
㊋는 有′光으로, 乃′文明燦爛(문명찬란)之^象이다 。

*負(질 부)
*驅(몰 구)
*燦(빛날 찬)
*爛(문드러질 란)

在^[三]運에는,
收山은 要′〈山[3]〉〈水⑨〉,
收水는 要′〈水③〉〈山[9]〉之^品配는,
〈㊍生㊋〉로,
猶^
'子平' 命學之^食傷(: 我生인 食神과 傷官)으로
吐′秀(토수)이므로,
主′聰明才藝(총명재예)이고,
抱′經世致用之(경세치용: 실용학문)^志이다 。

*猶(마치 유)
*傷(상처 상)
*吐(토할 토)
*聰(귀 밝을 총)
*抱(안을 포)
*致(보낼 치)
*志(뜻 지)

〈1㊌〉 ⇨ 〈3㊍〉

> **2. 驅車朝北闕(구거조북궐),**
> **時聞丹詔頻來(시문단조빈래) 。**

*驅(몰 구)
*詔(고할 조)
*頻(자주 빈)

「車驅北闕(거구북궐)」은
俗本에는 皆^解作′〈16(61)〉之^配合이다 。
筆者(: 종의명)는
認爲′當^解作′〈31(13)〉이다 。

《易》에

〈3碧震〉은

爲´車・爲´長男(太子・諸侯)이다 ○

〈1白坎☵〉은

乃/分´〈6白乾☰〉之^中爻인데,

〈乾〉은 爲´大赤(대적)인,

故^〈坎〉色은 丹(단)이다 ○

三運에

收´山은 得〈3〉, 配水는〈①〉이거나;

收´水는 得〈③〉, 配山은〈1〉은,

「木入坎宮, 鳳池(봉지: 고위직)身貴〈3-1〉」한다 ○

*諸(모든 제)
*侯(과녁 후)
*赤(붉을 적)
*丹(붉을 단)
*收(거둘 수)
*配(아내 배)
*鳳(봉새 봉)
*池(못 지)

3. 衰死退氣와 生旺氣

向首一星은 災福(화복)의 柄(병: 핵심)으로,

(1)

收´水^時에, 排´衰死退^氣이 到向하면,

乃´「全無生氣入門(전무생기입문)」이다 ○

(2)

排´生旺氣가 到向한,

即^「會有旺神到穴(회유왕신도혈)」이다 ○

一貧・一富는,

在´於^星之^得時^與^失時한다 ○

*禍(재화 화)
*福(복 복)
*柄(자루 병)
*驅(몰 구)
*燦(빛날 찬)
*爛(문드러질 란)
*吐(토할 토)
*柄(자루 병)

■ 例: 下元 七運 子山午向(癸山丁向) [下卦]

1. 三吉星 〈①,⑥,⑧〉

巽 4 ① 輔佐氣 六	午 8 ⑥ 退氣 二	坤 6 ⑧ 生氣 四
卯 5 9 五	中 3 2 七	酉 1 4 九
艮 9 5 一	子 7 7 三	乾 2 3 八

七運 子山/癸山[下卦]
▲雙星會坐

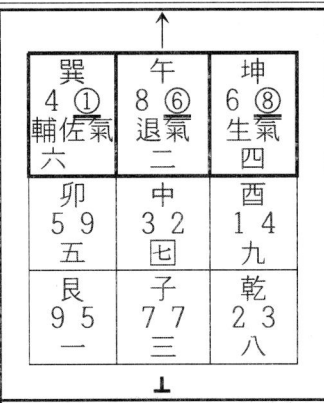

巽離坤^宮의 三方에,
向盤挨星(: 向星)은
得´〈①⑥⑧〉로,
古稱´「三吉」로,
實인 則^
坤宮 〈⑧白〉은
爲´生氣이고.
巽宮 〈①白〉은 爲´下元의 輔佐로 是´眞吉星이다。
惟^向首의 〈ь白〉은 爲´退氣로 非吉이다。

*稱(일컬을 칭)
*輔(도울보)
*佐(도울 좌)
*眞(참 진)

[簡疏]

向宮에 向星〈⑥〉은 7㊎運에는 비록 退氣이지만,
6運은 같은 ㊎運이 되므로 非吉이지만 凶도 아니다.

2. 全無生氣入門(전무생기입문)

無水 有水 ○ 無水

巽 4 ① 佐氣 六	午 8 ⑥ 退氣 二	坤 6 ⑧ 生氣 四
卯 5 9 五	中 3 2 七	酉 1 4 九
艮 9 5 一	子 7 7 三	乾 2 3 八

七運 子山午向(癸山)
[下卦]

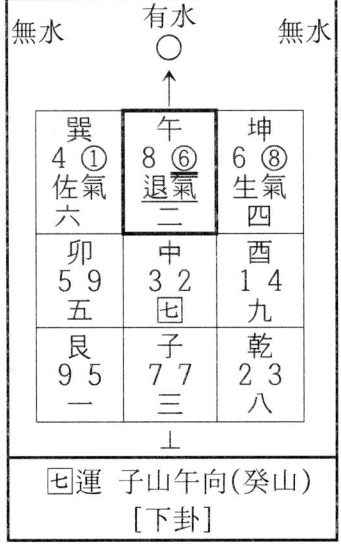

若^三宮의
唯^向首에 有水하고,
巽坤二宮에 無水
(陽宅에서는 大門을
中開[중앙대문]하고,
無´偏門)한, 即^
「全無生氣入門」로
主´
經濟가 薄弱(박약)하고,
生計가 無依(무의)하여,
古에 有´餓死(아사)之^例인데,
豈^但^「糧蹇一宿(양건일숙)」而已(이이: ~뿐이다)?

*唯(오직 유)
*偏(치우칠 편)
*薄(엷을 박)
*弱(약할 약)
*依(의지할 의)
*餓(주릴 아)
*蹇(곤궁할 건)
*豈(어찌 기)

■ 例: 八運 子山午向(癸山丁向) [下卦]

1. 當令에 旺氣向星

巽 3 4 七	午 8 8 三	坤 1 6 五
卯 2 5 六	中 4 3 八	酉 6 1 一
艮 7 9 二	子 9 7 四	乾 5 2 九

八運 子山/癸山[下卦]
○雙星會向

當令之^〈8白星〉이
同到′向首하고,
前에는
有′秀水秀山하거나,
或^田에는 水가
倉板(:水田이 自遠하여 至′近하고, 由^高에서 漸^低함)가,
級級(급급: 층층)으로 朝拱(조공)하면,
乃′
「會有旺神到穴(회유왕신도혈),
富積千箱(부적천상)」으로
俗에서는 所謂^
「多福・多壽・多男子」之^地^也이다。

*倉(곳집 창)
*板(널빤지 판)

*漸(점점 점)
*低(밑 저)
*拱(두손잡을 공)

*級(등급 급)
*箱(상자 상)
*拱(두손잡을 공)

[簡疏]

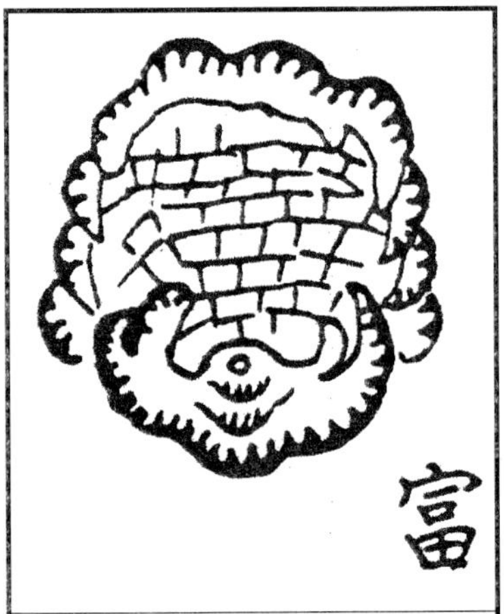

倉板水(창판수)

倉板水(창판수)
: 水田(:논)이
自^遠하여 至′近하고,
由^高에서 漸^低함

2. 〈16(61)〉 : 學者

巽 3 4 七	午 8 8 三	坤 1 6 五
卯 2 5 六	中 4 3 八	酉 6 ① 一
艮 7 9 二	子 9 7 四	乾 5 2 九

八運 子山/癸山[下卦]
○雙星會向

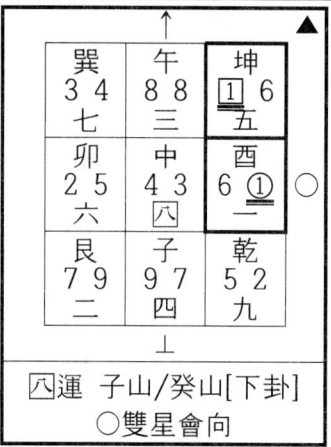

坤方에
有´尖秀之^山이고,
兌方에
有´圓亮之^池는
爲´
「車驅北闕(거구북궐)」·
「虛聯奎璧(허련규벽)」으로
主´書香(: 학문)의 門第(문제: 家門)로,
可出´學者·思想家이다 。

*尖(뾰족할 첨)
*圓(둥글 원)
*亮(밝을 량)
*香(향기 향)

■ 例: 八運 壬山丙向 [下卦]

1. 〈39(93)〉 : 失運에는 大敗

辰 2 5 七	丙 7 9 三	未 9 7 五
甲 1 6 六	中 3 4 八	酉 5 2 一
丑 6 1 二	壬 8 8 四	戌 4 ③ 九

八運 壬山丙向 [下卦]
▲雙星會坐

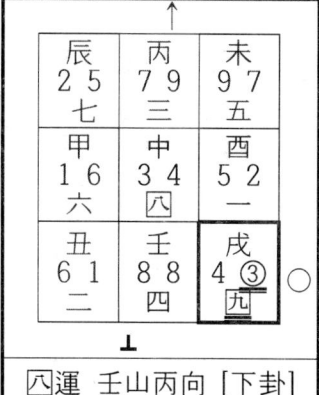

戌方에
向盤飛星이
排´〈③〉이고,
運盤은
排´〈九〉로,
亦^
「負棟入南離(부동입남리)」
이지만,
但^〈3碧〉은
是´〈8㊏運〉的^「難星(:運을 相剋하는 星)」이며·
殺氣이므로,
該方에 有´水이면,
不但^不發´富이고, 反^
主´大敗이다 。

2. 〈39(93)〉: 가문의 영광

↑○

辰 2 5 七	丙 7 ⑨ 三❾	未 9 7 五
甲 1 6 六	中 3 4 [八]	酉 5 2 一
丑 6 1 二	壬 8 8 四	戌 4 3 九

⊥

[八]運 壬山丙向 [下卦]
▲雙星會坐

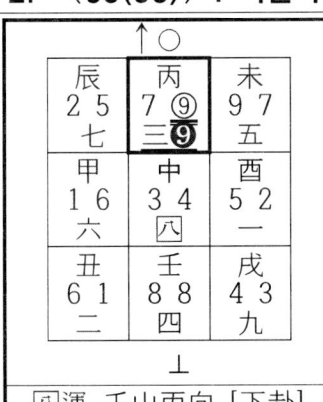

丙方에
向盤飛星〈⑨〉·
元旦盤도
亦^〈❾(犯′伏吟으로,
要′空曠平坦(공광평탄)이거나
或^有′水)〉이고,
運盤은 〈三〉으로,
爲′「負棟入南離(부동입남리)」이다。

*曠(텅빌 광)
*坦(평평할 탄)
*負(질 부)
*棟(용마루 동)

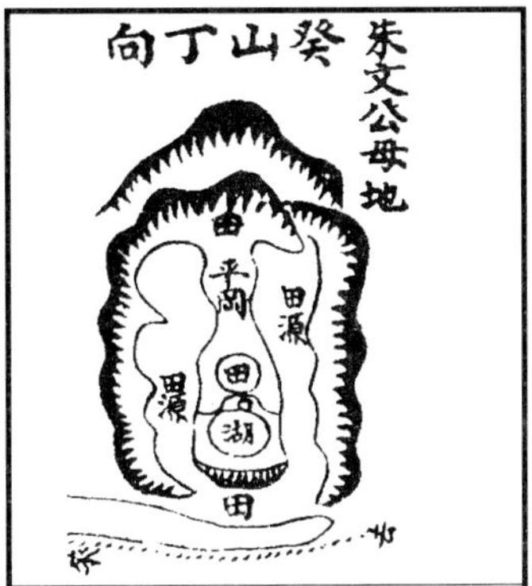

朱熹(주희) 모친 묘:
墓前의 仰天湖(앙천호)

丙上에
得′‘之玄水(지현수)’가
特朝(특조)하거나
或^有′
‘仰天湖(앙천호)’가
照穴(조혈)하면,

*仰(우러를 앙)
*驟(달릴 취)
*煥(불꽃 환)
*彩(무늬 채)

至′[九]運에
必^創業하여 驟興(취흥: 속발)하고,
華堂煥彩(화당환채: 가문의 영광)한다。

제 9장

先後天體用(선후천체용) · 河洛相參(하락상참)

1. 相剋而有相濟之功(상극이유 상제지공),
   先天之乾坤大定(선천지 건곤대정)。

2. 相生而有相凌之害(상생이유 상능지해),
   後天之金木交併(후천지 금목교병)。

*濟(도울 제)

*淩(깔볼 능)

*併(아우를 병)

1. 後天으로는 相剋하여도 유익한 공로가 있는 것은,
   先天의 乾坤이 大定(대정)하기 때문이다。

2. 先天으로는 相生하여도 업신여기는 피해가 있는 것은,
   後天의 ㊎㊍이 交併(교병)하기 때문이다。

〔章註〕

此^言은

河圖(하도)·洛書(낙서)·先天(선천)·後天(후천)의

陰陽은 變易之^機(: 기틀)이다 。

五行의 顚倒(전도)之^氣는,

'顚倒變易(전도변역)' 하고 ,

相剋相生은, 乃´陰陽五行의 自然之^理^也이다 。

且^

先天은 主´體하고,

後天은 主´用하는데,

爲´體者는, 不可以^用言하고,

爲´用者는, 不可以^體言한다 。

所謂^

先後天·體用은 咸(:모두)^明者가, 此^也이다 。

*顚(정수리 전)
*倒(넘어질 도)

*咸(다 함)

【鐘註】

1. 後天의 〈[1]坎㊌➔[9]離㊋〉는 相剋이지만
先天은 天地定位(〈②坤㊏⇨⑥乾㊎〉)로 吉

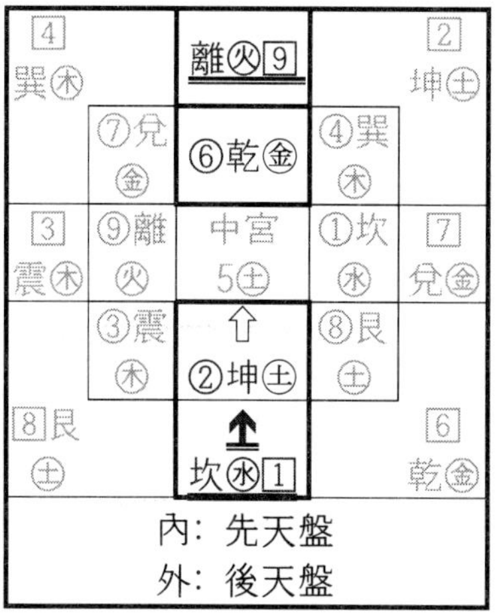

後天〈[1]坎㊌➔〉,
後天〈[9]離㊋〉,
은
先天〈②坤㊏⇨〉이다。
先天〈⑥乾㊎〉이다。

2. 先天의 〈①坎㊌⇦9離㊎〉은 相生하지만
後天의 〈[3]震㊍🡐[7]兌㊎〉은 相剋하여 凶

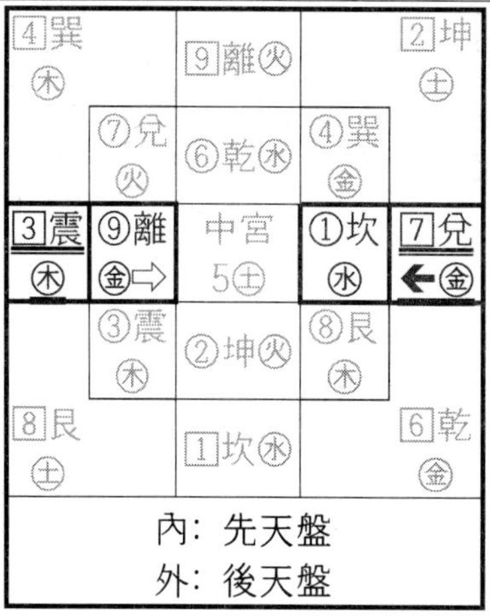

先天〈①坎㊌〉,
先天〈⇦⑨離㊎〉,
은
後天 〈[3]震㊍〉 。
後天 〈🡐[7]兌㊎〉 。

此는
是′元旦盤으로， 固定的^方位이다 。
本^段은
係′指′挨星이 變動的^氣하여，

*段(구분 단)

1. 〈1㊌➔9㊋〉 : 帝王(제왕) 등극

〈19(91)〉 이
若^得時・得位하면， 乃′
‘水火旣濟(後天;19)’ ・
‘乾坤大定(先天;62)’ 이고，
亦^《天玉經》에서 所曰:
『坎離水火中天過(감리수화중천과: 19)，
龍墀移帝座(용지이제좌: 왕의 지위에 오름)이다 。』

*墀(계단 지)
*移(옮길 이)
*帝(임금 제)
*座(자리 좌)

2. 〈3㊍←7㊎〉 : 질병・정신・법질서 치료

〈37(73)〉 이，
(1)
得時에는 爲′旺㊍이 得㊎은
斲輪(착륜: 달인,고수)하여， 去′蕪雜(무잡)之^枝하고，
(2)
失時에는 爲′㊎㊍이 交併(교병)은，
弱㊍을 ㊎伐한다 。

*斲(깎을 착)
*輪(바퀴 륜)
*蕪(거칠 무)
*技(재주 기)
*併(아우를 병)
*伐(칠 벌)

故^
「相濟(상제:吉)」,「大定(대정:길)」,「相生(상생:吉)」
「相凌(상능:凶)」,「交併(교병:凶)」은，
含有(함유)′
反生(:오히려 相生)・反剋(:오히려 상극)之^理로，
總^
以^元運之^得失이 爲′權衡(권형: 따지다)이다 。

*凌(능가할 능)
*併(다툴 병)

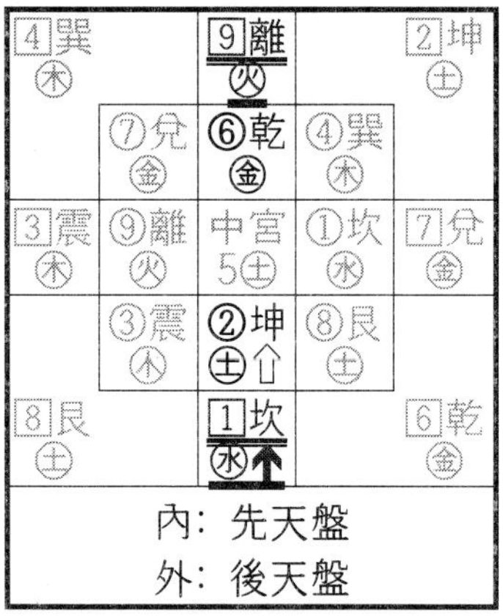

後天 〈1㊌➔9㊋〉는
是'先天的^天地定位
(②㊏⇨⑥㊎)이다 。

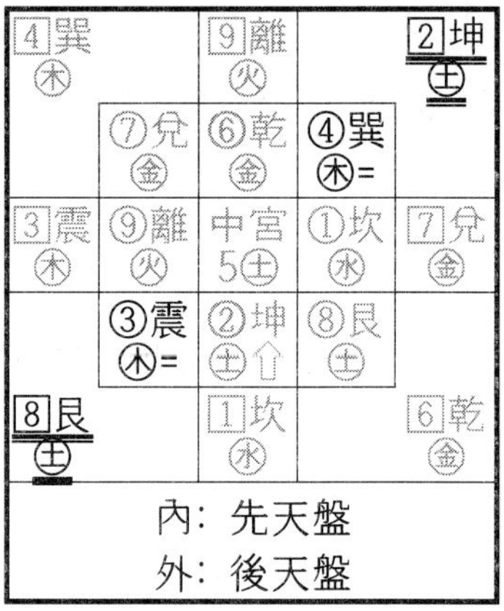

後天 〈2㊏=8㊏〉
是'先天的^雷風相薄
(③㊍=④㊍)이다 。

*薄(엷을 박)

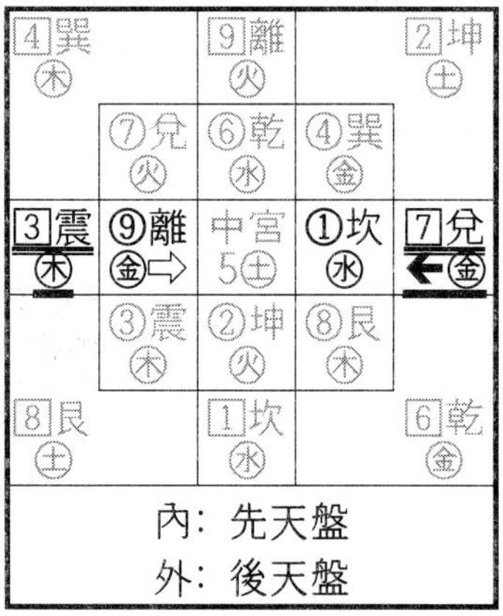

後天 〈3㊍←7㊎〉은
先天^水火不相射
(河圖五行①㊌⇦⑨㊎) 。

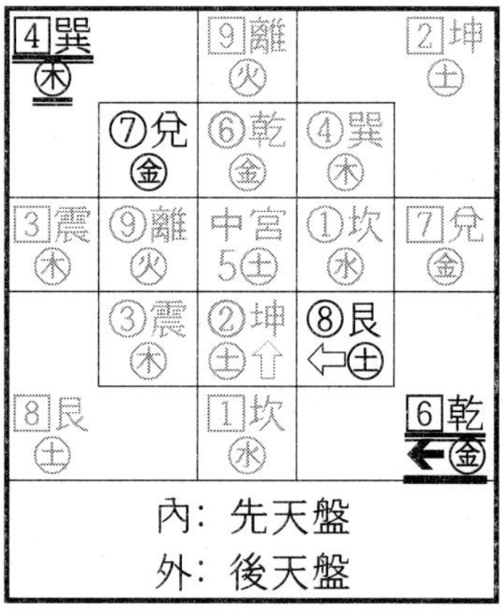

後天 〈4㊍←6㊎〉은
先天^山澤通氣
(⑧㊏⇨⑦㊎)이다 。

*射(쏠 사)

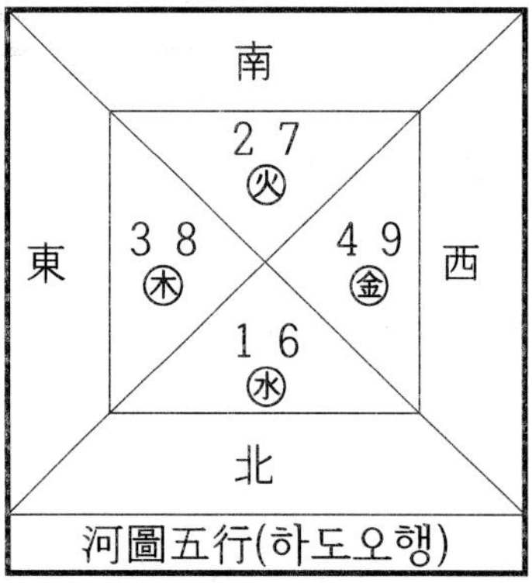

河圖五行(하도오행)

先天
〈1, 6〉은 化'㊌이고·
〈2, 7〉은 化'㊋이고·
〈3, 8〉은 化'㊍이고·
〈4, 9〉는 化'㊎이고·
〈5, 5〉㊏는 歸'中央

*歸(돌아갈 귀)

■ 例: 下元 七運 午山子向(丁山癸向^同) [下卦]

1. 〈向星①〉에 水 〈山星9〉山

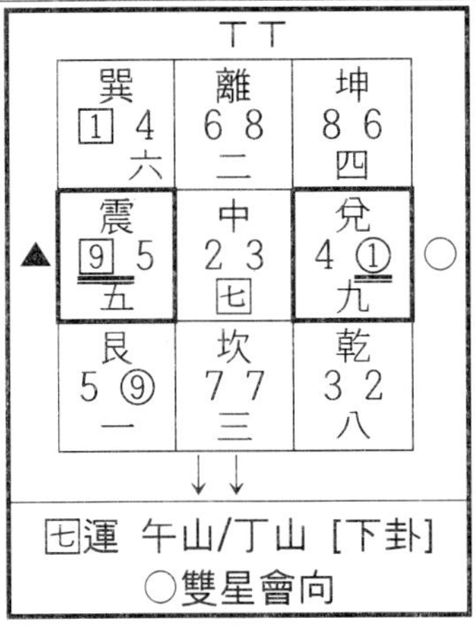

兌震^兩宮은,
元旦盤은
是´先天八卦的^
〈坎1 離9〉이다 。
兌宮之^
向盤飛星은
是´
〈①白〉佐星(좌성)이고,
震宮之^山盤飛星(:山星)은 是´〈9紫〉生氣인데,
若^
兌宮에는 有´圓池이고,
震宮에는 有´尖峰은,
乃´「乾坤定位(:先天26=後天19)」·
「水火相濟(:後天19)」이고,
又^合´「龍水對待(용수대대)」하여,
其^福力이 加倍(가배)이다 。

2. 〈山星1〉에 山 〈向星⑨〉에 水

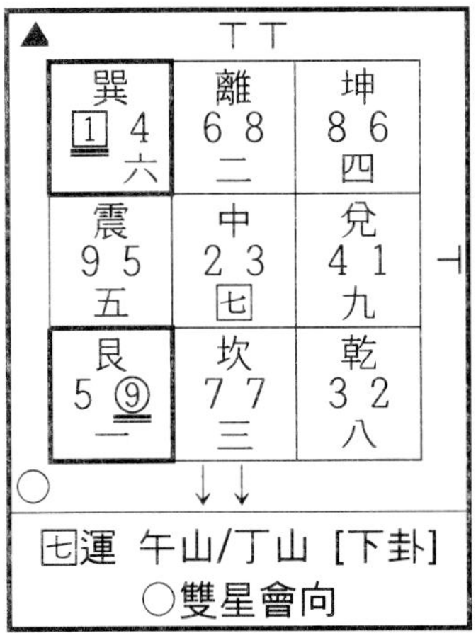

巽宮〈1〉에는
有´文筆峰이고·
艮宮〈⑨〉에는
有´硯池水(연지수),
亦^同´上述하여,
有´文章이 蓋^世하고,
富貴가
悠久(유구)之^應이다 。

*筆(붓 필)
*硯(벼루 연)
*池(못 지)
*述(말할 술)
*蓋(덮을 개)
*悠(멀 유)
*久(오랠 구)

■ 例: 下元 [七]運 庚山甲向[下卦]

1. 〈37〉 조합의 후천相生과 선천相剋

辰 8 4 六	丙 4 9 二	未 6 2 四
← 甲[離] ㊋[7]③㊍ 五	中 9 5 [七]	庚[坎] 2 7 九 ⊣
丑 3 8 一	壬 5 1 三	戌 1 6 八

[七]運 庚山甲向 [下卦]
[凶]上山下水+伏吟

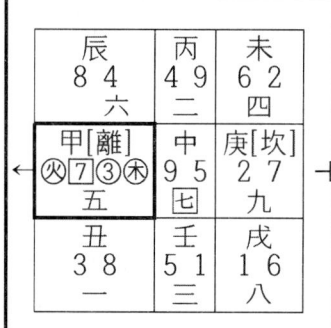

向首의
挨星〈[7]③〉으로,
〈③〉은 先天化㊍·
〈[7]〉은 先天化㊋,
本(: 근본)은
㊍㊋相生이다。

2. 〈37〉 凶

本^山向은 是′'上山下水' 之^局이며,
又^犯′'反伏吟'으로,
當^用′於^
平地의 坐空朝滿的^穴場인데,
若^用′於^
山地에 背山面水·坐實朝空的^穴場인,

則^向首的^〈[7]③〉은
便^成爲′「㊎㊍交併(상병:相剋)」·
'龍水相戰(용수교전: 山水가 제 위치 있지 않음)' 하여,
主′
足病(족병)·膽病(담병)·刀傷棒打(도상봉타)·
蛇咬(사교)·雷殛(뇌극: 번개)·車禍(차화)·
橫死(횡사)·殺夫(살부)^
等等의 凶應한다。

*棒(몽둥이 봉)
*咬(물 교)
*殛(죽일 극)
*禍(재화 화)
*等(가지런할 등)
*凶(흉할 흉)
*應(응할 응)

先天伏羲八卦圖(선천복희팔괘도)

南

東				西
	兌 7 ☱	乾 6 ☰	巽 4 ☴	
東	離 9 ☲		坎 1 ☵	西
	震 3 ☳	坤 3 ☷	艮 8 ☶	

北

《易經》曰

天地定位. 山澤通氣. 雷風相薄.　水火不相射.
八卦相錯. 數往者順. 知來者逆

後天文王八卦圖(후천문왕팔괘도)

南

	☴巽 −4	☲離 −9	☷坤 −2	
東	☳震 +3	±5	☱兌 −7	西
	☶艮 +8	☵坎 +1	☰乾 +6	

北

《易經》曰

帝出乎震. 齊乎巽. 相見乎離. 致役乎坤.
說言乎兌. 戰乎乾. 勞乎坎. 成言乎艮.

제 10장

形理兼看(형리겸간)은 制化(제화)의 精微(정미)

1. 木傷土而金位重重(목상토이 금위중중),
   禍須有救(화수유구),

2. 火制金而水神疊疊(화제금이 수신첩첩),
   災亦能禳(재역능양)。

3. 土濁水而木旺(토탁수이목왕), 無妨(무방),

4. 金伐木而火榮(금벌목이화영), 無忌(무기)。

*方(드디어 방)
*疊(겹쳐질 첩)
*禳(물리칠 양)
*濁(흐릴 탁)
*妨(방해할 방)
*榮(꽃 영)
*忌(꺼릴 기)

1. ㊍剋㊏인데 ㊎剋㊍하면, 禍를 모면한다。
   :〈6㊎7㊎〉➔【3㊍➔8㊏】

2. ㊋剋㊎하는데 ㊌剋㊋하면, 재앙을 막아낸다。
   :〈1㊌〉➔【9㊋➔6㊎7㊎】

3. ㊏剋水㊌하는데 ㊍이 旺(왕:相生)하면, 무방하다。
   :〈3㊍4㊍〉➔【2㊏5㊏8㊏➔1㊌】

4. ㊎剋㊍하는데 ㊋가 榮(영:相生)하면, 꺼리지 않는다。
   :〈9㊋〉➔【6㊎7㊎➔3㊍4㊍】

*禍(재화 화)
*災(재앙 재)
*禳(액막이 양)
*榮(왕성할 영)

〔章註〕

此節은
是´申言(: 분명히 밝히다)´
'生剋制化' 가 得宜之^妙로,
必須^形과 氣를 兼看(겸간)하여야,
方^得´制化之^精微(정미: 眞髓)이다 ○
如^形(: 형기)이 合하고 而^氣(: 이기)는 不合하거나,
或^氣(: 이기)는 合하고 而^形(: 형기)이 不合하면,
稍(초: 조금이라도)^有´偏勝(편승: 한쪽으로 치우침)하면,
制化를 雖^得하여도,
亦^見´榮(:吉)과 枯(고: 凶)이니,
理(: 이기)·勢(: 형기)之^必然者^也이다 ○

*申(설명할 신)
*精(자세할 정)
*微(작을 미)
#髓(골수 수)

*稍(조금 초)
*偏(치우칠 편)
*勝(이길 승)
*榮(꽃 영)
*枯(마를 고)

【鐘註】

挨星이 得′運하고, 固(:고: 정말로)^美^矣이다!

若^更^

得′五行의 '生剋制化' ·

山水의 强弱(강약)의 配合이 得宜한,

則^更(:더욱)^臻(진)′完美이다 。

五行은

以^九星(: 後天五行)을 爲′主하고,

參′ '子平' 命學하여

以^食制殺 ·

以^印化殺之^理한 即^明하다 。

*固(굳을 고)
*强(굳셀 강)
*弱(약할 약)
*臻(이를 진)

*食(밥 식)
*印(도장 인)

[簡疏]

*食制殺(식세살: 相剋法):

我生者인 '食(식)'으로 殺(:偏官;剋我者)을 통제함.

예를 들면 〈甲㊍〉의 食神인 〈丙㊋〉로 나를 剋하는

〈庚㊎〉을 相剋하여 制化하는 방법.

;【甲㊍🡐庚㊎/殺】🡐〈丙㊋/食〉

*印化殺(인화살: 相生法):

生我者인 '印(인)'으로 殺(:偏官;剋我者)로 통제함.

예들 들면 〈甲㊍〉의 印神인 〈壬㊌〉로 나를 剋하는

〈庚㊎〉을 相生하여 制化하는 방법.

;【甲㊍🡐庚㊎/殺】⇨〈壬㊌/印〉

【鐘新解】

九星的^後天卦(: 洛書)五行은,

〈-1白㊌〉,

〈+2黑㊏・5黃㊏・+8白㊏〉,

〈+3碧㊍・-4綠㊍〉,

〈+6白㊎・-7赤㊎〉,

〈-9紫㊋〉이다。

其^生剋의 關係는 可用´下圖來^表示한다。

五行의 相生・相剋・比和	
相生	㊍生㊋, ㊋生㊏, ㊏生㊎, ㊎生㊌, ㊌生㊍.
相剋	㊍剋㊏, ㊏剋㊌, ㊌剋㊋, ㊋剋㊎, ㊎剋㊍.
比和	㊍和㊍, ㊋和㊋, ㊏和㊏, ㊎和㊎, ㊌和㊌.

巒頭(만두: 형기)方面的^五星은,

㊍은 直(직: 직선+곡선)・

㊋는 尖(첨: 銳角[예각])・

㊏는 方(방: 직선)・

㊎은 圓(원: 곡선)・

㊌는 曲(곡: 곡선)이다。

㊍㊋는 主´貴(: 文)하고,

㊏㊎은 主´富(: 武)하고,

㊌는 主´秀(수: 연구)하고,

亦^須^論´其^相兼・穿變(천변)之^生剋制化한다。

*巒(뫼 만)
*頭(머리 두)
*尖(뾰족할 첨)
#銳(날카로울 예)
*文(글월 문)
*武(굳셀 무)
*穿(뚫을 천)
*變(변할 변)

《玉髓眞經(옥수진경: 宋나라 초기의 國師인 張子微의 저서)》卷一에

「五星龍髓(: 五星의 正格)」・

「穿變龍髓(: 五星의 來龍上의 變格)」・

「眞龍名髓(: 物形)」는,

言´之^最詳한다。

《地學(: 淸朝의 沈鎬의 著)》之^說도 亦^精하니,

讀者는 取而觀之^可(~할 만하다)^也이다。

*髓(골수 수)
*穿(뚫을 천)
*詳(자세할 상)
*鎬(호경 호)
*取(취할 취)
*觀(볼 관)

下는 就^玄空理氣^而^言로,

1. 〈6㊎7㊎〉 ➔ 《4㊍3㊍➔8㊏》 : 相剋도 무방

「㊍이 傷′㊏하더라도 而^
㊎位가 重重하면 禍는 須^有′救이다 ◦」

謂/ 〈8白㊏〉 가 受′
〈🡄3碧㊍4綠㊍〉 剋하면,
在^[五]運에서 至(까지)^[七]運에는
得′ 〈🡄6白㊎7赤㊎〉 하여
制′㊍하여 護′㊏하므로,
雖^禍이지만 有′救한다 ◦

*傷(상처 상)
*救(건질 구)
*謂(이를 위)
*雖(비록 수)
*禍(재화 화)

2. 〈1㊌〉 ➔ 《9㊋➔6㊎7㊎》 : 相剋도 무방

「㊋剋㊎하더라도 而^水神이 疊疊(첩첩)하면
災는 亦^能′讓(양: 막다)한다 ◦」

謂/
〈6白㊎7赤㊎〉 이
受′ 〈🡄九紫㊋〉 의 剋하더라도,
在^[五]運에서 至′[七]運에는,
得′運盤・向盤・山盤・元旦盤之^
〈🡄1白㊌〉 가 制′㊋하면 護′㊎하여,
雖^災이지만 能′讓한다 ◦

*讓(피할 양)

3. 〈3㊍4㊍〉 ➔ 《2㊏5㊏8㊏➔1㊌》 : 相剋도 무방

「㊏는 涸(학: 相剋)′㊌하더라도 而^
㊍이 旺(:相生)하면 無妨(무방)하다 ◦」

謂/ 〈1白㊌〉 가
被′ 〈🡄2黑㊏5黃㊏8白㊏〉 의 剋도,
在^[一]運에서 至′[四]運에는,
得′ 〈🡄3碧㊍4綠㊍〉 하여
制′㊏하면 護′㊌하므로, 無妨하다 ◦

*涸(물마를 학)
*護(보호할 호)
*妨(방해할 방)

4. 〈9㊋〉 ➔ 《6㊎7㊎➔3㊍4㊍》: 相剋도 무방

「㊎이 伐(: 상극)′㊍하더라도 而^
㊋가 焚하면 無忌이다。」

謂′〈3碧㊍4綠㊍〉이
被′〈⬅6白㊎7赤㊎〉의 剋도,
在^下元에는
得′〈⬅9紫㊋〉하여 制′㊎하므로 護′㊍하므로,
無忌(무기)하다。

*伐(칠 벌)
*忌(꺼릴 기)
*焚(불사를 분)
*謂(이를 위)
*護(보호할 호)
*忌(꺼릴 기)

五行的^生剋은
亦^可′參用′化星
(〈1㊌6㊌〉·〈2㊋7㊋〉·
〈3㊍8㊍〉·〈4㊎9㊎〉·〈55㊏〉)는,
元旦盤(: 洛書; 地盤)·
運盤·
向盤(: 向星)·
山盤(: 山星)도 皆^可′取用이다。
山이 犯′剋하면, 用′山하여 救한다。
水가 犯′剋하면, 用′水하여 救한다。

*參(간여할 참)

제 11장

忌神(기신)은 制神(제신)으로 조절

1. 忌神旺而 制神衰(기신왕이 제신쇠),
   乃入室以 操戈(내입실이 조과),

2. 吉神衰而 凶神旺(길신쇠이 흉신왕),
   直開門而 揖盜(직개문이 읍도)。

*操(잡을 조)
*戈(창 과)

*揖(읍 읍)
*盜(훔칠 도)

1. 忌神(기신: 나를 剋하는 신)이 旺(왕)한데,
   制神(제신: 기신을 극하는 신)이 衰(쇠)하면,
   바로 집안에 싸움이 일어나고,

2. 吉神(나를 生하는 신)이 衰하고, 凶神이 旺하면,
   바로 도둑이 불러 드린다。

〔章註〕

剋′我者는, 謂′之^하여「忌神」이다 ○

「制神」인, 卽^制′剋′我之神(: 忌神)^也이다 ○

「旺」者는, 强(강)^也이다 ○

「衰」者는, 弱(약)^也이다 ○

*忌(꺼릴 기)
*制(통제할 제)
*强(굳셀 강)
*弱(약할 약)

制剋가 無權(: 조절을 못함)이면,

定^見′「操戈(조과)」之患하는데,

吉不敵凶(길이부적흉: 吉이 凶을 이기지 못함)하므로,

自^有′「揖盜(읍도)」之災이다 ○

*權(저울추 권)
*操(잡을 조)
*戈(창 과)
*患(근심 환)
*敵(맞설 적)
*揖(읍 읍)
*盜(훔칠 도)

要′之는,

「一貴當權(일귀당권)이면, 諸凶咸服(제흉함복)하고,

衆凶剋主(중흉극주)하면, 獨力難支(독력난지)이다」

此는 亦^

扶生剋制(부생극제: 生剋制化)之^一法^也이다 ○

*咸(모두 함)
*服(먹을 복)
*支(지탱할지)
*扶(도울 부)

[簡疏]

본문 중에 「一貴當權~獨力難支」의 내용의 출전(出典)은 《飛星賦(비성부)》이다.

【鐘註】

我가,

如^'徐子平: 970~960년; 北宋시대 명리학자로 《淵海子平(연해자평)》의 저자)' 의

命學之^日元(: 四柱八字의 日主)으로,

在^玄空하여 而^言한,

則^指/當令이 在′山·在′水之^主星(:當運星)이다。

「忌神(기신)」·「制神(제신)」은

如′左表(: 下表)에 所示이다。

#淵(못 연)
*忌(꺼릴 기)

忌神(기신)·制神(극신)			
主星 (我)	忌神 ←剋我者	制神 ←制′剋我者	備註(비주)
1白㊌	← 2·5·8 ㊏	←3·4 ㊍	8·9運에 制神衰。
2黑㊏	←3·4 ㊍	←6·7 ㊎	2運에 制神衰。
3碧㊍	←6·7 ㊎	←9 ㊋	3·4運에 制神衰。
4綠㊍	←6·7 ㊎	←9 ㊋	3·4運에 制神衰。
5黃㊏	←3·4 ㊍	←6·7 ㊎	3·4運에 制神衰。
6白㊎	←9 ㊋	←1 ㊌	5運에 制神衰。
7赤㊎	←9 ㊋	←1 ㊌	5·6運에 制神衰。
8白㊏	←3·4 ㊍	←6·7 ㊎	8運에 制神衰。
9紫㊋	←1 ㊌	←2·5·8 ㊏	8運에 8白은 有力, 2·5衰。 9運에 2黑은 有力, 5·8衰。

如^⊟運에,

收′水時에,

不收′〈①白(: 旺氣)〉이 到向하고 而^

收得′〈②黑(: 生氣)〉만 到向하면,

〈②黑〉은 雖^屬′生氣이므로,

能′發′田莊之富(전장지부: 부동산 부자)인데,

但^〈②㊏→〉는 剋′〈1㊌運〉하므로,

終(: 결국)^是′

「難星(:忌神;運을 相剋하는 星)」이므로,

有′寡婦(과부)가 當家(: 家長역할)之^應하는데,

須^另外(영외: 별도로)^

*收(거둘 수)
*雖(비록 수)
*屬(엮을 속)
*莊(왕성할 장)
*難(어려울 난)

*寡(적을 과)
*婦(며느리 부)
*當(담당할 당)
*另(다를 령)
*餘(남을 여)
*推(예측할 추)

收得′〈(2㊏)🡐3碧㊍4綠㊍〉之^「制神(제신)」이
來救한다 。
餘(여: 나머지 다른)^運도 依′此例에 推한다 。

「一貴當權(일귀당권)」은
指′排得이 當令之^旺星이 於^向上이다 。
譬如(비여: 예들 들면)^
‘子平’ 命學의 身旺(: 旺氣星)인데, *譬(비유할 비)
身旺인 則^能′化殺로 爲′權이다 。

[簡疏]

1-9運別 氣神表

元	氣 / 運	退氣	吉氣			凶氣			補佐氣	忌神	制神	吉神
			旺氣大吉	生氣吉	進氣平	衰氣小凶	死氣大凶	殺氣大凶		🡐	🡐	⇦
上元	1㊌運	9	1	2	3.4	⑦	6	5.⑦	8	2·5·8㊏	3·4㊍	67㊎
	2㊏運	1	2	3	4	9	6	5.7	8	3·4㊍	6·7㊎	9㊋
	3㊍運	2	3	4	5	1	6	7.9	8	6·7㊎	9㊋	1㊌
中元	4㊍運	3	4	5	6	2	⑧	7.9	1.⑧	6·7㊎	9㊋	1㊌
	5㊏運	4	5	6	7	3	2	9	1.⑧	3·4㊍	6·7㊎	9㊋
	6㊎運	5	6	7	⑧	4	9	2.3	1.⑧	9㊋	1㊌	258㊏
下元	7㊎運	6	7	8	9	5	4	2.3	1	9㊋	1㊌	258㊏
	8㊏運	**7**	**8**	[9]	①	**6**	**2**	**3·4·5**	①	3·4㊍	6·7㊎	9㊋
	9㊋運	8	9	①	2	7	6	3.4.5	①	㊌1	2·5·8㊏	3·4㊍

【鐘新解】

■ 例: 下元 八運 酉山卯向(辛山乙向) [下・卦]

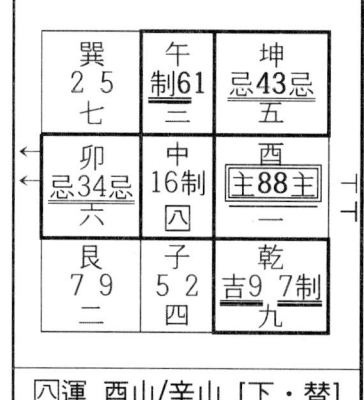

1. 忌神(34: ㊍)・制神(67: ㊎)・吉神(9: ㊋)

巽 2 5 七	午 制61 三	坤 忌43忌 五
卯 忌34忌 六	中 16制 八	酉 主88主 一
艮 7 9 二	子 5 2 四	乾 吉9 7制 九

八運 酉山/辛山 [下・替]
▲雙星會坐

八運的^主星은
是´〈8白㊏〉 星인데,
㊍이 剋´㊏(: 八運)的^
〈3碧㊍・4綠㊍〉은 爲
´「忌神」이고,
㊎이 剋´㊍(:忌神)的^
〈6白㊎・7赤㊎〉은
爲´「制神」이고,
㊋가 生´㊏(:主星)的^〈9紫〉는 爲´「吉神」
(〈9紫㊋〉는 可化´㊋㊏이다 。)

2. 生・旺・衰・殺氣

在^下元 八運에는,
〈8白〉이 是´旺氣이고,
〈9紫〉는 是´生氣(: ㊋生㊏로 「吉神」도 됨)이고,
〈6白・7赤〉은 是´衰氣・退氣이고,
〈3碧・4綠〉은 是´殺氣(: ㊍剋㊏하므로 '亂神'도 됨)이다.

3. 主星의 洩氣(설기)

*洩(샐 설)

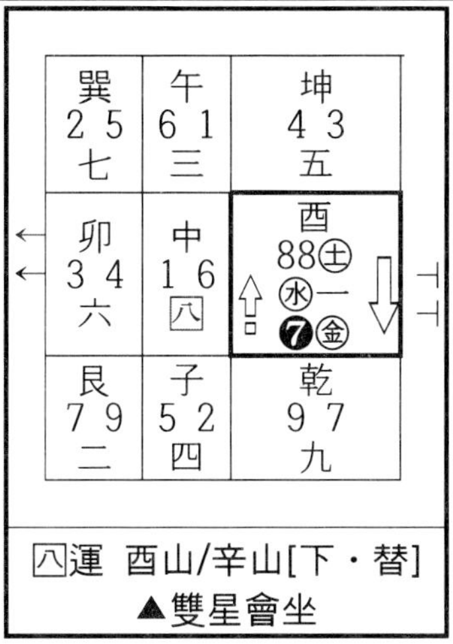

山星・
向星
〈8白(:‘主星’)〉雙이
會′於^坐山인 兌宮하여,
〈8白〉은
雖^
乘運當旺(승운당왕)이지만,

*雙(쌍 쌍)
*乘(탈 승)
*但(다만 단)

但^
坐′於^酉宮(元旦盤❼赤)은, 洩(설:⇩)′於^㊎하고,
又^轉洩(전설: 두 번째 설기)′於^運盤〈一白㊌:〉하여,
其力은 由(:~이)^〈8白〉旺이 而^轉′弱이다.

*但(다만 단)
*洩(샐 설)
*轉(구를 전)
*弱(약할 약)

4. 山向星이 本宮에 있으면 힘이 强하다

*忌(꺼릴 기)

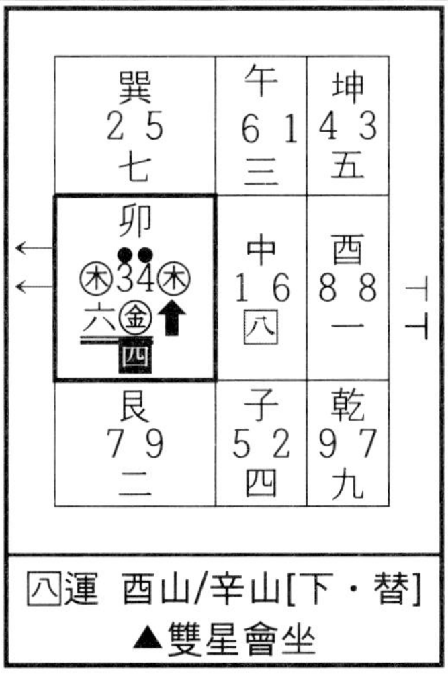

「忌神」인
〈3碧④綠〉雙이
會′於^震宮向首이고,
㊍(:3④)이
坐′㊍宮(: 震宮)이므로,
力이 强하다.
雖^
運盤〈六白㊎〉이
可制′㊍하지만,

*洩(샐 설)
*轉(구를 전)

但^
〈六白(:運盤)〉은 是′衰氣이므로,
無/力이 制′强^〈34㊍〉이다.

*强(굳셀 강)

5. 忌神과 形氣의 兼察(겸찰)

*察(살필 찰)

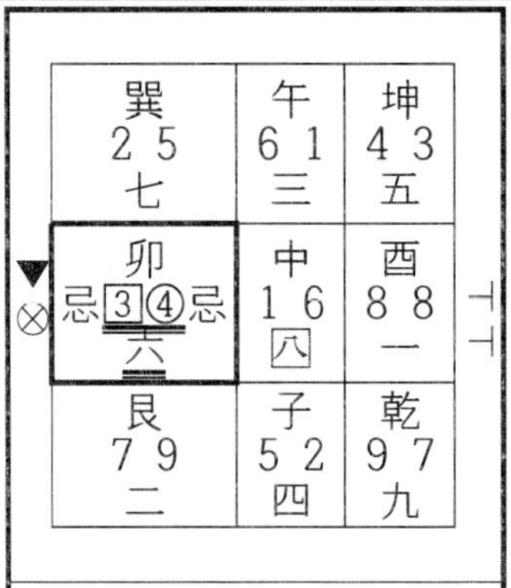

八運 酉山/辛山[下・替]
▲雙星會坐

向首에
若^
有´大水・大山이고,
便^是´入室操戈(입실조과)・
開門揖盜(개문읍도)이다 。
哮喘(효천: 천식;4)・
自縊(자액: 자살;64)・
淫亂(음란: 4)・
飄蕩(표탕: 4)・剋妻(극처: 상처;64)・殘疾(잔질: 34)・
官訟是非(형사소송시비: 36,46)・肝膽病(간담병: 34)・
不明事理(불명사리: 34)하여,
作事′反覆無常(반복무상: 제자리걸음;34)한다 。

*操(잡을 조)
*戈(창 과)
*揖(읍 읍)
*哮(천식 효)
*喘(기침 천)
*縊(목맬 액)
*飄(회오리바람 표)
*蕩(쓸어버릴 탕)
*殘(해칠 잔)
*覆(뒤집힐 복)

6. 忌神(기신)이라도 平地라면 힘이 약하다

*忌(꺼릴 기)

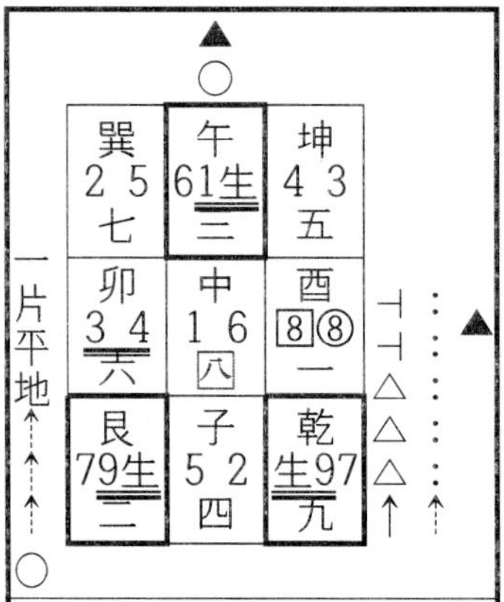

八運 酉山/辛山[下・卦]
▲雙星會坐

此^山向은
必須^來乾亥龍
(橫龍入首: 9)이고,
水纏玄武(⑧)・
坐後에는 有′
鬼托(귀탁: 樂山: 8)하고,
向首(:④)는
一片平地(:無山無水)
이고,
艮寅方(:⑨)에 有′水來(或^有′水池)이고,
午丁方(6①)에 有′文筆山・硯池水(연지수)이다 。

*纏(얽힐 전)
*鬼(귀신 귀)
*托(밀 탁)
*硯(벼루 연)
*池(못 지)

※보기: △:來龍・遠山 ▲:遠山 ○:水池, ⇢:水來

*遠(멀 원)

7. 忌神의 예외: 轉凶爲吉

*轉(구를 전)

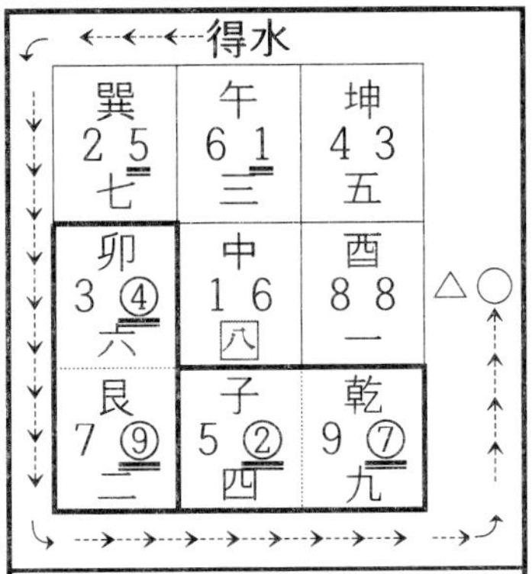

八運 酉山卯向(辛山乙向)
[下卦·替卦]
▲雙星會坐

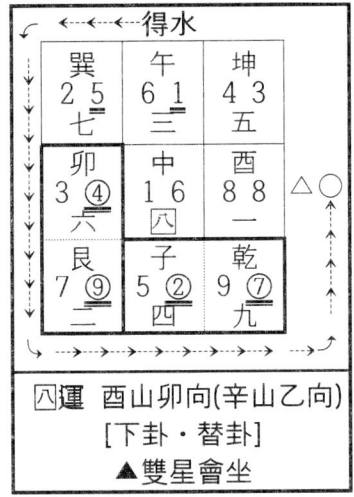

若^
水가
從(:부터)^午丁方^來하고,
經(: 지나감)′巽宮·
向首·艮宮·坎宮하고,
乾宮에서, 纏(전)′坐後하고
聚蓄(축취)하여 爲′池

*從(좇을 종)
*纏(얽힐 전)
*聚(모일 취)
*蓄(쌓을 축)

(重點은
在′震艮向星인〈④⑨〉가 合化′㊎이고,
坎乾의 向星인〈②⑦〉이 合化′㊋이다。
如′此하면, 可′轉凶爲吉(전흉위길)하다。

*轉(구를 전)

제 12장

剋入(극입)과 生入(생입)

1. 重重剋入(중중극입)， 立見死亡(입견사망)，
   位位生來(위위생래)， 連添喜氣(연첨희기) 。

2. 不剋我(불극아)， 而剋我同類(이극아동류)，
   多鰥寡孤獨之人(다과부고독지인)，

3. 不生我(부생아)， 而生我家人(이생아가인)，
   出俊秀聰明之士(출준수총명지사) 。

*立(즉시 립)
*添(더할 첨)
*鰥(홀아비 환)
*寡(적을 과)
*俊(뛰어날 준)
*聰(귀 밝을 총)

1. 重重으로 剋入(: 失運)하면, 즉시 死亡하고,
   位位마다 相生(: 得運)하면, 喜氣(희기)가 연속된다 。

2. 不剋我(:當運合局)이라도, 我同類(:生氣)가 불합국은,
   (當運이 지나면) 鰥寡孤獨(환과고독)이 난다,

3. 不生我(:當運불합국)이라도, 我家人(:생기) 합국이면,
   (當運이 지나면) 俊秀聰明(준수총명)한 사람이 난다。

[簡疏]

위의 문장 중에 '同類'와 '家人'이 없는 本도 있다.

〔章註〕

生한 則^不剋하고, 剋한 則^ 不生함은,

陰陽五行의 自然之理^也이다 。

所云^「位位」・「重重」은

指´門方(:양택의 대문방위)・水口(:음택)하는 而^言이다 。

門方・水口에 有´生入・剋入之^利害이다 。

「同類(동류)」・「家人(가인)」은

指´干支卦爻(: 방위)하는 而^言이다 。

干支卦爻는 有´正剋(정극)・傍剋(방극)之^吉凶이다 。

一生一剋・一正一傍하므로,

應驗(응험)이 各^殊(: 다름)이므로,

讀者는

當^

察´五行(:玄空九星五行)之^性情・

山水之^形勢하고,

去來(:去水,來龍)와 得失(得運,失運)之^間하여,

趨生避死(추생피사)・

迎旺去衰(영왕거쇠)하면,

自^無´死傷孤寡(사상고환)之^患(환)^矣한다!

*害(해칠 해)

*傍(곁 방)

*應(응할 응)
*驗(증험할 험)

*患(근심 환)

【鐘註】

此節의 下句는 '沈瓞民(심질민)' 선생의
《玄空古義四種通釋(현공고의사종통석)》作에
『~~不剋'我하고 而^我剋(: 剋出)하면,~~
~~多^出'鰥寡孤獨(환과고독)之^人이며;~~
~~不生'我이고 而^我生(: 生出)하면,~~
~~乃^生'俊秀聰明(준수총명)之^子이다 。~~』
兩者(: '章註'와 '沈註')는
相去(: 차이)가 甚^遠하여,
註解(주해)는 迥(: 매우)^不'相同이다 。
當^以^〔章註〕爲'是(시: 옳음)이다 。

*釋(풀 석)
*俊(준걸 준)
*秀(빼어날 수)
*聰(귀 밝을 총)
*迥(멀 형)

[簡疏]

*沈瓞民(심질민):

《沈氏玄空學》의 저자인 '심죽잉'의 장자로 이름은 '조면(祖緜)'이고 자는 '질민(瓞民)'이다. 부친의 현공풍수 유고를 모아 '강지이(江志伊)'와 같이 정리하여 1925년에 '上海'에서 《沈氏玄空學》을 출간하여 현공풍수학의 이론을 세상에 대공개하였다.

*《玄空古義四種通釋(현공고의사종통석)》:

'절강성(浙江省)' '전당(錢塘: 지금의 항주)'출신인 '沈瓞民(심질민)'이 《비성부(飛星賦)》, 《현기부(玄機賦)》, 《현공비지(玄空秘旨)》, 《자백결(紫白訣)》 四鍾의 책을 주해한 현공풍수서적으로 1929년 발간하였다.

「同類」·「家人」에 대해
筆者(: 종의명)는
認爲(:알고있다)'當^作'「三般卦」解이다:
上元에는 〈1,2,3〉이 爲'一家骨肉이다 。
中元에는 〈4,5,6〉이 爲'一家骨肉이다 。
下元에는 〈7,8,9〉가 爲'一家骨肉이다 。

*認(알 인)
*解(풀 해)

如^
下元인 七運에 挨星이
〈3㊍➔8㊏(: 剋入)〉・〈4㊍➔8㊏(: 剋入)〉은,
是´「不剋´我이고, 而^剋我는 同類(: 凶)이다」

〈4㊍⇨9㊋(: 生入)〉・〈3㊍⇨9㊋(: 生入)〉는,
是´「不生´我, 而生我는 家人(: 吉)」이다 。

程氏秘本 分´一家骨肉

三元	1-9運	父	母	子	女	孫男	孫女	妾
		當運	生成	生氣		次生氣		
上元	1運	1白	6白	2黑	7赤	3碧	8白	9紫
	2運	2黑	7赤	3碧	8白	4綠	9紫	8白
	3運	3碧	8白	4綠	9紫	5黃	2黑	7赤
中元	4運	4綠	9紫	5黃	8白	6白	1白	6白
	5運(前10年)	5黃	9紫	6白	8白	6白	1白	6白
	5運(後10年)		1白	7赤	2黑	8白	3碧	4綠
	6運	6白	1白	7赤	2黑	8白	3碧	4綠
下元	**7運**	**7赤**	**2黑**	**8白**	**3碧**	**9紫**	**4綠**	**3碧**
	8運	8白	3碧	9紫	4綠	1白	6白	2黑
	9運	9紫	4綠	1白	6白	2黑	7赤	1白
		生成		生成		生成		合十

【鐘新解】

生入·剋入에 대한《青囊奥語(청낭오어)》의 註解

「生入」·「剋入」은 見´於^
《青囊奥語(청낭오어)》에
『二十四山은 分´五行하고,
知得´榮枯(영고)와 死與生이다 。
翻天倒地(번천도지)는 對不同하니,
其中의 秘密은 在´ '玄空' 이다 。
認´龍과 立´穴은 要´分明하는데,
在/人이 仔細(자세)하게 辨´天心있다 。
天心은 既^辨하지만 向은 何^難이고,
但^把´向中에 放水를 看한다 。
從^外하여 「生入」하면 名이 爲´進이므로,
定知財寶가 積如山한다 。
從^內하여 「生出」하면 名은 爲´退이므로,
家內錢財가 皆^盡費한다 。
「生入·剋入」하면 名이 爲´旺하여,
子孫高官이 盡´富貴한다 。』

*囊(주머니 낭)
*奥(속 오)
*榮(꽃 영)
*枯(마를 고)
*翻(뒤집을 번)
*倒(넘어질 도)

*秘(숨길 비)
*密(빽빽할 밀)
*仔(자세할 자)
*細(가늘 세)

*辨(분별할 변)
*難(어려울 난)

*寶(보배 보)
*積(쌓을 적)

*錢(돈 전)
*盡(다될 진)
*費(쓸 비)

1. 生入·剋入에 대한 姜垚(강요)의 註

(상기 《青囊奥語(청낭오어)》원문에 대해)
'姜垚(강요: 장대홍의 제자)' 선생의 註에
「天心을 既^辨인,
則^穴中의 正氣는 已^定인데,
而^撓´其權者는 在^向中에 所放之水^也이다 。
從外하는 生入·
從內하는 生出은,
此言은 穴中에 所向之氣^也이다 。

*撓(어지러울 뇨)

(1) 失運도 外來의 生氣가 生入이면 吉

我가 居´於^衰敗(쇠패)이라도,
而^受´外來의 生旺之^氣은,
所謂^從外^「生入」^也이다 。

*居(있을 거)
*衰(쇠할 쇠)
*敗(깨뜨릴 패)

(2) 得運도 外來의 衰氣를 받으면 生出로 不吉

我가 居´於^生旺은,

而^受´外來의 衰敗之^氣은,

似乎(마치 ~것 같다)^我가 生´之인,

故^云´從內^「生出」^也이다,

此는 言´穴中에 所向之氣하는데,

穴中은 能´有´生入之氣^矣이다,

而^水는 又^在´衰敗之^方인,

則^水는 來´剋我(: 生入)이고,

適(: 마침)^所以^生我(: 吉)^也이다 。

內外之氣는, 一生一剋하여,

出´自^成´生旺이고,

兩美相合, 諸福이 畢臻(필진) ...... 이다 。」

*似(같을 사)
*從(좇을 종)

*適(알맞을 적)
*諸(모든 제)
*畢(마칠 필)
*臻(이를 진)

2. 生入·剋入에 대한 '章仲山(장중산)'의《直解》

'章仲山(장중산)' 의

《直解(: 地理辨正直解)》에:

『二十四山은

何山은 當^順推´五行인가?

何山은 當^逆挨´九星인가?

知此한,

即^知得´生死榮枯(생사영고)^矣이다!

何山이 順하는가? 何山이 逆하는가?

有´一定之^氣이고, 無´一定之^位하므로,

須^

參´與^時하여 偕行·

與^時하여 偕極인데,

自^有´一陰一陽間으로,

隨^時하여 而^在者^也이다 。

曉得(효득)´在在之^陰場하고,

空中에 分´陰陽·定´五行之^訣하여,

可得^矣이다 。

*辨(분별할 변)

*順(순할 순)
*逆(거스를 역)

*榮(꽃 영)
*枯(마를 고)

*偕(함께 해)

*曉(깨달을 효)

如^生出・生入，剋出・剋入은,
乃´言은 穴中에 所向之^氣^也이다 。
穴中에 所向之^氣는,
衰와 旺은 有´運이고,
死와 生은 隨´時하여,
不可以^一例로 求之^者^也이다 。」
五行・九星은，均^指´玄空의 挨星이다 。

*隨(따를 수)

【鍾按】

1. 內外(1)

內는, 指´中宮에 立極的^元運之^星이고。

外는, 指´中宮의 以外的^八宮之^星이다。

*指(가리킬 지)
*極(다할 극)

2. 內外(2)

坐山에 所排之星이 爲´內이고,

向首에 所排之星이 爲´外이다。

*排(밀칠 배)

3. 生入: 向宮에 生旺氣

向盤의 飛星的의 生旺氣가,

從^向首에서 以^外的方位에는 有´水가 來朝하면,

謂之^「生入」이다。

4. 生出: 向宮이 生旺氣지만 無水

向盤飛星的의 生旺氣가 在´向首이고,

而^向首에 無水이거나, 或^有´水하되

但^

其他方位에 有´衰死氣的^水가 流出·流入하면,

謂之´^「生出」이다。

5. 剋入(1): 旺山旺向으로 吉

山盤的의 退衰死殺氣가 排到´向首하고,

而^

向首에 無山有水이면, 謂之^「剋入」

(山之^衰死인 即^水之^生旺이어야 하고,

水之^衰死인 即^山之^生旺이어야 한다。

山之^衰死는 宜´落´在^水이어야 하고,

水之^衰死는 宜´落´在^山이어야 한다;

山之^生旺은 宜´落´在^山이어야 하고,

水之^生旺은 宜´落在水이어야 한다。)

*謂(이를 위)
*衰(쇠할 쇠)
*落(떨어질 락)

6. 剋入(2): 五行의 相剋으로 吉

「剋入」에는 另(영: 별도의)^有´一說이다:

一㊌運에 〈2黑㊏➔〉는 剋´〈1白㊌〉가

爲´「剋入」되고,

四㊍運에 〈6白㊎➔〉이 剋´〈4綠㊍〉은

爲´「剋入」되고,

七㊎運에 〈9紫㊋➔〉가 剋´〈7赤㊎〉은

爲´「剋入」되고, 。

*另(다를 령)

上中下의 三元은

皆^

以^生氣가 爲´剋入之星이고,

雖^名은 爲´剋이지만, 實은 則^爲´生인,

故^可´引申´剋入은 是´指´生氣星이다 。

此는 爲´《靑囊奧語(청낭오어)》之^「剋入」이다 。

至´於^本章(:제 12장)에서

所說的^「重重剋入」은

是/指´來水口・去水口・門路에

多見´

向盤飛星(:向星)的^의 退衰死殺氣하는 而^言이다 。

兩者的^看法은 不同하니,

讀者(독자)는 切(절: 절대로)^莫(막: 마라)´誤解이다 。

*章(글 장)
*誤(그릇할 오)
*解(풀 해)

■ 例: 下元 八運 乾山(亥山) [下・卦] 陽宅

1.「位位生來(위위생래)」: 吉

↖大門 ←---←---←---←--- 井

外大門

巽	午	坤
1⑧旺 七	5 3殺 三	3①生 五
卯 2⑨生 六	中 9 7退 八	酉 75死 一
艮 6 4殺 二	子 4 2殺 四	乾 86衰 九

八運 乾山/亥山[下・卦]
△旺山旺向

若^

(1) 大門: 旺氣方

大門은 中(:중앙⑧)에 開하고,

(2) 外大門: 生氣方

外大門은 開'在^卯乙方(:⑨)이고,

(3) 門路: 次生氣方

路는 從^坤申方(:①)하여 來(有'十字路口)하고,

(4) 엘리베이터, 창문: 次生氣方이나 生氣方 內部에 電梯(전제: 엘리베이터)는 設在'坤申方(:①)이나 或^卯乙方(⑨)

(5) 大窗戶(대창호): 生氣方(:⑨)인,

則^全^收'生旺之氣하므로,

謂之^「位位生來(위위생래)」이다.

*梯(사다리 제)
*窗(창문 창)
*十字路口:교차로

*窓(창 창)
*戶(작은 창 호)

2. 「重重剋入(중중극입)」: 凶

↖

巽	午	坤
1 8旺 七	5 3殺 三	3 1生 五
卯 2 9生 六	中 9 7退 八	酉 75死 一
艮 6 4殺 二	子 4 2殺 四	乾 86衰 九

八運 乾山/亥山[下・替]
△旺山旺向

若^

門(대문)・

路(: 門路)・

梯(제: 사다리)・

走道(인도)・

大窗(대창: 큰 창문)이,

全^

在'其他^的^

退衰死殺의 宮位하면, 謂之^「重重剋入(중중극입)」이다.

*梯(사다리 제)

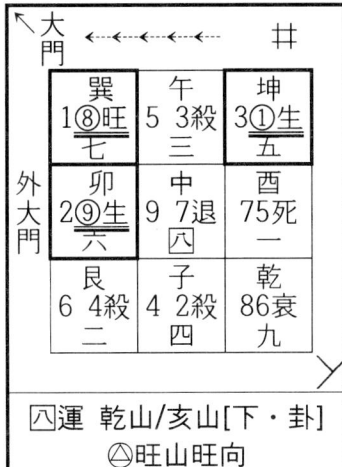

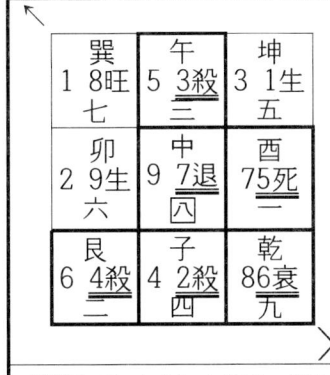

3. 「不剋我， 剋我同類」: 當運이 지나면 凶

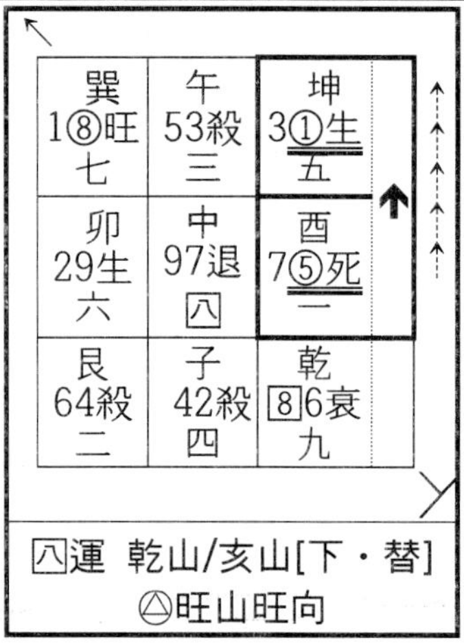

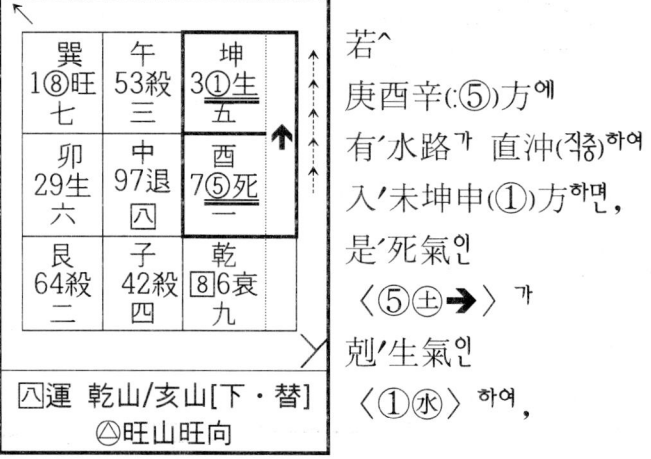

若^
庚酉辛(⑤)方에
有′水路가 直沖(직충)하여
入′未坤申(①)方하면,
是′死氣인
〈⑤㊏➔〉가
剋′生氣인
〈①㊌〉하여,

謂之′
「不剋′我이고， 而^剋我로 同類」이다 。

4. 「不生我，生我家人」: 吉

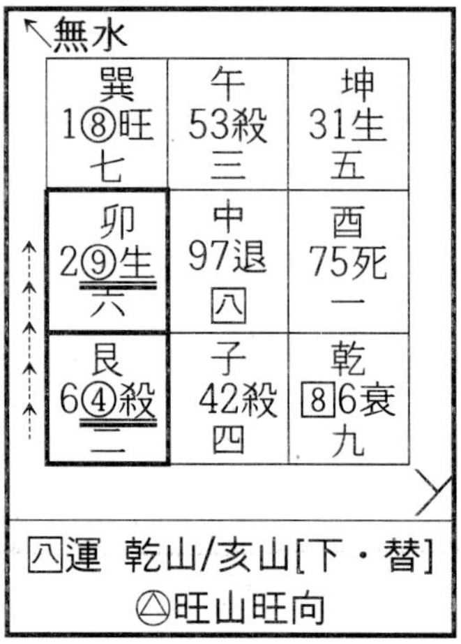

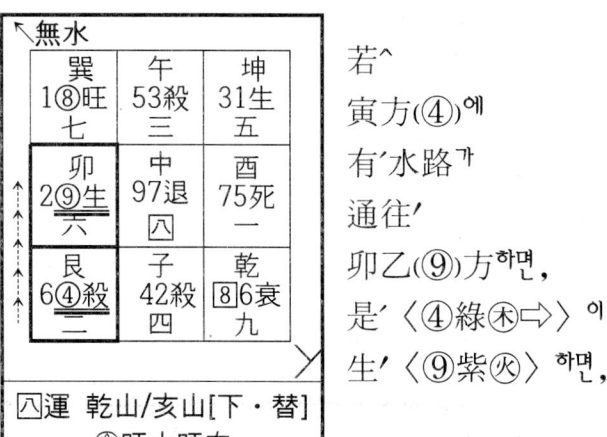

若^
寅方(④)에
有′水路가
通往′
卯乙(⑨)方하면,
是′〈④綠㊍⇨〉이
生′〈⑨紫㊋〉하면,

謂之′
「不生′我하고， 而^生我로 家人한다」 。

《青囊奧語(청낭오어)》 著者: 楊筠松

01. 坤壬乙, 巨門從頭出; 艮丙申, 位位是破軍.
02. 巽辰亥, 盡是武曲位; 甲癸申, 貪狼一路行.
03. 左爲陽, 子癸至亥寅; 右爲陰, 午丁至巳丙.
04. 雌與雄, 交會合玄空; 雄與雌, 玄空卦內推.
05. 山與水, 須要明此理; 水與山, 禍福盡相關.
06. 明玄空, 只在五行中; 知此法, 不須尋納甲.
07. 顚顚倒, 二十四山有珠寶; 順逆行, 二十四山有火坑.
08. 認金龍, 一經一緯義不窮; 動不動, 直待高人施妙用.
09. 第一義, 要識龍身行與止; 第二言, 來脈明堂不可偏.
10. 第三法, 傳送功曹不高壓; 第四奇, 明堂十字有玄微.
11. 第五妙, 前後青龍兩相照; 第六秘, 八國城門鎖正氣.
12. 第七奧, 要向天心尋十道; 第八裁, 屈曲流神認來去.
13. 第九神, 任他平地與青雲; 第十眞, 若有一缺非眞情.
14. 明倒杖, 卦坐陰陽何必想; 識掌模; 太極分明必有圖.
15. 知化氣, 生剋制化須熟記; 說五星; 方圓尖秀要分明.
16. 曉高低, 星峰須辨得玄微; 鬼與曜; 生死來去眞要妙.
17. 向放水, 生旺有吉休囚否.
18. 二十四山分五行, 知得榮枯死與生;
19. 翻天倒地對不同, 其中密秘在玄空.
20. 認龍立穴要分明, 在人仔細辨天心;
21. 天心旣辨穴何難, 但把向中放水看.
22. 從外生入名爲進, 家內財寶積如山;
23. 從內生出名爲退, 家內錢財皆盡費.
24. 生入剋入名爲旺, 子孫高官盡富貴;
25. 脈息生旺要知因, 龍歇脈寒災禍侵.
26. 縱有他山來救助, 空勞祿馬護龍行;
27. 勸君再把星辰辨, 吉凶禍福如神現.
28. 識得此篇眞微妙, 又見郭璞再出現.

〈終〉

제 13장

不姙(불임) · 生氣山(생기산)의 有無情(유무정)

1. 爲父所剋(위부소극),
   男不招兒(남불초아),

*招(부를 초)
*兒(아이 아)

2. 爲母所傷(위자소상),
   女難得嗣(여난득사);

*亂(어지러울 란)
*嗣(이을 사)

3. 後人不肖(후인불초),
   因生方之 反背無情(인생방지 반배무정),

*肖(닮을 초)
*背(등 배)

4. 賢嗣承宗(현사승종),
   緣生位之 端方朝揖(연생위지 단방조읍) 。

*嗣(이을 사)
*承(받들 승)
*緣(인연 연)
*端(바를 단)
*揖(읍할 읍)

1. 父가 剋하면 男子가 불임이고,
   : 〈6㊎➔3㊍〉

2. 母가 剋하면, 女子가 불임이다。
   : 〈2㊏➔1㊌〉

3. 자식이 부모보다 못난 이유는,
   生氣方의 山이 反背하여 無情하기 때문이고,

4. 賢嗣承宗(현사승종: 자손번창)하는 이유는,
   生氣方에 山이 단정하게 朝揖(조읍)하기 때문이다。

〔章註〕

〈㊍〉이 受′〈🡐㊎〉剋하면,
長子는 難招(난초)인데;
〈㊌〉가 被′〈🡐㊏〉傷하면,
次子는 無嗣(무사)이다。

*亂(어지러울 란)
*招(부를 초)
*嗣(이을 사)

(鐘按:
此^兩句는 係′'鮑士選(포사선)'의 註語이다);

*按(누를 안)

皆^指′玄空하는 而^言이지,
非′指′方位(:고정된 방위)이다。
「朝揖(조읍: 形氣吉象)」·
「反背(반배: 形氣凶象)」는, 言′山水之^情形이다。

*朝(만날 조)
*揖(절할 읍)

生方·旺方은, 是′言′挨星之^得失이다。
「生方」에
果^有′眞情으로 相向하고, 有′「朝揖」情形이면,
兒孫은 定^多^賢良孝友(현량효우)한다。
此인 即^
<u>因形察氣(형기로 이기를 살핌)·</u>
<u>因氣求形(이기를 형기를 구함)</u>之^一法이다。
總之하여,
兼形·兼氣·兼理하며
而^推′休咎(휴구: 吉凶)하면,
方^能′一毫不爽(일호불상: 아주 정확함)耳이다。

*推(옮을 추)
*休(쉴 휴)
*咎(허물 구)
*毫(가는털 호)
*爽(어긋날 상)

[簡疏]

*鮑士選(포사선):
《현공비지》의 주해를 달았음. 생몰연대는 미상

【鐘註】

因^形(형기)하여 求′氣(이기)하고 •

因^氣(이기)하여 求′形(형기)之^法은,

是′

玄空地理的^의 精緻神驗(정치신험)한 部分이다 。

*緻(촘촘할 치)
*驗(증험할 험)

紫白	九星	得令의 形氣相配
1白	貪狼 탐랑	神童, 才子, 文豪(문호), 但^要有′朝笏(조홀), 之玄九曲水, 金魚袋(금어대), 水星案^相應。
2黑	巨門 거문	忠臣, 巨富, 但^要有方城水, 櫃山(궤산), 文案(문안)^相應。
3碧	祿存 녹존	官貴, 文秀, 但^要′執笏水(집홀수), 貴人山, 鳳形相應(봉형상응)。
4綠	文曲 문곡	官貴(관귀), 文秀(문수), 但^要′執笏水(집홀수), 貴人山, 鳳形(봉형)^相應。清廉法官(청렴법관), 藝術家, 名人, 明星(: 인기스타), 節婦貴女(절부기녀), 視′山水之^形而定。
5黃	廉貞 염정	若^得′奇峰秀水, 如′萬馬騰空(만마등공), 金船出峽(금선출협), 紫微垣(자미원)^相應, 出′夫子, 極品富貴(극픔부귀)。
6白	武曲 무곡	狀元(장원), 學者, 領導人物(영도인물: 지도자), 工商鉅富(공상거부), 但^要′金鐘(금종), 覆鼎(복정), 金城水, 祿庫山(녹고산)^相應。
7赤	破軍 파군	法官, 立委(입위), 監委(감위), 律師(=변호사), 但^要′衙刀(아도), 旗(기), 圓水, 月形山^相應。
8白	左輔星 좌보성	賢人(현인), 忠臣(충신), 聖賢仙佛(성현선불), 但^要′仙橋脈(선교맥), 庫櫃山(고궤산), 印星(인성), 土城水^相應。
9紫	輔弼星 우필성	大儒(대유), 宗教家, 軍事專家(군사전가), 但^要′文筆山(문필산), 筆架山(필가산), 萬笏朝天(만홀조천), 水國如鏡^相應。

*豪(호걸 호)
*笏(홀 홀)
*袋(자루 대)
*櫃(함 궤)
*笏(홀 홀)
*廉(청렴할 렴)
*騰(오를 등)
*峽(골짜기 협)
*律(법 률{율})
*衙(관청 아)
*旗(기 기)
*橋(다리 교)
*櫃(함 궤)
*印(도장 인)
*架(시렁 가)
*鏡(거울 경)

以上은
是′得令之^形氣相配인데,
筆者가 僅(근: 겨우)^簡要述之(간요술지)한다 ○
形·氣之^相配는 千變萬化하므로,
須^憑(빙)′心目之^靈巧(영교)하여야, 神領意會(심령의회: 깊이 깨닫다)이다 ○

*僅(겨우 근)
*簡(대쪽 간)
*述(지을 술)
*憑(기댈 빙)
*領(중용할 령)

如^挨′山星에, 〈7赤〉之方에는,
有′
1. 刀形之^山이면, 看′山的^形狀하는데,
(1) ‘小巧(소교)’ 者에,
① 得令이면 出′外科醫師(외과의사)이고,
② 失令하면 主′被′利刀殺傷하거나 或^生病으로
開刀手術(개도수술)하고,

*巧(공교할 교)

(2) ‘粗厚(조후)’ 者라면,
① 得令하면 出′屠宰商(도재상: 도살업, 정육점)으로
致富(치부)하고,
② 失令이면 凶死한다 ○

*粗(거칠 조)
*厚(두터울 후)
*屠(잡을 도)
*宰(도살할 재)

2. 有′「葫蘆形(호로형)」之^山에,
① 得令하면
出′醫卜星相(의복성상: 의사,점술,점성,관상)家하고,
② 失令이면
藥不離口(약불리구: 평생환자),
出′密醫(밀의: 무면허 의사)·
神棍(신곤: 무당)·
江湖術士(강호술사: 실력없고 사기성이 다분한 술사)이다 ○

*葫(조롱박 호)
*蘆(갈대 로)
*密(비밀 밀)
*棍(몽둥이 곤)

3. 鉗(겸)·鎚(추: 쇠망치)形的^山에,
挨星이 逢′
〈7〉은 解爲′鐵匠(철장: 대장장이)이고,
〈3·4〉는 解爲′木工(: 목수)이다

*鉗(칼 겸)
*鎚(쇠망치 추)
*鐵(쇠 철)
*匠(장인 장)

【鐘新解】

父剋〈63〉・母傷〈21〉

1. 협의적 해설: 〈63〉,〈21〉

狹義(협의)的^인 解說은

是′挨星的^〈63〉和〈21〉이다。

〈6白乾〉인 即^爲′父이고

〈3碧震〉인 即^爲′長男(嗣星)이고,

〈2黑坤〉인 即^爲′母(爲′病符・寡宿[: 과부]),

〈1白坎〉인 即^爲′次男(爲′胎神)이다。

*狹(좁을 협)
*嗣(이을 사)
*胎(아이밸 태)

(1) 上元에〈③㊍←⑥㊎〉, 有水는 남성불임

上元^一二三運에,

山盤飛星〈③㊍〉과 與^

向盤飛星〈←⑥㊎〉同宮하고,

該宮에 無山^而^有水하거나 或^低陷(저함)한,

即^是「爲′父가 所剋하면, 男은 不招′兒이다」이다。

*招(부를 초)
*兒(아이 아)

*低(밑 저)
*陷(빠질 함)

(2) 三運之^外〈①㊌←②㊏〉有水는 여성불임

山盤飛星〈①㊌〉與^

向盤飛星〈←②㊏〉同宮하면,

除^三運之^外에는,

該宮에 無山^而^有水하거나 或^ 低陷(저함)한,

即^是′「爲′母가 所傷하여 女는 難′得嗣하다」이다。

*低(밑 저)
*陷(빠질 함)
*嗣(이을 사)

「男不招兒(남불초아)」란,

是′說′夫가 患(환)으로 不孕症(불잉증)하거나,

或^沒有′性能力하거나, 或^只^生′女兒한다。

「女難得嗣(여난득사)」란,

是/說′

妻가 患(환)으로 不孕症(불잉증)하거나,

或^孕而不育(잉이불육; 流產・墮胎[타태])한다。

*招(부를 초)
*兒(아이 아)
*孕(아이 밸 잉)
*沒(없을 몰)
*墮(떨어질 타)
*胎(아이 밸 태)

2. 광의적 해설: 〈63〉, 〈21〉

廣義的^解說은 是′ *廣(넓을 광)

(1) 得令과 失令

上元에

當^收′三之山水(: 山星[3] 向星③)인데,

卻^收′六之山水(: 山星[6] 向星⑥)이다 。

[一]·[三]~[九]運(: 2運 제외)에는

當^收′一之山水(: 山星[1] 向星①),

卻^收′二之山水(: 山星[2] 向星②)이다 。

(2) 山水의 强弱(강약)

退氣方的^山水가 强하고, 而^

旺氣·生氣方的^山水가 弱하거나

或^無山無水

(當令旺氣가 爲′我인,

則^退氣는 爲′父母이고,

生氣는 爲′兒孫이다)이다 。

③ 父는 向首, 母는 坐山

'沈祖綿(심조면)' 선생이 云하기를

『父는 指′向首하고,

男은 指′向首의 旁宮(방궁)^也이다 。

向이 雖^吉하더라도, 而^

旁宮에는 應^有′水處하는데 反^無水이면,

其氣는 不遇(불우)한, 即^作′男不招兒이다 。

母는 指′坐山이고,

女는 亦^指′山之^旁宮^言^也이다 。

山上(: 坐宮)形勢는 雖^育하지만,

但^旁宮이 應^有′山處하는데 而^反^無山이면,

其氣가 阻塞(조색)한, 即^作′女不成嗣한다 。』

*阻(험할 조)
*塞(막힐 색)
*嗣(이을 사)

山은 管′人丁하므로,

因^此로 看′人의 有無에는,

當以^山盤飛星이 爲主하여

*纏(얽힐 전)
*護(보호할 호)
*輔(도울 보)

看′來龍・坐穴・周圍(주위)에　照應^纏護之砂(전호지사)하고,
凡^山盤飛星的^生・旺・輔佐星이
落′於^低陷處(저함처)・空曠處(공광처)・水裏한,
即^可作′乏嗣(핍사)的^判斷하여,
〈+1, +3, +6, +8〉 陽星은 損′男丁하고,
〈-2, -4, -7, -9〉는 損′女口하고,
〈±5〉는 視′寄星(: 해당 운에 따름)하여 而^定한다 。

*佐(도울 좌)
*低(밑 저)
*陷(빠질 함)
*曠(밝을 광)
*裏(속 리)
*乏(가난할 핍)
*嗣(이을 사)
*寄(부칠 기)
*定(정할 정)

此外에,
還(: 역시)^可看′山向(: 좌향)・砂水는
是否(시부: 與否)犯′
出卦(: 大空亡)・差錯(차착: 小空亡)하고,
挨星이 是′是否^「丁星入囚」來^
判斷(판단)′人丁的^有無한다 。

■ 例: 下元 八運 艮山坤向 [下卦]・[替卦]

1. 〈3木←6金〉 長房無嗣(장방무사)

*嗣(이을 사)

巽 1 4 七	離 6 9 三	坤 8 2 五
震 9 3 六	中 2 5 八	兌 4 7 一
艮 5 8 二	坎 7 1 四	乾 3←6 九

八運 艮山坤向 [下・替]
凶上山下水+伏吟

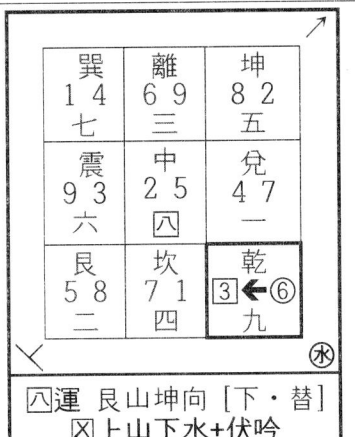

乾宮 〈36〉에, 有´水하면, 主´三運에 長房이 無嗣(무사)한다 。

又^此宮에 不管(: ~막론하고) 有´大水나 或^有´大山하고, 不管^在^何運하고, 均^主´長房은 有´頭痛(두통: 6)・脚疾(각질: 3)・肝膽病(간담병: 3)・官司牢獄(관사뇌옥: 6)・車禍(차화: 3)・損丁(손정)之^事이다 。

*管(관여할 관)
*何(어느 하)
*均(모두 균)
*脚(다리 각)
*牢(우리 뢰)
*獄(옥 옥)

2. 〈2土→1水〉 女難得嗣(여난득사)

巽 水1 4 七	離 6 9 三	坤 8 ②土 五
震 9 3 六	中 2 5 八	兌 4 7 一
艮 5 8 二	坎 7 1 四	乾 3 6 九

八運 艮山坤向[下・替]
凶上山下水+伏吟

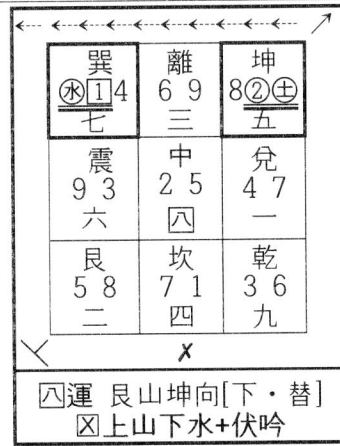

向首인 坤宮에 有´水가 直沖하여 至´巽宮하면, 向星 〈②黑土〉 剋´山星 〈1白水〉하면, 主´「女難得嗣(여난득사)」이다 。

或^

(1) 婦女에게는, 有´子宮・卵巢(난소)之^疾患(질환)으로, 不孕(불잉)・流產(유산)・癌症腫瘤(암증종류)하고,

(2) 男性에게는, 患´睾丸疾患(고환질환)・糖尿病(당뇨병)・攝護腺腫大(섭호선종대)・尿毒症(뇨독증)・性無能(성무능)・高血壓(고혈압)・腸胃潰瘍出血(장위궤양출혈)等의 疾病이다 。

*巢(집 소)
*孕(아이 밸 잉)
*腫(부스럼 종)
*瘤(혹 류)
*睾(불알 고)
*丸(알 환)
*糖(사탕 당)
*尿(오줌 뇨)
*攝(당길 섭)
*潰(무너질 궤)
*瘍(종기 양)

3. 反伏吟・上山下水은 家破人亡(가파인망)

巽 1 4 七	離 6 9 三	坤 [8]2 五
震 9 3 六	中 2 5 [八]	兌 4 7 一
艮 5 ⑧ 二	坎 7 1 四	乾 3 6 九

[八]運 艮山坤向[下・替]
☒上山下水+伏吟

全盤이
犯´反伏吟・
上山下水하여,
若^用´於^山地나,
背山面水之^穴場하면,
必^主´
損丁破財이고,
家破人亡(가파인망)이다 。

4-1. 〈[9]〉 는 生氣山星

巽 1 4 七	離 6 9 三	坤 8 2 五
▲ 震 生9 3 六	中 2 5 [八]	兌 4 7 一
艮 5 8 二	坎 7 1 四	乾 3 6 九

[八]運 艮山坤向[下・替]
☒上山下水+伏吟

卯乙方은
是´山盤飛星之^
生方으로,
此處的^
山峰・墩阜(돈부)・高地가
要´彎抱(만포)´向穴하고,
不可´
反背走竄(반배주찬)하다 。

*墩(돈대 돈)
*阜(언덕 부)
*彎(물굽이 만)
*抱(안을 포)
*竄(달아날 찬)

4-2. 〈⑨〉 는 生氣向星

巽 1 4 七	㊌ 離 69生 三	坤 8 2 五
震 9 3 六	中 2 5 [八]	兌 4 7 一
艮 5 8 二	坎 7 1 四	乾 3 6 九

[八]運 艮山坤向[下・替]
☒上山下水+伏吟

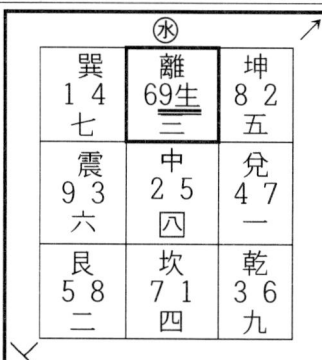

午丁方은
是´向盤飛星之^生方인데,
此處的^水路・池塘(지당)은 要´向^內하여 抱하고・
形狀은 方圓整濟(방원정제)하고, 不可´
斜飛直硬(사비직경)・形狀이
尖銳倚斜(첨예의사)한다 。

*斜(비낄 사)
*硬(굳을 경)
*尖(뾰족할 첨)
*銳(날카로울 예)
*倚(기울 의)
*斜(비낄 사)

4-3. 次生氣 山星과 次生氣 向星

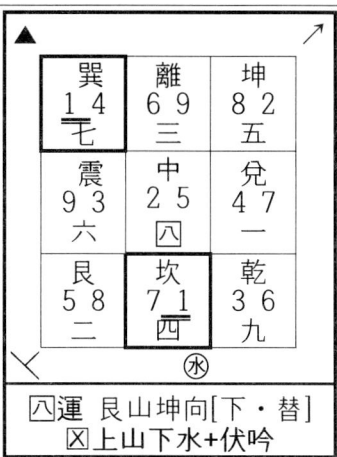

巽 1 4 七	離 6 9 三	坤 8 2 五
震 9 3 六	中 2 5 四	兌 4 7 一
艮 5 8 二	坎 7 1 四	乾 3 6 九

四運 艮山坤向[下・替]
凶上山下水+伏吟

巽巳方之^山(1)・
子癸方之^水(①)의,
看法은 相同이다 。

4-4. 上山下水합국은 坐空朝滿(좌공조만)

巽 1 4 七	離 6 9 三	坤 8 2 五
震 9 3 六	中 2 5 四	兌 4 7 一
艮 5 ⑧ 二	坎 7 1 四	乾 3 6 九

四運 艮山坤向[下・替]
凶上山下水+伏吟

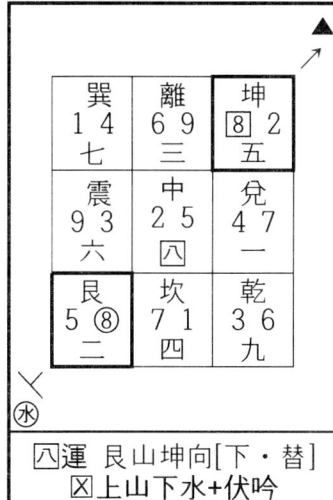

此^山向은
宜′用′在^平陽水鄕(평양수향)으로,
坐空朝滿(좌공조만)的^
穴場으로・
背後에 有水가 環抱(환포:
或^有′方形池塘)이고,
前面은 有′
漸去漸高(점고점고: 멀어질수록 높아짐)이고,
劃分(획분: 구획)′方正的^田園(或^長方形的^小丘陵이 當^作′案山)이다 。
因^全盤이 合′「父母三般卦(: 147, 258, 369)」인데
若^山水形勢가 適當(적당: 합국)하면,
主′
人緣(인연)이 廣泛(광범)하고, 最利′經商(: 장사)하고,
可以^房地産(방지산: 부동산업)・百貨(백화: 마트)・倉儲(창저: 창고업)・砂石(사석: 모래와 자갈)・肉品(: 정육점)^等의 行業으로 起家致富(기가치부)한다 。

*丘(언덕 구)
*陵(큰 언덕 릉)
*緣(인연 연)
*泛(뜰 범)
*倉(창고 창)
*儲(쌓을 저)

제 14장

지나친 我剋(아극)과 지나친 我生(아생)

1. 我剋彼而 竟遭其辱(아극피이 경조기욕),
   爲´財帛^以^喪身(위재백이 상신),

2. 我生之而 反受其殃(아생지이 반수기앙),
   因^産難^而^致死(인산난이 치사) 。

*辱(욕되게할 욕)
*帛(비단 백)
*殃(재앙 앙)
*致(보낼 치)

1. 내가 相剋하여도 마침내는 욕이 되어,
   재물로 사람이 상한다,

2. 내가 相生하여도 오히려 재앙을 받아,
   출산하다가 죽는다.

〔章註〕

生(:相生)之^太過하여도, 反^主′死傷(사상)한다 。

剋(:相剋)之^太急하여도, 反^遭′其辱(기욕)한다 。

*遭(만날 조)
*辱(욕될 욕)

均(:모두)^

由^形氣(: 형기와 이기)하여 乖戾(괴려)之^故(:때문에)로,

所謂^

「過猶不及(: 너무 지치면 미치지 못함)」者가,

此^也이다 。

*乖(어그러질 괴)
*戾(어그러질 려)
*過(지날 과)
*猶(오히려 유)
*及(미칠 급)

【鐘註】

此인 即^ '子平(: 서자평)' 命學의

財多身弱(재다신약: 我剋者多)·

身弱逢食傷(신약봉식상: 我生者多)之^義이다 。

1. 지나친 相剋은 돈욕심 때문에 사고발생

上句에서 言'水는,

如^七運에,

當^收'〈7赤㊎➔〉인데,

卻^收得'〈3㊍·4㊍〉하여,

主'因^財하여 惹禍(야화)한다 。

*惹(이끌 야)
*禍(사고 화)

2. 지나친 相生은 잘난 체하다가 망신·産難(산난)

下句에서 言'山는,

如^八運에,

當^收'〈8白㊏⇨〉인데,

卻^收得'〈6㊎·7㊎〉하여,

主'産難(산란)·退'人丁한다 。

「過猶不及」은

指'此하는 而言이다 。

*産(낳을 산)
*亂(어지러울 란)
*過(지날 과)
*猶(오히려 유)
*及(미칠 급)

【鐘新解】

■ 例: 下元 [八]運 戌山辰向(下卦)

1. 我生: 〈[八]運㊏〉 ⇨ 〈[6]㊎[7]㊎〉; 相生이 凶

巽 8 6 七	離 4 2 三	坤 ㊎[6]4 五
震 ㊎[7]5 六	中 9 7 [八]㊏	兌 2 9 一
艮 3 1 二	坎 5 3 四	乾 1 8 九

[八]運 戌山辰向 [下卦]
✗上山下水

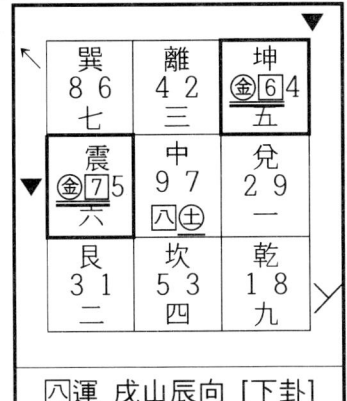

山盤飛星之^
〈[6][7]〉
在′
坤宮^與^震宮은,
兩方은 是′
衰退(쇠퇴)氣之^山은,
不可′有′
高大近逼(고대근핍)・破碎巉巖(파쇄참암)之^形이다 。

*逼(닥칠 핍)
*破(깨뜨릴 파)
*碎(부술 쇄)
*巉(가파를 참)
*巖(바위 암)

2. 我生 〈[八]運㊏〉 ⇨ 〈⑥㊎・⑦㊎〉: 相生이 凶

㊌

巽 8⑥㊎ 七	離 4 2 三	坤 6 4 五
震 7 5 六	中 9⑦㊎ [八]	兌 2 9 一
艮 3 1 二	坎 5 3 四	乾 1 8 九

[八]運 戌山辰向 [下卦]
✗上山下水

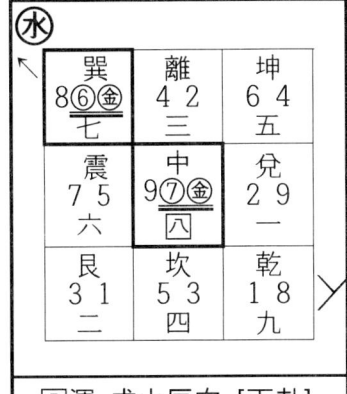

向盤飛星之^
〈⑥⑦〉이
在′
向首^與^中宮이면,
向首에
不可′有′大水하거나,
或^
水路가 直沖하거나,
陽宅에서는
中宮에
不可有′天井(‘ㅁ’ 자 주택의 좁은 마당)하거나,
或^電梯(전제: 엘리베이터)이다 。

*電(번개 전)
*梯(사다리 제)

3. 凶象의 形氣: 凶

▼崩破粗醜

巽 [8] 6 七	離 4 2 三	坤 6 4 五
震 7 5 六	中 9 7 [八]	兌 2 9 一
艮 3 1 二	坎 5 3 四	乾 1 ⑧ 九

直流

湍激

[八]運 戌山辰向[下卦]

✗上山下水

向首에 有山이 而^
崩破粗醜(붕파조추)하면,
亦^主´産難不育한다 。
坐後에 有水가 而^
湍激(단격: 물살이 빠른 여울) ·
直流하면,
亦^主´爲財
^而^遭辱喪身(조욕상신)
한다 。

*崩(무너질 붕)
*破(깨뜨릴 파)
*粗(거칠 조)
*醜(추할 추)
*湍(여울 단)
*激(빠른물살 격)
*喪(죽을 상)

此는 皆^形勢가 合´星氣하여 而^太過者之^患이다 。

*患(근심 환)

巒頭基本圖形(만두기본도형)

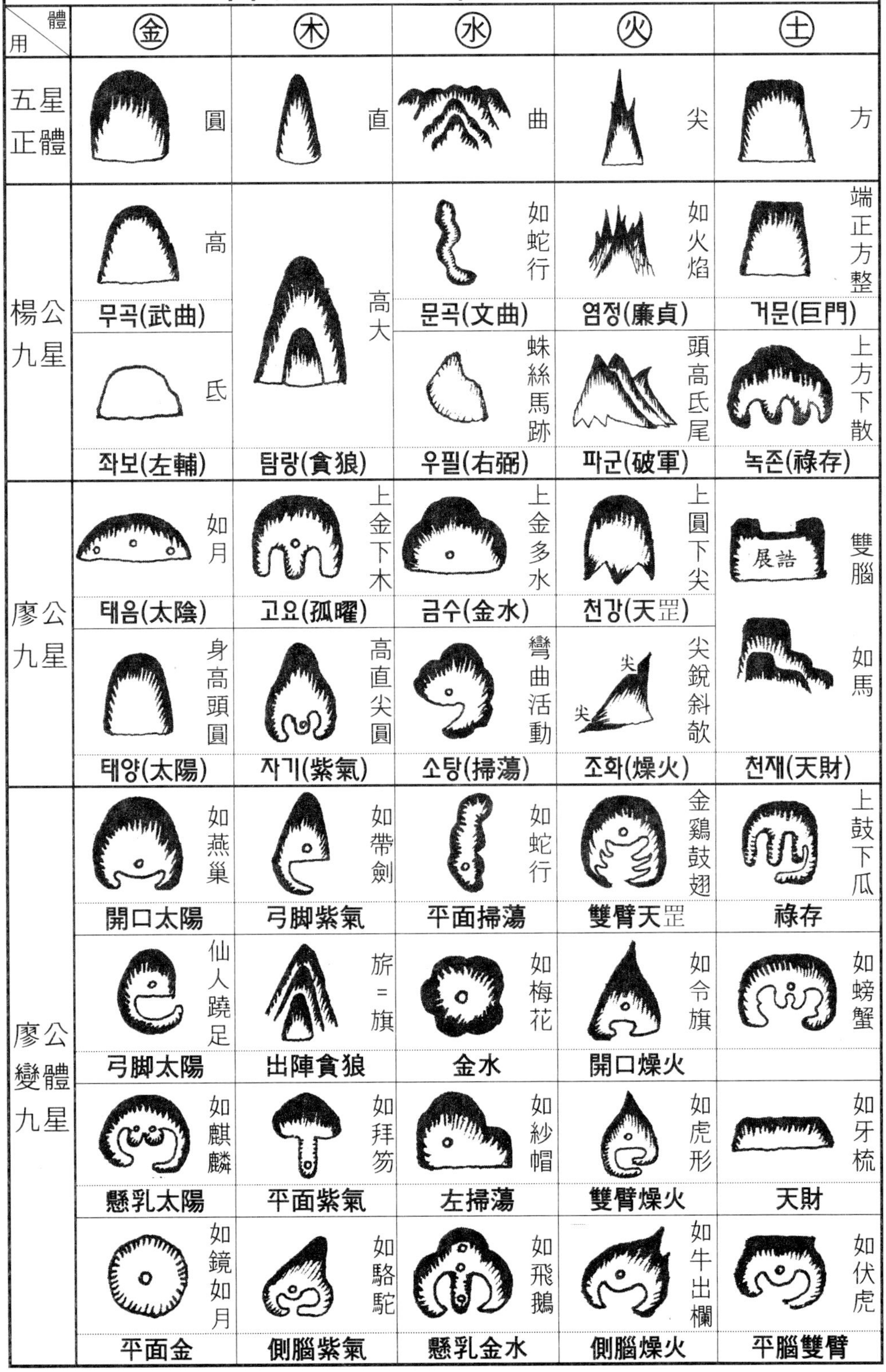

體
用
金
木
水
火
土
五星正體
圓
直
曲
尖
方
楊公九星
高
무곡(武曲)
氐
좌보(左輔)
高大
탐랑(貪狼)
如蛇行
문곡(文曲)
蛛絲馬跡
우필(右弼)
如火焰
염정(廉貞)
頭高氐尾
파군(破軍)
端正方整
거문(巨門)
上方下散
녹존(祿存)
廖公九星
如月
태음(太陰)
身高頭圓
태양(太陽)
上金下木
고요(孤曜)
高直尖圓
자기(紫氣)
上金多水
금수(金水)
彎曲活動
소탕(掃蕩)
上圓下尖
천강(天罡)
尖
尖
尖銳斜欹
조화(燥火)
展誥
雙腦
如馬
천재(天財)
廖公變體九星
如燕巢
開口太陽
如帶劍
弓脚紫氣
如蛇行
平面掃蕩
金鷄鼓翅
雙臂天罡
上鼓下瓜
祿存
仙人蹺足
弓脚太陽
旂=旗
出陣貪狼
如梅花
金水
如令旗
開口燥火
如螃蟹
如麒麟
懸乳太陽
如拜笏
平面紫氣
如紗帽
左掃蕩
如虎形
雙臂燥火
如牙梳
天財
如鏡如月
平面金
如駱駝
側腦紫氣
如飛鵝
懸乳金水
如牛出欄
側腦燥火
如伏虎
平腦雙臂

제 15장

形(형)과 氣(기)의 相剋(상극)과 利害(이해)

1. 腹多水而膨脹(복다수이팽창),

2. 足見金而蹣跚(족견금이만산) 。

3. 巽宮水路纏乾(손궁수로전건),
主有吊樑之厄(주유조량지액),

4. 兌位明堂破震(태위명당파진),
定生吐血之災(정생토혈지재) 。

5. 風行地而硬直難當(풍행지이 경직난당),
室有欺姑之婦(실유기고지부),

6. 火燒天而張牙相鬪(화소천이장아상투),
家生罵父之兒(가생매부지아) 。

*膨(부풀 팽)
*脹(배부를 창)
*蹣(비틀거릴 만)
*跚(비틀거릴 산)
*纏(얽힐 전)
*吊(조상할 적)
*樑(들보 량)
*吐(토할 토)
*欺(속일 기)
*姑(시어미 고)
*燒(사를 소)
*張(베풀 장)
*鬪(싸움 투)
*罵(욕할 매)

1. 배에 물이 많이 차면은 膨脹(팽창)이라고 한다.
: 〈2㊏➔1㊌〉: 복부질병

2. 〈足(3)〉에 〈㊎〉을 만나면 절뚝발이이다.
: 〈6㊎ · 7㊎➔3㊍〉: 절뚝발이

3. 〈巽宮(4)〉의 水路가 〈乾宮(6)〉을 감아 돌면,
懸樑之犯(현량지범: 목매달고 자살)이다.
: 〈6㊎➔4㊍〉: 자살, 질식사망

4. 〈兌(7)〉位에 물이 있고 ´〈震(3)〉을 相剋하면,
吐血(토혈)이다.
: 〈7㊎➔3㊍〉: 간질환으로 吐血(토혈)

5. 〈風地(42)〉에 도로가 直衝(직충)하면 감당하기 어려워,
집안에 며느리가 시어머니를 업신여긴다.
: 〈4㊍➔2㊏〉: 불효 며느리

6. 〈㊋〉剋〈㊎〉하고 張牙相鬪(장아상투: 形氣凶象)이면,
집안에 불효자가 생긴다.
: 〈9㊋➔6㊎〉: 불효자식

〔章註〕

1. 〈2㊏➔1㊌〉: 생식기지환 · 복부질환

〈2坤〉은
爲´腹이고 · 爲´㊏인데,
㊏가 衰(쇠)하면 不能´制(:통제)´〈1㊌〉하여,
自^有´膨脹之疾(팽창지질)이다 ○

*吐(토할 토)
*膨(부풀 팽)
*脹(배부를 창)

2. 〈6㊎ · 7㊎➔3㊍〉: 吐血(토혈)

〈3震〉은
爲´足 · 爲´㊍ ·
爲´肝인데,
肝은 主´血하므로,
受´〈6乾㊎ · 7兌㊎〉의 剋한
則^㊍이 壞하여 肝이 傷하여,
主´足跛(족파;3) · 吐血(토혈:7)之^症이다 ○

*跛(절뚝발이 파)
*壞(무너질 괴)

5. 〈4㊍➔2㊏〉: 欺姑之婦(기고지부)

〈4巽〉은 爲´長女,
〈2坤〉은 爲´老母이므로,
「風行地(: 42)」인,
則^坤母가 受制´於^巽女인데,
更^兼´形勢가 破 · 直은 無情한,
故^有´「欺姑之婦(기고지부)」이다 ○

*兼(겸할 겸)
*欺(속일 기)
*姑(시어미 고)

6. 〈9㊋➔6㊎〉: 불효한 자녀

〈6乾〉은
爲´天 · 爲´父 ·
爲´金인데,
〈乾㊎〉이 受剋´於^〈9離㊋〉인데,
有´張牙不遜(장아불손: 보기에 사나운 모양의 산)之^勢이면,
必^生´不孝之兒이다 ○

*張(베풀 장)
*牙(어금니 아)
*遜(겸손할 손)

種種(: 각종)^不法은,
全^在´立穴定向之^際(제:때)에
斟酌(짐작)´得宜하는데,
苟(: 만약에)^能´挽逆爲順(만역위순: 추길피흉)은,
實^大有´功´於^名教(: 현공풍수의 명분과 가르침)^也이다 。

*斟(잠작할 짐)
*酌(따를 작)
*苟(진실로 구)
*挽(당길 만)

此節은 總言하면
相剋之^利害와,
腹脹(복창12)·
吐血(토혈: 63´73)·
欺姑(기고: 42)·
罵父(매부: 96)인데,
此는 皆^形氣가 '相剋' 之^應驗(응험)^也이다 。
讀者는 當^細心하여 參考하고,
務´且^兼形·兼氣하면,
方^得´九星·八卦之^精微(정미)한다 。

*腹(배 복)
*脹(배부를 창)
*吐(토할 토)
*罵(욕할 매)
*應(응할 응)
*驗(증험할 험)
*務(힘쓸 무)
*精(쓿은 쌀 정)
*微(작을 미)

【鐘註】

此言은 挨星(애성)의

收山・收水之^配合이

相剋・失令이고,

更^又한 形勢가 不美이다 ◦

〈1㊌←2㊏〉: **불임, 생식기 질병**

1. 腹多水而膨脹(복다수이팽창),

〈12(21)〉 山水가 顚倒하고,

見´

木杓山(목표산: 거지의 바가지모양의 山)・

屍山(시산: 누워있는 시신)・

沮洳水(저여수: 썩은 진펄)・

亂水(난수)・漏道(누도: 갈라지는 물줄기)・

茶槽(다조: 유속이 빠름)이면,

主´

水腫病(수종병: 腎病[신병]・尿毒[뇨독]・

肝硬化等[간경화])・

不孕(불잉)・流產(유산)・墮胎(타태)이다 ◦

*杓(자루 표)
*沮(막을 저)
*洳(강이름 여)
*漏(샐 루)
*槽(구유 조)
*腫(부스럼 종)
*尿(오줌 뇨)
*孕(아이밸 잉)
*墮(떨어질 타)

〈3㊍←6㊎〉: **수술, 소송**

2. 足見金而蹣跚**(족견금이만산)** ◦

〈3b(b3)〉에

山水가 顚倒・失令하고,

見´反弓水・尖尾山砂(첨미산사)・

屋角(옥각: 집의 모서리)・

田角尖射(전각첨사: 밭의 모서리가 충)하면,

主´

刀傷(도상)・開刀手術(: 수술)・

跛足(파족: 절뚝발이)・

坐骨神經痛(좌골신경통)・肝膽病(간담병)・

官司破財(관사파재: 소송으로 파재)이다 ◦

*尖(뾰족할 첨)
*尾(꼬리 미)
*跛(절뚝발이 파)
*司(맡을 사)

〈4㊍←6㊎)〉： **自縊(자액)**

3. 巽宮水路纏乾(손궁수로전건),
主有吊樑之厄(주유조량지액),

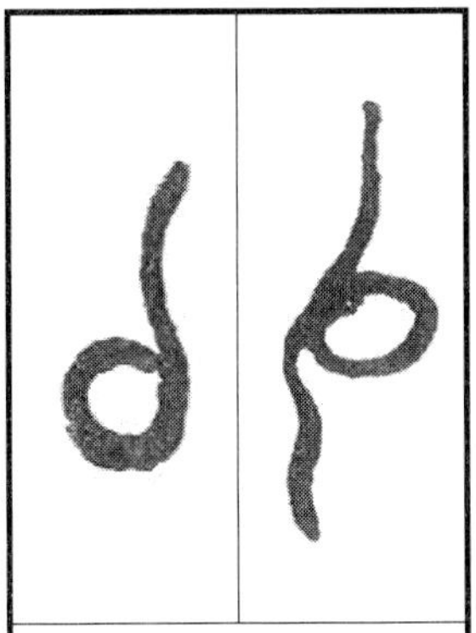
繩結形(승결형)의 旱路(한로)

〈46(64)〉 에
山水가 顚倒(전도: 불합국)하고,
見´乾流
(건류: 下雨[비가 내림]時에야
才^有´水的^인 水路)이고
如^
繩索(승삭: 동아줄)이
環繞打結(환요타결: 감아돌고 매듭이 짐)하면,
主´
自縊(자액: 자살) ·
勒死(늑사: 絞殺[교살: 타살]) ·
窒息(질식) ·
剋妻(극처: 상처)한다 。

*顚(넘어질 전)
*倒(넘어질 도)
*乾(마를 건)
*繩(줄 승)
*索(찾을 색)
*還(돌아올 환)
*繞(두를 요)
*打(칠 타)
*結(맺을 결)

*縊(목맬 액)
*勒(굴레 륵)
*絞(목맬 교)
*窒(막을 질)
*旱(가물 한)

〈3㊍←7㊎)〉

4. 兌位明堂破震(태위명당파진),
定生吐血之災(정생토혈지재) 。

〈73(37)〉 에
山水가 顚倒 · 失令이고,
見´
丁字水 · 犁尖形(여첨형) · 屋角(옥각) ·
坑陷(갱함: 구덩이) · 亂石(난석) · 破裂形(파열형)이면,
主´
肝病(간병: 3) · 肺癆(폐로: 폐결핵;7) · 吐血(토혈: 37) ·
脚病(각병: 3) · 夫妻反目(부처반목: 부부간에 불화: 37) ·
男盜女娼(남도여창: 37) · 搶劫(창겁: 강도: 37) ·
凶死(흉사: 37)이다 。

*犁(쟁기 려)
*坑(구덩이 갱)
*陷(빠질 함)
*裂(찢을 렬)
*肺(허파 폐)
*癆(중독 로)
*吐(토할 토)
*盜(훔칠 도)
*娼(몸파는여자 창)
*搶(빼앗을 창)
*劫(위협할 겁)

〈2㊏←4㊍)〉: 고부갈등

5. 風行地而硬直難當(풍행지이 경직난당),
室有欺姑之婦(실유기고지부),

〈42(24)〉에

山水가 顚倒(전도)·失令이고,
見´
路沖(노충: 일명 槍殺[창살])이나,
來龍이 直硬逼壓(직경핍압)이나,
或^向對來脈에 倒葬(도장)이면,
主´
婆媳不和(파식불화: 시어머니와 며느리 간에 불화)·
被′詐財騙色(사재편색: 재물과 여자를 빼앗김)·
賭博投機(도박투기)로 破財(파재)·
犯法牢獄(범법뇌옥: 범법자)·
車禍(차화: 교통사고)·重物擊傷(중물격상)·
蛇咬(사교: 뱀에 물림;巳)·蜂螫(봉석: 벌에 쏘임)이다 。

*硬(굳을 경)
*逼(위협할 핍)
*壓(누를 압)
*倒(넘어질 도)
*婆(할미 파)
*媳(며느리 식)
*騙(속일 편)
*賭(걸 도)
*博(넓을 박)
*牢(우리 뇌)
*獄(옥 옥)
*擊(부딪칠 격)
*咬(물 교)
*螫(쏠 석)

〈6㊎←9㊋〉: 불효자식

6. 火燒天而張牙相鬪(화소천이장아상투),
家生罵父之兒(가생매부지아) 。

〈69(96)〉에

山水가 顚倒(전도)·失令이고,
見´
火(화)·鍋爐(과로)·漆紅(칠홍: 검붉은 색)·
廟宇屋角(묘우옥각)·
枯樹槎枒(고수사야: 죽은 고목의 가지)·
怪石巉巖(괴석참암)· 水路尖射(수로충사)하면,
主´
出′不孝子(불효자)·
肺癆(폐로: 폐결핵)·氣喘(기천: 천식)·吐血(토혈)·
中風(중풍)이다 。

*鍋(노구솥 과)
*爐(화로 로)
*漆(검을 칠)
*紅(붉을 홍)
*廟(사당 묘)
*枯(마를 고)
*樹(나무 수)
*槎(나무벨 사)
*枒(야자나무 야)
*癆(결핵 로)
*喘(헐떡거릴 천)
*吐(토할 토)

※

腹脹(복창: 21)・

吐血(토혈: 63)・

欺姑(기고: 42)・

罵父(매부: 96)는,

不過/擧′其^一斑(일반: 일부분)而^言이므로,
讀者는
若^對′八卦・九星의 意象深究(의상탐구)는,
可′推衍(추연: 자세히 설명)′出^更^多的^事物이므로,
請′參閱(참열)′拙著(졸저)
《玄空地理斷訣彙解(-단결휘해; 저자 鐘義明)》
하시오 ○

*擧(들 거)
*斑(얼룩 반)
*探(찾을 탐)
*究(궁구할 구)
*推(옮을 추)
*衍(넘칠 연)
*參(간여할 참)
*閱(검열할 열)
*拙(졸할 졸)
*彙(무리 휘)

【鐘新解】

■ 例: 下元 四運 辰山戌向(替卦)

1-1 〈2㊏〉 → 〈1㊌〉 : 복부질병

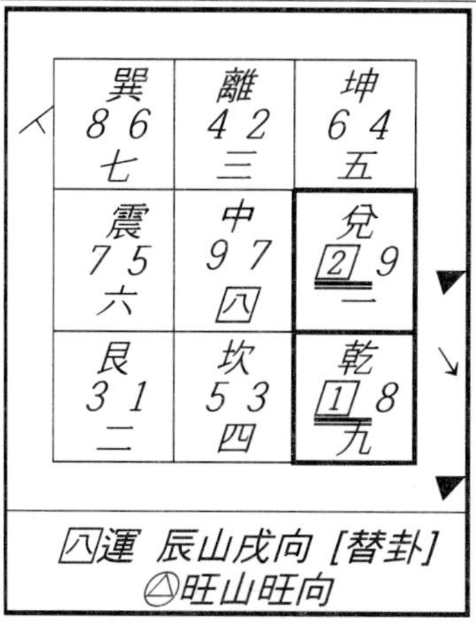

兌宮에서 至′向首에,
山盤飛星(:山星)이
〈2〉와 〈1〉인데,
若^
有′臃腫(옹종)・
疙頭(흘두)之^山이면,
。

主′
「腹多水而膨脹(복다수이팽창)」이다

*臃(부스럼 옹)
*腫(부스럼 종)
*疙(머리종기 흘)
*膨(부풀 팽)
*脹(배부를 창)

1-2 〈②㊏〉 → 〈①㊌〉 : 복부질병

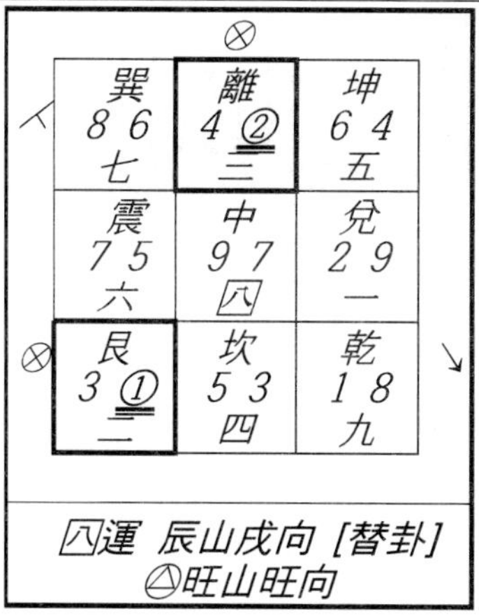

八方에서
唯^
〈離②〉・〈艮①〉
二宮에
有′
汚臭(오취)^水池者하여도,
同斷이다 。

主′
「腹多水而膨脹(복다수이팽창)」이다

*汚(더러울 오)
*臭(냄새 취)

2-1 〈[6]㊎➔④㊍〉 : 자살

巽 8 6 七	離 4 2 三	坤 [6]④ 五
震 7 5 六	中 9 7 [四]	兌 2 9 一
艮 3 1 二	坎 5 3 四	乾 1 8 九

繩結形 旱路 ∂

斷頭山

[四]運 辰山戌向 [替卦]
◎旺山旺向

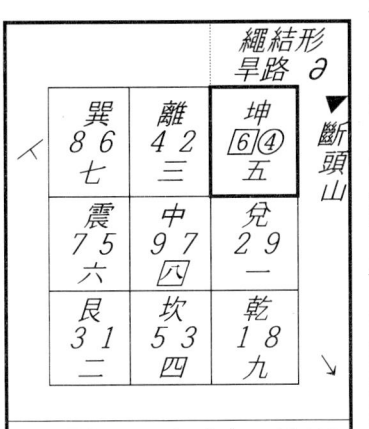

坤宮의 挨星이
〈[6]④〉 인데,
有'繩結(승결)形의
旱路(한로)이고 .
斷頭山(단두산)이면,
主'
吊樑之厄(조량지액)이다 。

*繩(줄 승)
*旱(가물 한)
*吊(걸 적)
*樑(들보 량)
*厄(액 액)

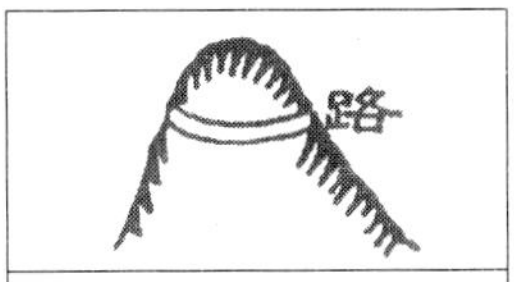

斷頭山(단두산)

2-2 〈6㊎〉 ➔ 〈4㊍〉 : 吊樑之厄(조량지액)

*樑(들보 량)

巽 8 ⑥ 七	離 4 2 三	坤 6 ④ 五
震 7 5 六	中 9 7 [四]	兌 2 9 一
艮 3 1 二	坎 5 3 四	乾 1 8 九

[四]運 辰山戌向[替卦]
◎旺山旺向

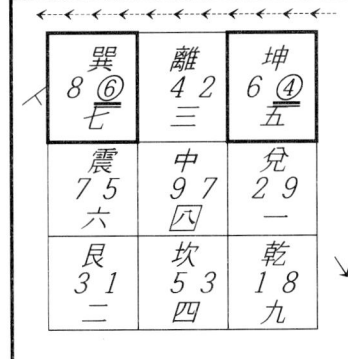

坤宮 〈④〉 에
有'水路가
至'
巽宮 〈⑥〉 (坐後)하여
成'圈^者이어도,
同斷으로
主'
吊樑之厄(조량지액)이다 。

*圈(우리 권)

3-1 〈④木➔②土〉 악질 며느리

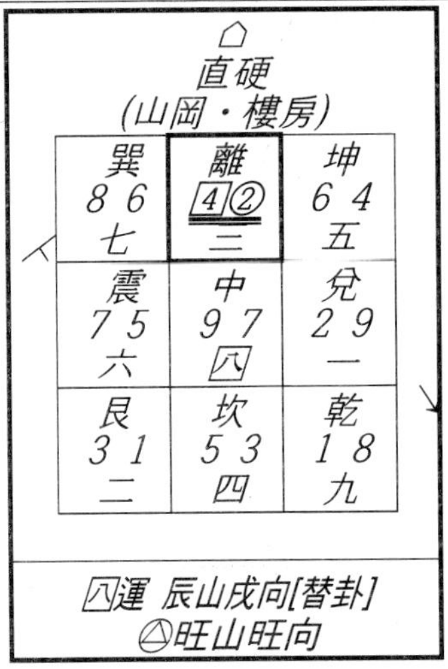

離宮
〈4②〉有´
直硬(직경)之^砂
(山岡[산강]・樓房[누방]),
主/
家에 出´潑婦(발부)한다 。

*硬(굳을 경)
*岡(산등성이 강)
*樓(건물 루)
*房(방 방)
*潑(나쁠 발)

3-2 〈④木➔②土〉 악질 며느리

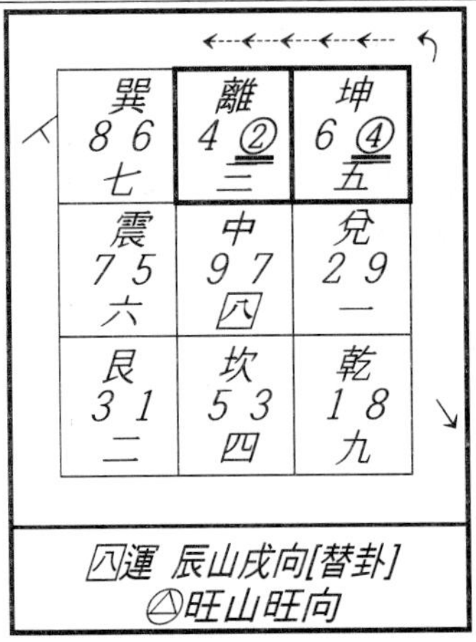

或^坤宮에
有´水路〈④〉가
直沖´離宮〈②〉하면,
主´家에
出´潑婦(발부)한다 。

*潑(뿌릴 발)
*婦(며느리 부)

4. 〈形氣◢㊋〉 ➔ 〈6㊎〉 : 逆子(: 불효자)

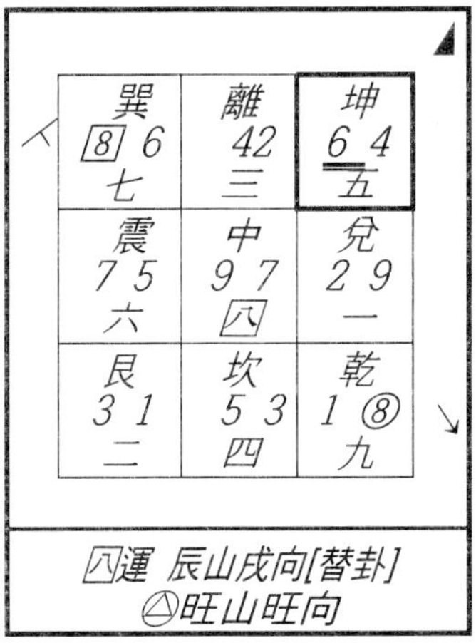

坤宮에
有´尖焰(첨염)之^山 ·
槎枒枯木(사야고목) ·
峻嶒巨岩(준증거암) ·
紅色建物(홍색건물: 9) ·
寺廟(사묘) ·
窯冶(요야: 가마, 대장간) ·
爐灶(노조)는,
爲´「火燒天(화소천)」으로 出´逆子(역자: 불효자식)이다 。

*尖(뾰족할 첨)
*焰(불 댕길 염)
*槎(나무벨 사)
*枒(야자나무 야)
*峻(높을 준)
*嶒(높고험할 증)
*窯(가마 요)
*冶(불릴 야)
*爐(화로 로)
*灶(부엌 조)
*燒(사를 소)
*逆(거스를 역)

※以上은
或^以^星氣(: 현공구성이기)이거나,
或^以^形勢이거나,
或^以^形氣(: 형기+이기)로 兼看(겸간)하여야,
當^隨機變通(수기변통)한다 。
挨星盤中的^九星은 是´地元山向(: 진좌술향)的^
「起星(: 체괘)」訣이다 。

*隨(따를 수)
*機(틀 기)
*變(변할 변)
*通(통할 통)

제 16장

兩局相關(양국산관)과 孤龍單結(고룡단결)

1. 兩局相關(양국상관)， 必生孿子(필생련자)，
2. 孤龍單結(고룡단결)， 定有獨夫(정유독부) 。

*孿(쌍둥이 련)
*孤(외로울 고)

1. 兩局相關(: 상산이나 하수의 합국)이면,
   慶事가 겹치고,
   :〈上山+合局, 下水+合局〉

2. 孤龍單結(: 上山불합국이나 下水불합국)는,
   獨夫(독부: 노총각)가 난다。
   :〈上山(또는 下水)不合局+巒頭가 不眞〉

〔章註〕

「兩局(양국)」은, 指´承氣・收水하는 而^言이다 ｡ *承(받들 승)

「孤單(고단)」은, 指´地氣와 形勢하는 而^言이다 ｡ *孤(외로울 고)

此節은 專^

言´龍과 水의

闊狹(활협: 넓고 좁음)・

厚薄(후박: 두텁고 얇음)之^應이다 ｡

*闊(트일 활)

*狹(좁을 협)

*厚(두터울 후)

*薄(엷을 박)

【鐘註】

雙生子(쌍생자: 쌍둥이)는
與^遺傳(유전)의 基因(기인: 원인)인 有關하므로,
不能′一概而論(일개이론: 한 방법만으로 일률적인 적용)이다 。

*遺(끼칠 유)
*傳(전할 전)
*基(터 기)

「兩局相關(양국상관)」은
指′挨星의 山盤(: 山星)・向盤(: 向星)하여
雙星會向(: 下水)이나
或^雙星會坐(: 上山)이고,
而^有水이고 又^有山하고, 配合이 得宜이다 。

「孤龍單結(고룡단결)」은
除了^巒頭가 不眞이고, 形孤穴露(형고혈로)之^外이고,
挨星은
上山(: 쌍성회좌)・下水(: 쌍성회향)이고,
別^無′吉星이 來′救助(구조)者이어도 亦^是이다 。

*除(제외할 제)
*露(드러날 로)
*了(마칠 료)

【鐘新解】

1. 關(관): 合水하고 逆水

就´巒頭方面하는 而^言으로,
「關」은 是´指´兩水가 相交하고, 如^
大水가 從(종: 부터)^東에서 來하여,
一枝의 小水가 西에서 揷(삽)한,
則^東來之^氣가 逆回하므로,
謂之^하기를 「關穴(관혈)」인데,
見´'目講(목강)'師《平地玄言(평지현언)》이다.

所以(: 그래서)^,
「兩局相關」인 即^
有´兩條(: 두 줄기)의 小水가 插入(삽입)´一條(: 한줄기)^大水이다.

*巒(뫼 만)
*講(익힐 강)
*條(가닥 조: 量)
*揷(꽂을 삽)

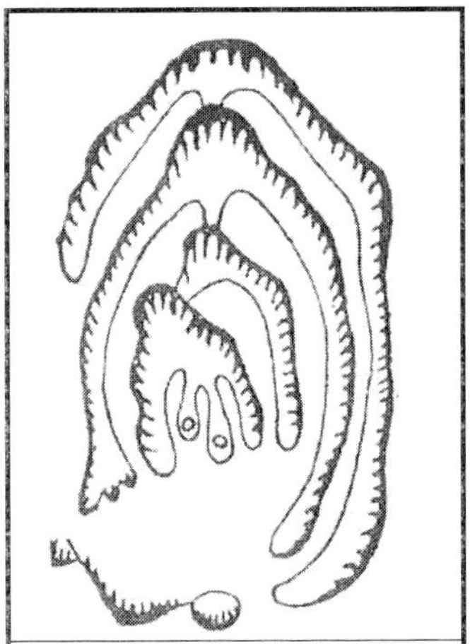

雙獅戲球(쌍사희구)

山龍的^
合鉗穴(합겸혈:
虎口穴, 開脚穴)인,
即^
兩脈이 分來하고,
合´於^鉗口結穴
(玉筋夾饅頭[옥근협만두: 젓가으로 만두를 집는 모양]·
雙獅戲球[쌍사희구]^
等의 形)이다.

*虎(범 호)
*脚(다리 각)
*筋(힘줄 근)
*夾(낄 협)
*饅(만두 만)
*雙(쌍 쌍)
*獅(사자 사)
*戲(놀 희)
*球(공 구)

[簡疏]

1. 《平地玄言(평지현언)》은 종의명 선생의 저서인 《地理巒頭實務(下冊)》에 원문과 주해가 있다.

2. 雙獅戲球(쌍사희구):
두 마리의 사자가 공을 희롱하는 형국)의 명당. '요우(廖瑀)'의 저서인 《喝形取類(갈형취류)》에서 나오는 도면에는 쌍유혈(雙乳穴)이다.

*雙(쌍 쌍)
*獅(사자 사)
*戲(놀 희)
*球(공 구)
*喝(부를 갈)

2. 局의 종류

「局」은 是´指^穴場의 周圍(주위)이고,
由^山水가 圍成(위성)的^一個의 圈圈(권권: 원형)으로.

*圍(둘레 위)
*圈(우리 권)

2-1 大局(: 城[성])

自^穴星의 本身之^太祖이
與^朝山之^太祖가 各^出´纏護(전호)하여,
合成´一圈(일권: 범위)하면, 是爲´「大局(: 城)」이다 。

*纏(얽힐 전)
*護(보호할 호)

2-2 中局(: 垣[원])

自^穴星本身之^少祖하여
與^朝山之^少祖가 各^出´纏護(전호)하여,
合成´一圈하면, 是´爲´「中局(: 垣[원])」이다 。

*垣(담 원)

2-3 小局(: 堂[당])

自^穴星本身之^父母(: 主山)^
與^朝山之^帳幔(장만)이 各^出´手脚(수각)하여,
合成´一圈하면, 是爲´「小局(: 堂)」이다 。
即^內陽(: 明堂)·中陽(: 案山)·外陽(: 朝山)이다 。

*帳(휘장 장)
*幔(막 만)
*脚(다리 각)
*圈(우리 권)

2-4. 內局과 外局

龍虎砂가 圍繞(위요)하여 以^內的^範圈(범권)는,
又^稱´「內局」이고,
以外的^範圈은 又^稱´「外局」이다 。

*圍(둘레 위)
*繞(두를 요)
*範(범위 범)
*圈(우리 권)

《玉鏡正經》인 則^
以^何方^水가 近으로 定´卦局하는데,
如^
丙午丁^方의 水가 近인, 即^是´坎局이고,
丑艮寅^方의 水가 近인, 即^是´坤局이며,
四面이 皆^水이면, 爲´五黃^中宮局이다 。

3. 孤龍(고룡)

「孤龍」은 是′指′

無′迎送(영송: 내룡과 안산)하고 護從(호종: 청룡백호)이고,

形孤穴露(형고혈로)的^인 單山(: 獨山)이다 ○

‘沈祖綿(심조면)’ 이 謂′「兩局相關」인 即^

《天玉經》에서 所^說的^

『雙山雙向에 水가 零神이면,

富貴가 永하고 無貧이다.』는

其父인 ‘沈竹仍(심죽잉)’ 선생의

《地理辨正抉要(지리변정결요)》 之^言으로:

*迎(맞이할 영)
*送(보낼 송)
*護(보호할 호)
*從(좇을 종)
*沈(가라앉을 심)
*揷(꽂을 삽)
*倘(혹시 당)
*抉(도려낼 결)

6 9 一	1 4 六	8 ② 八
7 1 九	5 8 三	3 6 四
2 5 五	9 3 七	7 4 三

三運 丑山未向 [下卦]
△旺山旺向

「雙山雙向者는,

如^現在(: 심선생 생존당시)는

三運(1884~1903年)에

用′丑山未向이면,

爲′到山到向之局으로,

而^向上에 有水이면

又^爲′『零神』;

[簡疏]

위의 丑山未向예는 오류라고

아래의 【鐘按】에서 未山丑向으로 수정하였음

9 6 一	4 1 六	2 8 八
1 7 九	8 5 三	6 3 四
5 ② 五	3 9 七	4 7 三

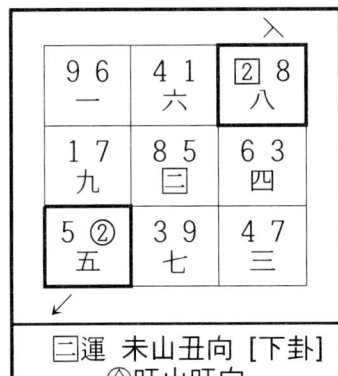

三運 未山丑向 [下卦]
△旺山旺向

([鐘按]

三運的^

‘零神(영신)’ 은

應^是′

丑水이므로,

所以^

當^易爲(:바꾸다)′

未山丑向),

*零(영락할 령)
*易(바꿀 역)

其地는 無′休咎(휴구: 잘못)^矣이다,

倘^坐山之^後에 又^有′大山이고,

向水之^前에 又^有′明水(: 穴에서 보이는 물)하고,

*倘(혹시 당)
*寬(너그러울 관)

局勢가 寬大한, 故^以^「雙山雙向」이라고
形容^之이다 。」

謂′「孤龍單結」云:
「理(: 이기)와 氣(: 형기)를 言하는 것으로, 而^
形勢가 孤單(고단)하여,
雖^到山하여도 而^丁氣는 亦^不旺하다 。
此는 謂′巒頭(만두)가 不眞하면,
而^理氣는 收效(수효)하여도 亦^微(미)^也이다 。」

*收(거둘 수)
*效(효과 효)
*微(작을 미)

【鐘按】

1. 雙山雙水: 天人空亡인데 合局이면 當運에는 吉

「雙山雙水」的^形勢는,
⑴ 遇/挨星之^雙星이 値(치)/生旺하거나,
⑵ 或^立′
[-子-癸(: 八運 ◯)]・
[+艮+寅(: 八運 ☒)]・
[-卯-乙(: 八運 ◯)]・
[+巽+巳(: 八運 ◬)]・
[-午-丁(: 八運 △)]・
[+坤+申(: 八運 ☒)]・
[-酉-辛(: 八運 △)]・
[+乾+亥(: 八運 ◬)]의
雙山雙向(玄空之^純陰・純陽: 天人空亡)이고
且^
挨星이 逢′生旺之^龍穴砂水이면,
多^主′
孿生(연생:쌍둥이)・
科甲聯登(父子, 兄弟, 叔侄[숙질]이 同時에 發達)・
好事成雙(호사성쌍)하고,
所生之^人의 性情이 亦^篤厚祥和(독후상화)이다 。

*値(가질 치)

*叔(아재비 숙)
*侄(조카 질)

*篤(도타울 독)
*厚(두터울 후)
*祥(상서로울 상)

2. 孤單(고단): 地元이며 陽星(1,3,6,8)

「孤單(고단)」之龍은

而^作′

甲庚壬丙, 辰戌丑未의 地元의 山向이거나,

或^

龍穴砂水가 逢′〈+1 · +3 · +6 · +8 (:陽星)〉이면,

縱(종: 설령)^值′生旺이라도,

亦^出′

剛愎自用(강퍅자용: 괴팍한 고집쟁이) ·

不近人情(불근인정: 인정이 없는 사람)之^ '獨夫(: 독부;노총각)' 이나,

或^鰥寡孤獨(환과고독)之^人이다 ○

*剛(굳셀 강)
*愎(괴팍할 퍅)

■ 例: 下元 八運 丑山未向 [下卦・替卦]

*裝(꾸밀 장)
*撥(다스릴 발)

1. 正神正位裝(정신정위장)・撥水入零堂(발수입영당)

↗㊌

辰 3 6 七	丙 7 1 三	未 5⑧零 五神
震 4 7 六	中 2 5 八	兌 9 3 一
艮 正⑧2 神 二	坎 6 9 四	乾 1 4 九

▲ 丫

八運 丑山未向 [下・替]
◬旺山旺向

旺山旺向으로,
丑은 爲´「正神」이고,
未는 爲´「零神」이다 。

坐後에는 有´豊滿하고
端正之^山峰하고,
向首에는 有´之玄・
澄聚之^水이면,

*零(영락할 령)
*豊(풍성할 풍)
*滿(찰 만)
*端(바를 단)
*澄(맑을 징)
*聚(모일 취)

名하여
『正神正位裝(정신정위장)・
撥水入零堂(발수입영당)』
으로,
發福이 最速(최속)하고,
丁財가 兩旺하다 。
若^
山後에 更^有´山이고・
[향궁의] 水外에 更^有´水하고,
垣局(원국)이 寬厚(관후) 者이면,
必^富貴가 騈臻(변진)하고, 發福이 悠久(유구)하다 。

*垣(담 원)
*寬(너그러울 관)
*騈(나란히할 변)
*臻(이를 진)
*悠(멀 유)
*久(오랠 구)

[簡疏]

『正神正位裝・撥水入零堂』의 출전은
‘楊筠松’의 저서인《天玉經》이며 ,
形氣의 山과 水가 理氣에 부합되어야 한다는 의미이
다.

2. 雙薦貴人(쌍천귀인)

*薦(천거할 천)

巽 3 6 七	離 7 1 三	坤 5 8 五
震 4 7 六	中 2 5 八	兌 9 3 一
艮 8 2 二	坎 6 9 四	乾 1 4 九❻ ▲▲

八運 丑山未向
[下卦・替卦]
㊀旺山旺向

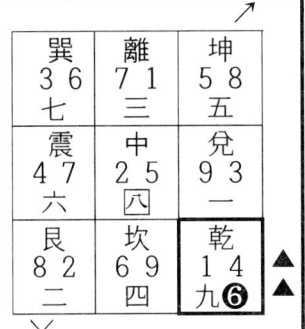

戌方에 若^
有´尖秀端正(첨수단정)之^
山峰이거나,
或^對峙(대치: 좌우)하거나,
或^連生(연생: 연결)하거나,
或^重疊(중첩: 전후)하면,
名´
「雙薦貴人(쌍천귀인)」
이거나

*端(바를 단)
*峙(우뚝솟을 치)
*疊(겹쳐질 첩)
*薦(천거할 천)

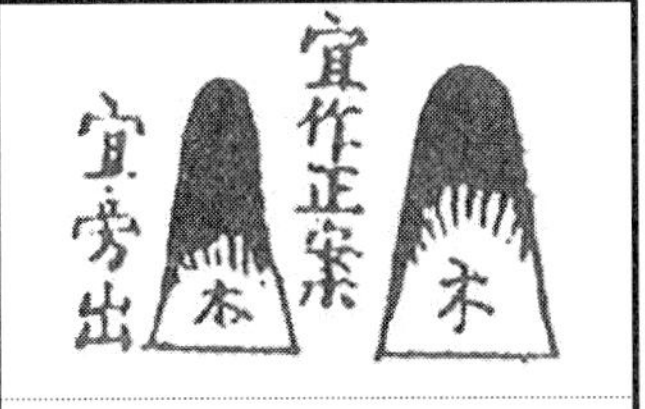

雙薦貴人(쌍천귀인)

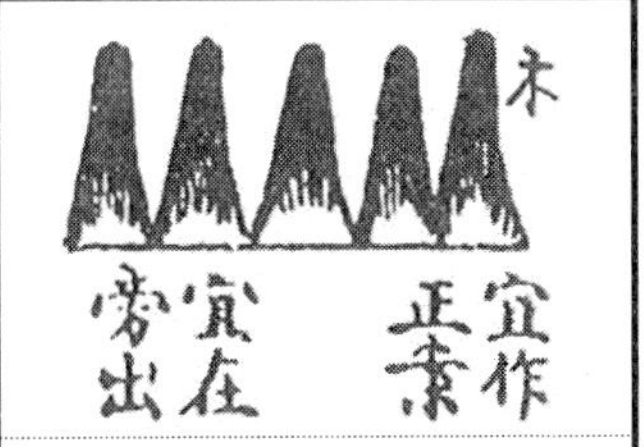

筆陣(필진)

或^有´筆陣으로,
必^主´世代書香하고,
科甲이 不替(불체: 쇠퇴하지 않음)하고,
每(:언제나)^中(:합격)´必^雙이
丙戌(九❻)・
壬戌(1❻)・
壬辰(1④)・
丙辰(九④)
生人(:출생인)에게 最佳하다 ◦

*陣(줄 진)
*香(향기 향)
*替(쇠퇴할 체)
*佳(아름다울 가)

3. 形氣가 孤露(고로)・空曠(공광), 顚倒(전도)

巽 3 6 七	離 7 1 三	坤 5 8 五
震 4 7 六	中 2 5 八	兌 9 3 一
艮 ⑧ 2 二	坎 6 9 四	乾 1 4 九

八運 丑山未向 [下・替]
㊀旺山旺向 不合局

若^
地形이 孤露(고로)하고,
周圍가 空曠(공광)하거나
或^山水가 顚倒하면,
必^出´鰥寡孤獨하고,
性情이
暴戾邪辟(폭려사벽)之人
이다 ◦

*曠(빌 광)
*鰥(홀아비 환)
*寡(과부 과)
*暴(사나울 폭)
*戾(사나울 려)
*邪(간사할 사)
*辟(허물 벽)

제 17장

卦理(괘리)와 變卦(변괘)

1. 坎宮高塞而耳聾(감궁고색 이이롱),	*塞(막힐 색) *聾(귀머거리 롱)
2. 離位傷殘而目瞎(이위상잔 이목할),	*殘(해칠 잔) *瞎(애꾸눈 할)
3. 兌缺陷而脣亡齒寒(태결함이 순망치한),	*缺(이지러질 결) *脣(입술 순) *憂(근심할 우)
4. 艮破碎而筋臂折(간파쇄이 근비절),	*筋(힘줄 근) *臂(팔 비) *折(꺾을 절)
5. 山地被風吹(산지피풍취), 還生風疾(환생풍질),	*被(당할 피) *吹(불 취)
6. 雷風因金死(뇌풍인금사), 定被刀兵(정피도병)。	

1. 〈1坎〉에 막혀 있으면 耳聾(이롱: 귀먹어리)이고, 〈1㊌〉←〈2㊏〉〈5㊏〉〈8㊏〉	*聾(귀머거리 롱)
2. 〈9離〉가 상잔(傷殘)하면 目瞎(목할: 장님)이 나고, 〈9㊋〉←〈1㊌〉	*殘(해칠 잔) *瞎(애꾸눈 할)
3. 〈7兌〉에 결함(缺陷)이면 脣亡齒寒(순망치한)이다, 〈7㊎〉←〈9㊋〉	*缺(이지러질 결) *脣(입술 순)
4. 〈8艮〉이 파쇄(破碎)하면 筋臂(근비)가 상하고, 〈8㊏〉←〈3㊍〉〈4㊍〉	*筋(힘줄 근) *臂(팔 비)
5. 〈8艮㊏=2坤㊏〉에 風吹하면, 風疾(: 반신불수)이고, 〈8㊏2㊏〉←〈4㊍〉	
6. 〈34㊍〉이 〈6㊎7㊎〉에 死하면, 필히 刀兵(: 전쟁)이다。 〈3㊍4㊍〉←〈6㊎7㊎〉	

〔章註〕

「坎耳」・「離目」・「艮手」・「震足」은,
總^兼形・兼氣하여 而^
占驗(점험: 감정)′休咎(휴구: 길흉)者^也이다 。

*驗(증험할 험)
*休(쉴 휴)
*咎(허물 구)

《秘旨(:현공비지)》所^言′卦理는,
是′玄空變易之^卦理로,
非′南離・北坎之^定位(: 고정된 방위)^也이다,
讀者는 切^莫′誤會(오회: 오해)이다 。

*莫(~마라 막)

如^
(1) 〈1坎方〉이 高塞(고색)하면,
定^主′耳聾(이롱)이고,

*塞(막힐 색)
*聾(귀머거리 롱)

(2) 〈9離位〉이 傷殘(상잔)하면,
必^多′目疾(목질)이며,

*殘(해칠 잔)

(3) 〈7兌〉는 取象′於^口(: 입)인데, 缺陷(결함)하면,
自有′脣亡齒缺(순망치결)之^憂(우: 우려)이다,

*缺(이지러질 결)
*陷(빠질 함)

(4) 〈8艮〉은 取象′於^身하여, 破碎(파쇄)되면,
自有′臂折筋枯(비절근고)之^患(환)이다 。

*臂(팔 비)
*折(꺾을 절)
*筋(힘줄 근)
*枯(마를 고)

(5) 〈8艮〉・〈2坤〉은 爲′㊏이고,
被′〈←巽(: 4㊍)〉風에게 吹劫(취겁)하면,
風疾(풍질: 중풍)이 難逃(난도:피하기 어려움)하며,

*劫(위협할 겁)
*逃(달아날 도)

(6) 〈3震〉・〈4巽〉은 爲′㊍으로,
遭(조)′〈←6乾㊎〉・〈←7兌㊎〉하여 傷하면,
刀兵(도병: 싸움, 전쟁)이 必^至한다 。

*遭(만날 조)
*縱(가로 종)
*橫(가로 횡)

種種^均^由^縱橫顚倒(종횡전도: 현공이기)・
相沖相射(상충상사)하는 形氣之^所應^也이다 。

【鐘註】

此節은 是'指'

(1) 玄空挨星의

失運・山水가 顚倒(전도: 불합국)・五行相剋이고・

(2) 巒頭形勢의

醜惡(추악)之^應이 於^人體者이다 。

除^'章'註^外하고,

筆者가 略(: 간략하게)^予(여: 주다)/

補充(보충)'於^下한다 。

*醜(추할 추)
*惡(악할 악)
*略(다스릴 략)
*予(줄 여)
*補(기울 보)
*充(찰 충)

〈1⃞㊌〉 ← 〈258㊏〉 : 귀머거리

1. 高塞而耳聾(감궁고색 이이롱)

「坎宮이 高塞(고색)」은

〈15(51)〉・〈12(21)〉・〈18(81)〉로,

㊏剋㊌이다 。

主'

耳聾(이롱: 12)・不孕(불잉: 불임; 12)・

墮胎(타태: 낙태; 12)・畸形(기형: 12^5)・低能(저능: 12)・

尿道阻塞(요도조색: 12)・便秘(변비: 12)・

血管阻塞(혈관조색: 12)으로

損'壯丁(장정: 18)이다 。

*聾(귀머거리 롱)
*孕(아이 밸 잉)
*墮(떨어질 타)
*畸(비정상 기)
*阻(막힐 조)
*塞(막힐 색)

〈9⃞㊋〉 ← 〈1㊌〉 : 장님

2. 離位傷殘而目瞎(이위상잔 이목할)

「離位가 傷殘(상잔)」은 〈19(91)〉로,

㊌㊋가 相激(상격: 相剋)이다 。

主'

目疾(목질: 91)・心病(심병: 91)・燙傷(탕상: 91)・

健忘(건망: 91)・精神異常(정신이상: 91)・

腸病(장병: 소장병;9)・產難(산난: 19^2)이다 。

*傷(상처 상)
*殘(해칠 잔)
*激(세찰 격)
*燙(데울 탕)

〈7㊎〉 ← 〈9㊋〉 치아 손상

3. 兌缺陷而脣亡齒寒(태결함이 순망치한)

「兌의 缺陷」은

〈79(97)〉로, ㊋剋㊎이다 ○

且^〈7〉은 爲′先天㊋數이다 ○

主′

火災(화재: 79) •

兎脣(토순: 언청이: 75) •

齒痛(치통: 7) •

肺病(폐장: 7) •

咳嗽(해수: 74) •

經痛(경통: 생리통: 79) •

性病(성병: 79) •

刀殺(도살: 79) •

聲嘶啞(성시아: 벙어리;79^1) •

喉症(후증: 목구멍질병: 79)이다 ○

*缺(이지러질 결)
*陷(빠질 함)
*兎(토끼 토)
*嗽(기침할 수)
*嘶(울 시)
*啞(벙어리 아)

4. 艮의 傷殘(상잔) : 〈8㊏〉 ← 〈3㊍4㊍〉

「艮의 傷殘(상잔)」은

〈3➔8〉 〈4➔8〉로, ㊍剋㊏이다 ○

主′

胃病(위병: 2) •

風濕(풍습: 48) •

肢體傷殘(지체상잔: 38) •

神經痛(신경통: 5) •

損′幼丁(유정: 어린아이;38^48)이다 ○

*濕(축축할 습)

*肢(사지 지)
*殘(해칠 잔)

*損(덜 손)
*幼(어릴 유)

【鐘新解】

'章(: 章仲山)' 氏가 所說的^「兼氣(겸기)」는,
其「氣」는 是'
指'隨時變易(수시변역)的^九星(卦氣)이다 。
變易之^氣에는 有'
運盤飛星(:운반)・
向盤飛星(:향성)・
山盤飛星(:산성)이다 。

所謂的^
〈坎(1)〉・〈離(9)〉・〈艮(8)〉・〈兌(7)〉인 即
^指'上述한 三盤(: 산성,향성,운반)의 變易으로,
沒有'固定된 方位的^氣이다 。
每^一卦氣의 中은 又^
分'天・地・人의
三元(即^變易的^干支陰陽)인데,

其主'應'於^人身의
臟俯(장부: 오장육부)・經絡(경락)・部位・疾病이며,
實^有'不同的^區分하고,
不'只^是'
〈坎1〉은 主'耳이고・
〈離9〉는 主'目이고・
〈兌7〉은 主'脣齒(순치: 입술과 치아)・
〈艮8〉은 主'手臂(수비)^而已이다 。

病 卦 方		관련 疾病
1 坎	壬	膀胱(방광)・輪尿管(윤요관)・輪卵管(윤난관)・經部(경부)・ 淋巴腺(임파선)・血管(혈관)・子宮(자궁) 。
	子	腎臟(신장)・精子(정자)・淚腺(누선)・耳(이)・月經(월경)・ 白帶(백대)・癌細胞(암세포) 。
	癸	腎臟(신장)・精子(정자)・足部(족부)・心包絡(심포락)・荷爾蒙(하이몽: 호르몬)・汗腺(한선)・平衡器官(평형기관), 內分泌系統(내분비계통) 。
2 坤	未	口腔(구강)・嘴脣(취순: 입술)・胃(위)・脾臟(비장)・右肩(우견)・ 酵素(효소)・味覺(미각)・膿瘍(농양)・近視(근시)・肩凝症(견응통) 。
	坤	腹部(복부)・肌肉(기육: 근육통)・脾臟(비장)・胰臟(이장)・ 消化系統(소화계통)・高血壓(고혈압)・陰戶(음호: 자궁)・虛熱(허열)・ 產厄(산액)・皮膚病(피부병) 。
	申	右膊(우박: 우상완)・大腸(대장)・肺臟(폐장)・抽痛(추통)・痙攣(경련) ・幻覺(환각)・鬼神附身(귀신부신)・糖尿病(당뇨병) 。
3 震	甲	膽囊(담낭)・顔面神經(안면마비: 三叉神經)・聲帶(성대)・ 鬍鬚(호수: 수염)・額部(액부: 이마)・腦神經元(뇌신경원)・躁症(조증) 。
	卯	肝膽(간담)・左脅(좌협)・靑春痘(청춘두)・肉芽(육아)・膿疱(농포)・ 疱疹(포진)・疔(정: 종기)・粉刺(분자) 。
	乙	肝臟(간장)・手指(수지)・眉毛(미모)・恥毛(취모)・腋毛(액모)・ 嗅覺(후각)・神經系統(신경계통)・暈眩(훈현: 현기증)・頭髮(두발) 。
4 巽	辰	左膊(좌박: 좌상완)・胸(흉)・腸蠕動(장연동)・躁症(조증)・抽筋(추근)・ 癲癎(전간: 지랄병)・歇斯底里(헐사저리: 히스테리) 。
	巽	肝臟(간장)・股部(고부: 넓적다리)・乳房(유방)・神經系統(신경계통)・ 氣喘(기천: 천식)・感冒(감모: 감기)・中風(중풍)・狐臭(호위)・ 禿髮(독발: 대머리)・ 反胃(반위)・鬪雞眼(투계안) 。
	巳	臉部(검부: 얼굴)・牙齒(아치)・食道(식도)・小腸(소장)・左肩(좌견)・ 肋骨(늑골: 갈비뼈)・帶狀泡疹(대상포진: 飛蛇) 。
5		癌(암)・瘡(창)・癰(옹: 악창)・疽(저: 등창)・腫瘤(종류: 혹)^及^中毒(중 독)・壞死(괴사)・潰爛(궤란)・化膿(화농)・膽固醇(담고순: 담경화)・ 抗體(항체)・內臟(내장)・眼翳(안예)・痴呆(치매)・昏迷(혼미)・ 瘋狂(풍광: 미친병)・瘟疫(온역: 전염병)・腦出血(뇌출혈)・ 中邪怪病(중사괴병) 。

6 乾	戌	心瓣膜(심판막)・右腿(우퇴)・低血壓(저혈압)・休克(휴극)・ 胃下垂(위하수)・子宮下墜(자궁하추)・亢進性病症(항진성병증) ◦
	乾	頭腦(두뇌)・頸項(경항: 목)・皮毛(모피)・骨病(골증)・肺炎(폐렴)・ 肺氣腫(폐기종)・傷寒(상한)・右足外傷(우족외상)・ 免疫系統(면역계통) ◦
	亥	膀胱(방광)・生殖器(생식기)・肛門(항문)・右脚(우각)・ 週期性的^疾病・性無能(성무능력: 陽痿[양산]) ◦
7 兌	庚	大腸(대장)・骨骼(골격)・新陳代謝系統(신진대사계통)・ 甲狀腺(갑상선)・臍輸(제륜: 배꼽)・指甲(지갑: 손톱)・ 瘰癧(나력: 연주창)・腫瘤(종류: 혹)・月經(월경) ◦
	酉	肺臟(폐장)・咽喉(인후: 목구멍)・右脅(우협: 갈비)・萎縮症(위축증)・ 退化性病症(퇴화성병증)・神經衰弱症(신경쇠약증)・傷殘(상잔) ◦
	辛	肺臟(폐장)・股部(고부: 넓적다리)]・牙齒(아치)・ 新陳代謝系統(신진대사계통)・瘤細胞(유세포)・刀傷(도상)・ 刺傷(자상)・打噴嚏(타분체: 타체기) ◦
8 艮	丑	脾臟(비장)・左脚(좌각)・膝蓋(슬개)・肋骨(극골)・脊椎(척추)・ 十二指腸(십이지장)・迴腸(회장)・肛管(항관) ◦
	艮	左足(좌족)・左手(좌수)・鼻(비: 코)・背部(배부)・脊椎(척추)・ 便秘(변비)・月經失調(월경실조)・自閉症(자폐증)・併發症(합병증)・ 後遺症(후유증) ◦
	寅	膽囊(담낭)・關節(관절)・脈搏(백박)・兩手(양수)・左腿(좌퇴)・ 臉部(검부: 얼굴)・高血壓(고혈압) ◦
9 離	丙	小腸(소장)・肩(견: 어깨)・左眼(좌안)・雀斑(작반)・黑斑(흑반)・ 發炎(발염)・發燒(발소)・灼傷(작상)・抗體(항체)・失眠(실면) ◦
	午	心臟(심장)・舌(설)・精神(정신)・頭部(두부)・癌細胞(암세포)・ 陽具(양구)・肥胖症(비반증: 비만증)・禿掉髮(독도발: 대머리)・ 灼燙傷(작탕상: 화상) ◦
	丁	心臟(심장)・右眼(우안)・舌(설)・乳房(유방)・闌尾(난미)・ 結核(결핵)・麥粒腫(맥립종: 針眼)・血球(혈구) ◦

〈山地(82)〉가 被′〈風(4)〉의 吹(취)이고・
〈雷風(34)〉가 因′〈㊎(6.7)〉하여 死는,
可以^
向盤에 加′山盤하고・
山盤에 加′運盤하고・
向盤에 加′運盤하여,
配合′元運의 生旺衰死^及^
山水의 形勢로 判斷한다。

[簡疏]

雙星會向과 雙星會坐는
向宮이나 坐宮의 山星과 向星의 숫자가 같기 때문에,
山盤과 運盤・向盤과 運盤을 조합하여 감정한다.

■ 例: 下元 七運 未山丑向 [下卦]

1. 〈1坎〉의 吉凶

*塞(막힐 색)

5 9 六	9 5 二	7 7 四
6 8 五	4 1 七	2 3 九
1 4 一	8 6 三	3 2 八

↙△

七運 未山丑向[下卦]
▲雙星會坐

(1) 吉象

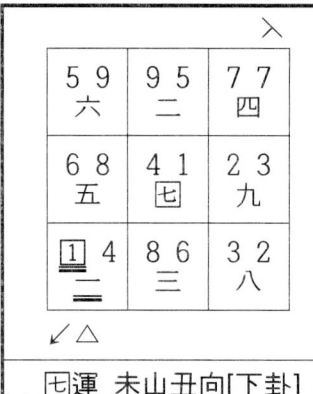

向首의
山盤飛星^與^
運盤飛星은
均^爲´〈1白〉,
〈1白〉은 在^下元에 是´
輔佐(보좌)星이고,
宜^有´遠秀之^山峰이다 。

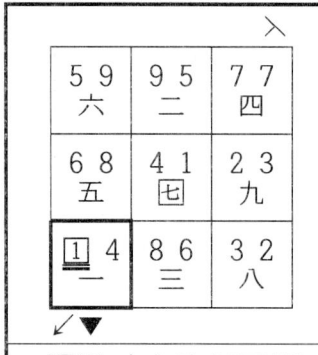

*輔(도울 보)
*佐(도울 좌)

5 9 六	9 5 二	7 7 四
6 8 五	4 1 七	2 3 九
1 4 一	8 6 三	3 2 八

↙▼

七運 未山丑向[下卦]
▲雙星會坐

(2) 凶象

若^大山이
逼近高壓(핍근고압)한,
則^爲´「坎宮高塞」之^
弊(폐: 凶)하여,

*逼(닥칠 핍)
*壓(누를 압)
*弊(숨길 폐)

主´
耳聾(이롱) · 墮胎(타태) · 弱智(약지: 어리석음)^
等의 患이다 。

*墮(떨어질 타)
*胎(아이 밸 태)
*患(근심 환)

2. 〈9離〉의 吉凶

△ ↘

5 9 六	生[9]5 二	7 7 四
6 8 五	4 1 [七]	2 3 九
1 4 一	8 6 三	3 2 八

↙

[七]運 未山丑向 [下卦]

▲雙星會坐

(1) 吉象

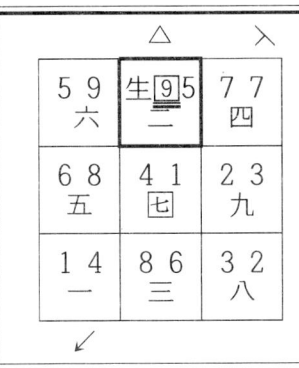

丙方에
山盤挨星
〈[9]紫(火)〉이
是'生氣로,
亦^宜'
挺秀遠照(정수원조)인데,

*挺(뺄 정)

▼ ↘

5 9 六	生[9]5 二	7 7 四
6 8 五	4 1 [七]	2 3 九
1 4 一	8 6 三	3 2 八

↙

[七]運 未山丑向 [下卦]

▲雙星會坐

(2) 凶象

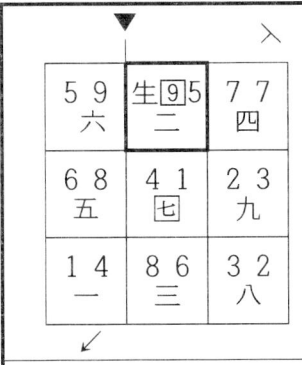

若^丙雜巳하거나,
或^山容이
崩碎巉巖(붕쇄참암)하기가
如'火炎山이면,
爲'
「離位傷殘(이립상잔)」
이므로,

不僅(불근: 뿐만 아니라)^損'目이고,
且^出'愚魯之人이다 。

*崩(무너질 붕)
*破(깨뜨릴 파)
*巉(가파를 참)
*巖(바위 암)
*炎(불탈 염)

*僅(겨우 근)
*愚(어리석을 우)
*魯(노둔할 로)

3. 坑陷(갱함)·斷崖(단애)·水路尖射(수로첨사), 有´脣亡齒寒(순망치한)·刀兵之患(도병지환)

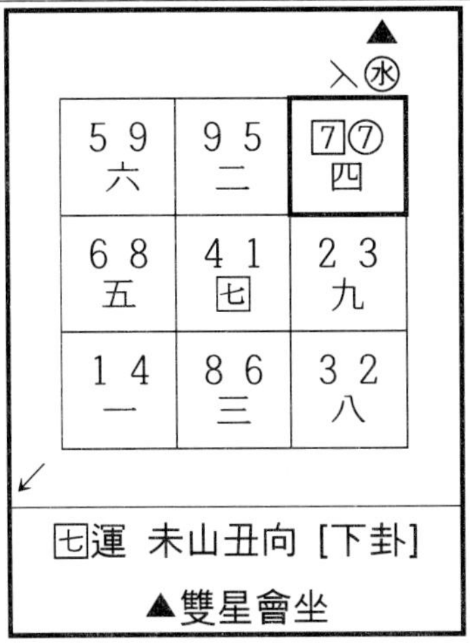

(1) 吉象

坐後에
山向星〈77〉이
同坐´
於^〈四綠〉之^上에,
要´水路가 彎抱(만포)·
托砂(탁사: 樂山)가 端正(단정)하여야 하는데,

*坑(구덩이 갱)
*陷(빠질 함)
*彎(굽을 만)
*抱(안을 포)
*托(받칠 탁)
*端(바를 단)

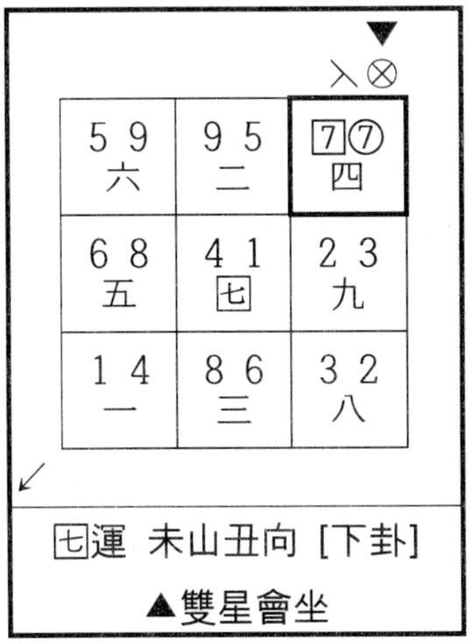

(2) 凶象

若^是´
坑陷(갱함)·
斷崖(단애: 낭떠러지)·
水路가 尖射하면,
有´
脣亡齒寒(순망치한)·
刀兵之患(도병지환)이다。

*坑(구덩이 갱)
*陷(빠질 함)
*斷(끊을 단)
*崖(벼랑 애)
*脣(입술 순)
*寒(찰 한)

4. 〈83〉 : 肢體傷殘(지체상잔)

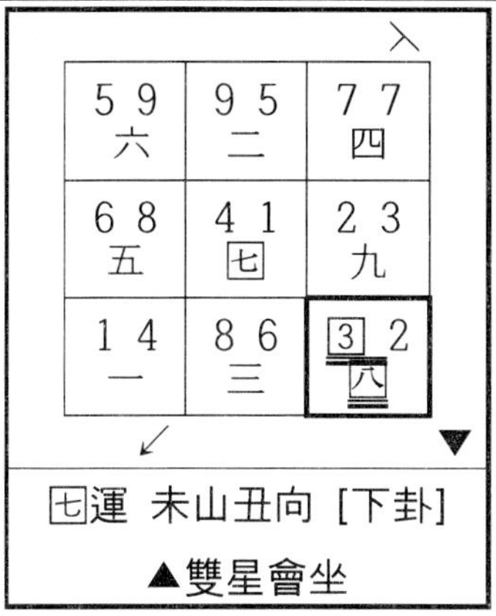

(1) 理氣凶象

乾宮運盤〈八〉이고,
山盤飛星〈3〉碧
(在^下元에
是′殺氣)인데,

(2) 形氣凶象

若^爲′來龍之^山이고, 且^山이 多^崩破(붕파)하고,
土石이 黑赤(: 형기풍수론으로 凶)이면,
主′肢體(지체)가 傷殘(상잔)이다 。

*崩(무너질 붕)
*肢(사지 지)

5. 〈48〉 : 風疾(풍질)

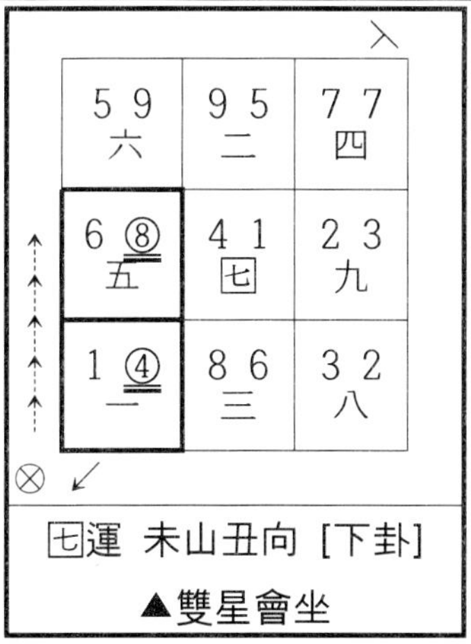

(1) 理氣凶象
向首〈④綠〉은
是′殺氣水인데,

(2) 形氣凶象
若^
有′水路가
斜沖(사충)′向^震宮하면,
主′生′風疾이다 。

*斜(비낄 사)
*沖(충돌할 충)

제 18장

子息卦(자식괘)와 父母爻(부모효)

1. 家有少亡(가유소망),
   只爲沖殘子息卦(지위충잔 자식괘),

2. 庭無耆老(정무기로),
   都因攻破父母爻(도인공파부모효)。

*沖(찌를 충)
*殘(해칠 잔)

*庭(뜰 정)
*耆(늙은이 기)

1. 집안에 젊은이가 죽는 이유는,
   자식괘(: 山星, 向星)가 충잔(沖殘: 相剋)하기 때문이고,

2. 집안에 장수하는 사람이 없는 이유는,
   부모효(: 運盤)가 공파(攻破: 相剋)되었기 때문이다.

〔章註〕

乾・坤爲´父母이고,
六卦는 爲´子息이고,
此는 是´八卦之^父母^也이다 。
諸卦(: 八개의 卦)는 自^爲´母이고,
三爻는 爲´子息이고,
此는 一卦之^父母^也이다 。

*倒(넘어질 도)
*翻(뒤집을 번)

如^
玄空之^父母와 子息인,
則又^
以^變易의 干支者(: 運盤)는 爲´「父母」이고,
以^何位・何宮에
倒地翻天者(도지번천자: 山星과 向星)는
爲´「子息」이다 。
所云
「沖殘(충잔)」・「攻破(공파)」은,
總^言´
生氣가 受´剋之^故(: 때문)^耳이다 。

【鐘註】

〔章註〕에 照(:근거)한, 則^

「父母」即^

運盤이 變動之^九星이고,

「子息」即^

玄空變動之^山星・水星(:向星)이다 。

運盤・山星・水星(: 向星, 財星)所之^方이

要′得運하고,

山水가 秀麗端正(수려단정)하면,

人丁은 才^能′

健康長壽(건강장수)・

資質優異(자질우이: 자질이 우수하고 특별함)하다 。

反之하여,

若^

失運・山水倒置(산수도치: 불합국)・形體가 凶惡한,

則^主′

夭折(요절)・短命(단명)・病弱(병약)・

庸儒無能(용유무능)하고,

甚至(심지: 심지어[甚至於])^絶嗣(절사)한다 。

*照(비출 조)

*資(재물 자)
*質(바탕 질)

*庸(용렬할 용)
*儒(선비유)=懦
*懦(나약할 나)

*嗣(이을 사)

*倒(넘어질 도)
*置(둘 치)
*夭(어릴 요)
*折(꺾을 절)
*短(짧을 단)
*庸(쓸 용)
*甚(심할 심)
*絶(끊을 절)
*嗣(이을 사)

【鐘新解】

挨星이 「上山下水」的^山向이고,

且又^坐實朝空(좌실조공: 배산임수)·

背山面水(: 배산임수)者는,

最^容易(용이: 하기쉽다)/

產生'人丁이 早亡夭折(조망요절)的^悲劇(비극)이다。

*挨(밀칠 애)

*早(일찍 조)

*夭(어릴 요)

*折(꺾을 절)

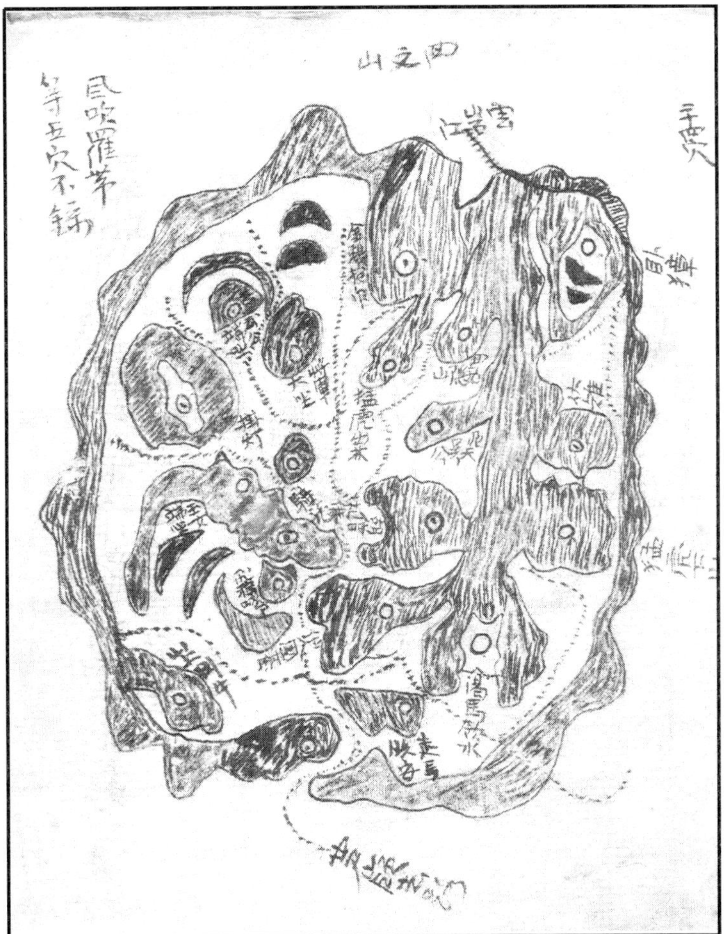

〈전북 순창군 소재 회문산(回文山)의 명당도〉

■ 例: 下元 四運 坤山艮向(申山寅向^同) [下卦]

1. 丁星이 下水

上山 ↗

巽 4 1 七	離 9 6 三	坤 2 ⑧ 五
震 3 9 六	中 5 2 四	兌 7 4 一
艮 8 5 二	坎 1 7 四	乾 6 3 九

↙ ○下水

四運 坤山/申山[下卦]
図上山下水+伏吟

山盤飛星
〈8白〉은
是′當運에
乘旺的^丁星(:山星)인데,　*乘(탈 승)
在′向首이므로,
玄空의 名으로
「丁星下水」하여,
該方에
要有′案山・高地이어야 才^能′救′丁星이다 。
如果^無山하고,
反而^
有′池塘(지당)・溪流(계류)・
低窪坑陷(저와갱함)이면,
那는 就^是′眞正的^丁星下水이다 。

*池(못 지)
*塘(못 당)
*低(밑 저)
*窪(웅덩이 와)
*坑(구덩이 갱)
*陷(빠질 함)

2. 父母爻(부모효) 攻破(공파): 短命(단명)

上山 ↗

巽 4 1 七	離 9 6 三	坤 2 ⑧ 五
震 3 9 六	中 5 2 四	兌 7 4 一
○ 艮 8 5 二	坎 1 7 四	乾 6 3 九

○ ○

四運 坤山/申山 [下卦]
図上山下水+伏吟

若^
水・低陷(저함)이
包括′
丑艮寅^三方이면,
是′
「攻破」′
運盤的^
〈二〉인「父母爻」로,
主′
庭(정: 집안)에 無′耆老(기로: 수명장수자)이다 。

*低(밑 저)
*陷(빠질 함)
*包(쌀 포)
*括(묶을 괄)
*攻(칠 공)
*庭(가정 정)
*耆(늙은이 기)

3. 子息卦(자식괘) 沖殘(충잔): 1개 方位

上山 ↘

巽 4 1 七	離 9 6 三	坤 2 ⑧ 五
震 3 9 六	中 5 2 [四]	兌 7 4 一
男 艮 [8] 5 二	坎 1 7 四	乾 6 3 九

男 女

[四]運 坤山/申山 [下卦]
☒上山下水+伏吟

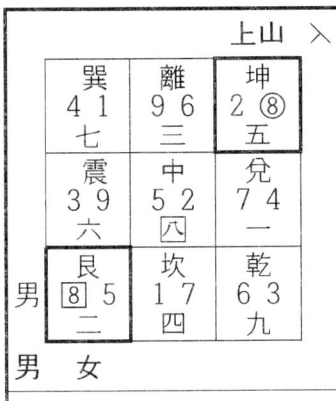

水・低陷(저함)하고
只^在′
丑이나^
或艮이나^
或寅之^
一字에 上(: 有)이면,
是′「沖殘(충잔)」′
「子息卦」로,

主′家에 有′少亡이다 。
在^
丑上이면 多^應′於^女丁이고,
艮・寅이면 多^應′於^男丁이다 。

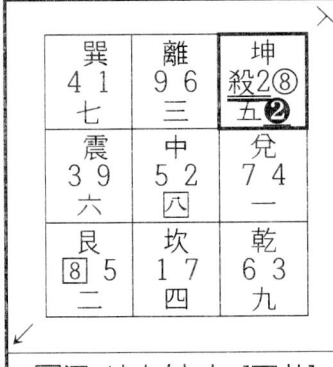

*沖(부딪칠 충)
*殘(해칠 잔)

4-1 坐宮 伏吟(복음)

巽 4 1 七	離 9 6 三	坤 殺2⑧ 五❷
震 3 9 六	中 5 2 [四]	兌 7 4 一
艮 [8] 5 二	坎 1 7 四	乾 6 3 九

[四]運 坤山/申山 [下卦]
☒上山下水+伏吟

(1) 坐宮伏吟

坐山的^山盤飛星인
〈[2]黑〉은
是′殺氣이며,
在^八卦에서
屬′坤母(2)인데,

元旦盤(: 낙서)이
又^屬′坤母(❷)이므로, 爲′「伏吟」이다 。

4-2 向宮 伏吟(복음)

上山 ↖

巽 4 1 七	離 9 6 三	坤 殺2⑧ 五
震 3 9 六	中 5 2 八	兌 7 4 一
艮 旺8 5 二❽	坎 1 7 四	乾 6 3 九

↙ 下水

八運 坤山/申山 [下卦]
凶上山下水+伏吟

(2) 向宮伏吟

向盤飛星은
是〈8〉은 旺氣인데,
在^八卦에서는
屬′艮은 少男,
排在′元旦盤(: 낙서)은
艮宮(8)이므로,
爲′「伏吟」이다 。

(1) 水裏龍神不上山(수리용신 불상산): 吉象
此^
種의 星局(: 上山下水)은
要(: 해야한다)′
後面에 有′水路가 兜抱(두포: 돌아 둘러쌈)하거나,
或^一片(일편: 일대)이 水田(: 논)이거나 ·
不遠處에는 有′池塘(지당)이면,
如此^才^不犯′「水裏龍神上山(수리용신상산)」이다 。

*兜(에워쌀 두)
*抱(안을 포)
*幼(어릴 유)
*童(아이 동)

(2) 水裏龍神上山(수리용신상산): 凶象
若^
是′後面이 高大한, 則^犯′「上山」으로:
必^剋′母(: 2) · 少男(⑧) · 幼童(유동: ⑧)이고,
也^有′
因^難產(2⑧五)으로 而^母子가 俱(구: 함께)^亡者이
다 。

5-1. 山星生氣星 合局

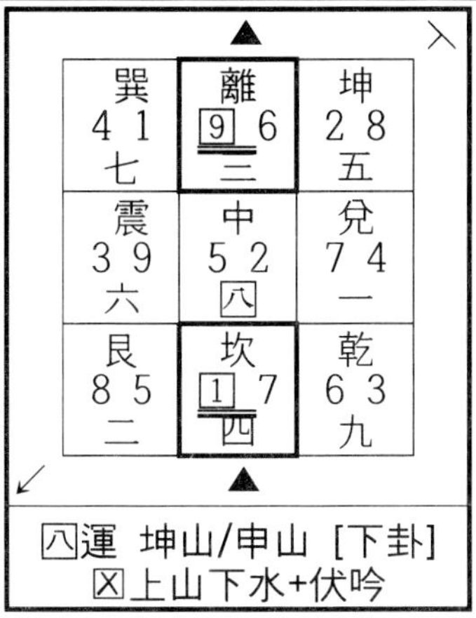

離·
坎의
二方은,
山盤飛星은
〈9紫〉〈1白〉으로,
是′丁星之^生氣이므로,
倶^要′山이고
〈9紫〉·〈1白〉은 是′
中女·中男之^卦이다 。

*倶(함께 구)

5-2. 向星生氣星의 不合局

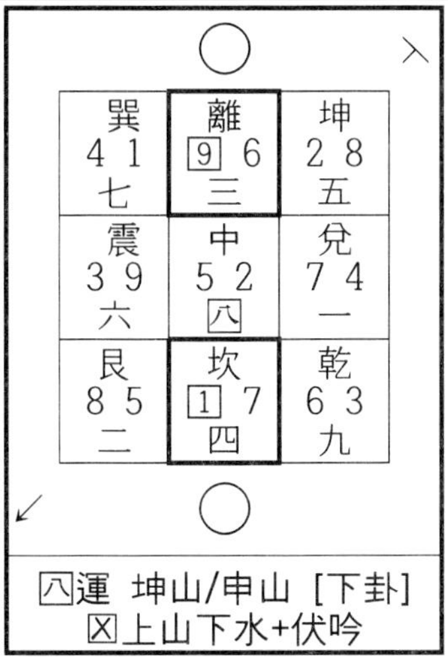

忌′水(: ⑥,⑦)인데,
見′大水인 則^
損傷′
人丁이다 。

제 19장

因形察氣(인형찰기): 形氣로 地氣를 살핀다

1. 漏道在坎宮(누도재감궁),
遺精洩血(유정설혈),

2. 破軍居巽位(파군거손위),
顚疾風狂(전질풍광) 。

3. 開口筆插離方(개구필 삽리방),
必落孫山之外(필락 손외지외),

4. 離鄉砂飛艮位(이향사 비간위),
定亡驛路之中(정망 역로지중) 。

*漏(샐 루)
*遺(끼칠 유)
*洩(샐 설)

*顚(머리 전)
*狂(미칠 광)

*插(꽂을 삽)

*驛(역참 역)
*路(길 로)

1. 「누도(漏道)」가 〈坎宮(1)〉에 있으면,
생식기에 遺精(유정)이나 洩血(설혈)하고,
: 〈⊗+1〉

2. 「파군(破軍)」이 〈巽位(4)〉에 있으면,
顚疾風狂(전질풍광: 미치광이)이다.
: 〈▼+4〉

3. 「개구필(開口筆)」이 〈離方(9)〉에 있으면,
과거에 낙방(落榜)하고,
: 〈▼+9〉

4. 「이향사(離鄉砂)」가 〈艮位(8)〉에 있으면,
객사(客死)한다.
: 〈▼+8〉

〔章註〕

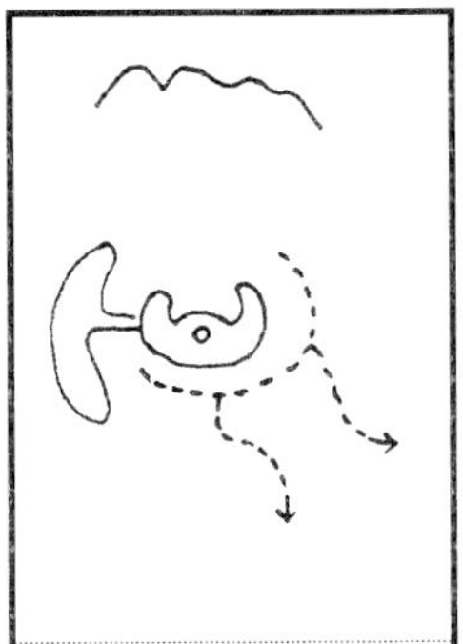

漏道(누도)

水가 分′兩處하면
曰′「漏道(누도)」이지,
非/
分′濱(빈: 물)·
分′枝之^謂^也이다 ◦

*漏(샐 루)
*濱(물가 빈)

〈坎(1)〉은
爲′水·
爲′腎(신)으로,
主′精血(정액과 피)로,
是方에 有′水가 傾瀉奔流(경사분류)하면,
便^是′腎氣가 不固(불고: 허약함)하여,
自^有′
「遺精(유정)」·「洩血(설혈)」之^病이다 ◦

*腎(콩팥 신)
*傾(기울 경)
*斜(비낄 사)
*奔(달릴 분)
*固(튼튼할 고)
*遺(끼칠 유)

其餘는
「顚病(전병)」·「風狂(풍광)」인데,
皆가 言′因^形으로 察氣之^法이다 ◦

*餘(남을 여)
*顚(미칠 전)

【鐘註】

「坎宮」・「巽位」・「離方」・「艮位」는,
指′玄空挨星之^
〈1〉・〈4〉・〈9〉・〈8〉所在之^處이다 。

「破軍(: 만두상의 파군)」은,
是′山形이 欹斜(의사)・破裂(파열)・尖利(첨리)者이다 。

*欹(기울 의)
*斜(비낄 사)
*破(깨뜨릴 파)
*裂(찢을 렬)

「開口筆(개구필」)은,
是′文筆山인데,
尖端(첨단)하되 分叉(분차: 갈라진 두 개의 봉우리)者이다 。

*筆(붓 필)
*端(바를 단)
*叉(깍지 낄 차)

「離鄉砂(이향사)」는 是′
山이 背′向^我이고,
順水流去者이거나,
或^山形은 向彎(향만)^出하는 反抱(반포: 反背)者이다 。

*背(등 배)
*彎(굽을 만)
*抱(안을 포)

平洋에서의 砂水之^形은, 與^山形하여 同看한다 。

【鐘新解】

「漏道(누도)」는

是/

指/水가 繞(요)/玄武인데,

在^水的^轉角處(전각처: 모퉁이)에,

又^分出/枝流하여 而^去이다 。

*繞(두를 요)

「破軍星(파군성)」은

是/

指/身高^而^欹側(의측)하여

一頭(: 한쪽 끝부분)는 高하고 一頭는 低하고,

枝脚(지각)은 尖利的^山峰으로,

其形은 如/走旗(주기)하는데, 凶者는 爲/

賊旗(적기)·降旗(항기: 백기)·敗旗(패기)이다 。

*欹(기울 의)
*測(잴 측)
*脚(다리 각)
*旗(깃발 기)
*賊(도둑 적)
*降(항복할 항)

「開口筆(이향사)」인,

即^尖峰으로 開叉(개차)·身이 歪斜(왜사)的^

筆山에는, 有/罵天筆(매천필)·法師筆(법사필)이다 。

*叉(깍지 낄 차)
*歪(비뚤 왜)
*罵(욕할 매)

「離鄉砂(이향사)」는

乃/穴前에 所見으로,

順水로 斜竄(사찬)하여 無/關攔(관란: 막음)的^山岡이다 。

*斜(비낄 사)
*竄(달아날 찬)
*關(빗장 관)
*攔(막을 란)
*岡(산등성이 강)

茲에서 擧圖하여 例/於^左下인데,

可/竪看(수간: 立體)·可/倒看(도간: 平面)이니,

讀者는 當^觸類旁通(촉류방통: 이치에 따라 적용)하여,

推衍(추연: 부연하다)/其^意하면,

進^而用/於^都市·鄉村之^陽宅의 環境(환경)이다 。

「漏道」·「破軍」·「開口筆」·

「離鄉砂」는, 以^形으로 言이다 。

*茲(이 자)
*擧(들 거)
*例(법식 례)
*竪(세울 수)
*倒(넘어질 도)
*觸(닿을 촉)
*旁(두루 방)
*衍(넘칠 연)

「坎宮」·「巽位」·「離方」·「艮位」는,

以^隨時變易(수시변역)之^氣言이니,

要/看/運盤·山盤(: 산성)·向盤(: 향성)飛星이다 。

*隨(따를 수)

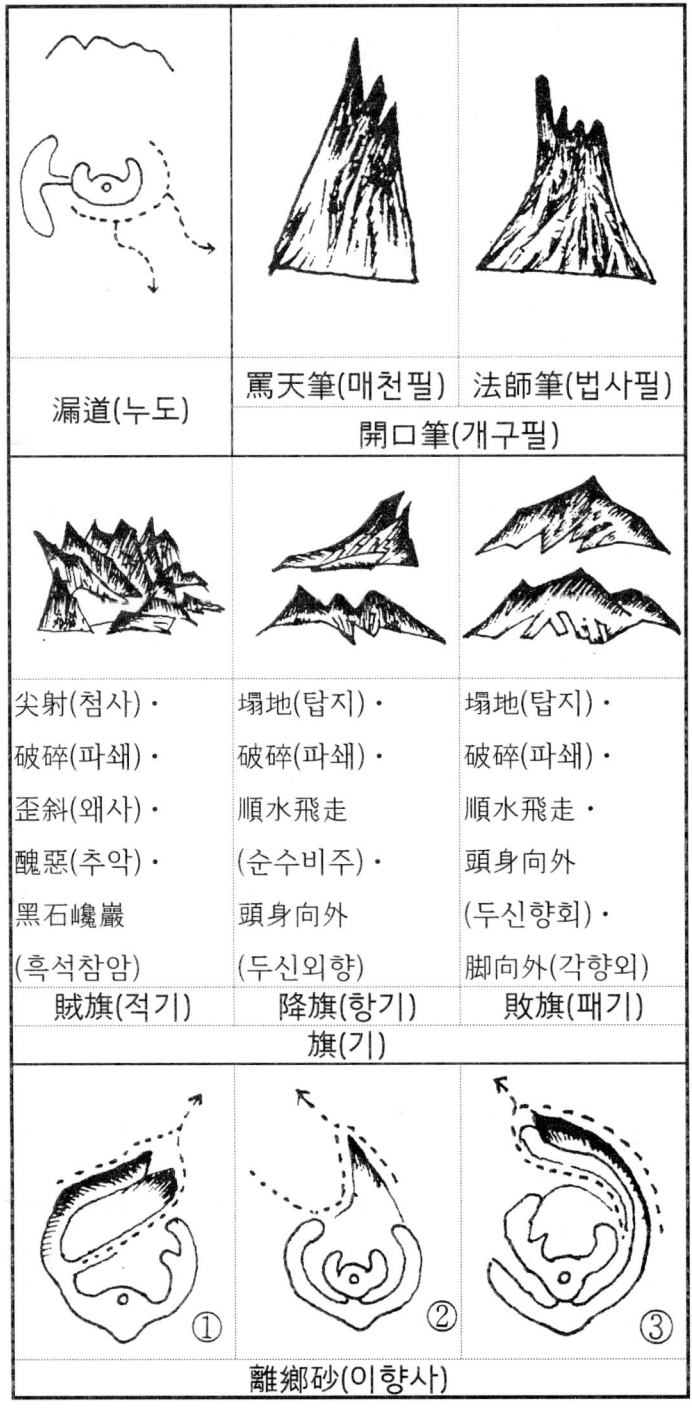

<table>
<tr><td>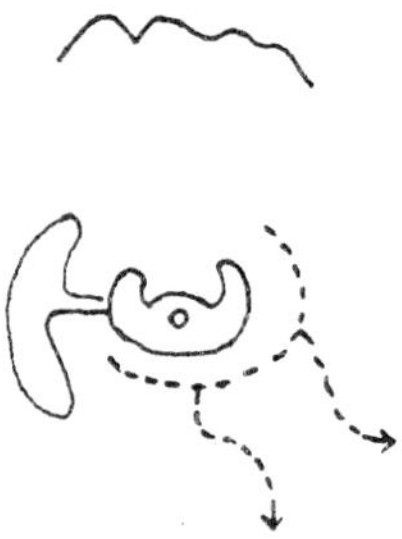</td><td></td><td></td></tr>
<tr><td rowspan="2">漏道(누도)</td><td>罵天筆(매천필)</td><td>法師筆(법사필)</td></tr>
<tr><td colspan="2">開口筆(개구필)</td></tr>
<tr><td></td><td></td><td></td></tr>
<tr><td>尖射(첨사)·
破碎(파쇄)·
歪斜(왜사)·
醜惡(추악)·
黑石巉巖
(흑석참암)</td><td>塌地(탑지)·
破碎(파쇄)·
順水飛走
(순수비주)·
頭身向外
(두신외향)</td><td>塌地(탑지)·
破碎(파쇄)·
順水飛走·
頭身向外
(두신향회)·
脚向外(각향외)</td></tr>
<tr><td>賊旗(적기)</td><td>降旗(항기)</td><td>敗旗(패기)</td></tr>
<tr><td colspan="3">旗(기)</td></tr>
<tr><td>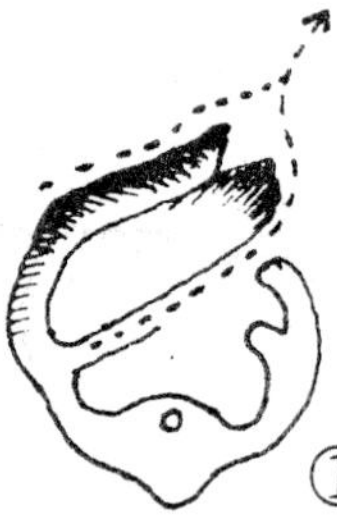 ①</td><td>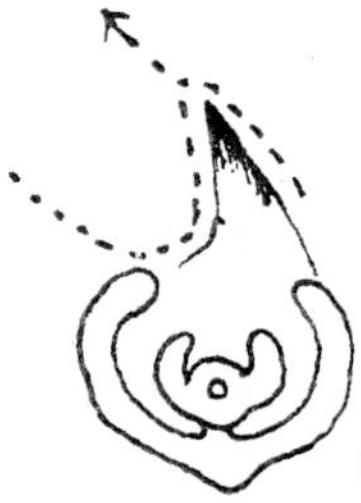 ②</td><td>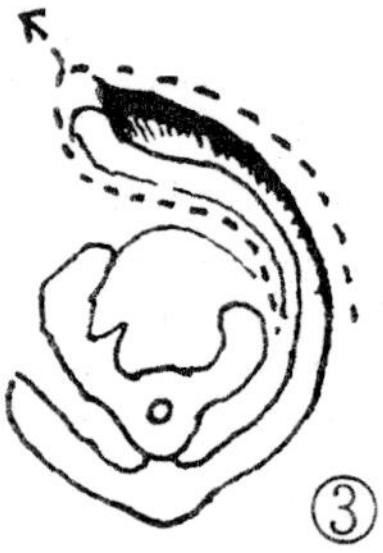 ③</td></tr>
<tr><td colspan="3">離鄕砂(이향사)</td></tr>
</table>

*漏(샐 누)

*罵(욕할 매)
*筆(붓 필)

*尖(뾰족할 첨)
*歪(비뚤 왜)

*醜(추할 추)

*巉(가파를 참)
*巖(바위 암)

*塌(떨어질 탑)

*賊(도둑 적)
*旗(기 기)
*降(항복할 항)
*敗(깨뜨릴 패)

■ 例: 下元 四運 午山子向(丁山癸向^同) [下卦]

1. 漏道在坎宮(누도재감궁): 〈1〉

巽 4 3 七	離 8 8 三	坤 6 1 五
震 5 2 六	中 3 4 四	兌 1 6 一 ⊗
艮 9 7 二	坎 7 9 四	乾 2 5 九

四運 午山/丁山 [下卦]
▲雙星會坐

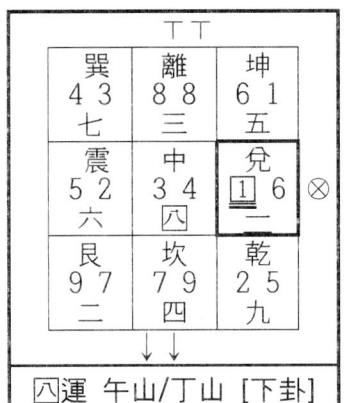

兌宮의
山盤(1)·
運盤(一)은
均^〈1白〉으로,
此處에 水路가
分流·
傾瀉(경사)而^去하면,
是'

*傾(기울 경)
*斜(비낄 사)
*漏(샐 루)

*遺(끼칠 유)
*洩(샐 설)
*血(피 혈)

「漏道在坎宮(누도재감궁)」으로,
主'遺精洩血(유정설혈)之^病이다 。

2. 破軍居巽位(파군거손위): 〈74〉

巽 4 3 七	離 8 8 三	坤 6 1 五
震 5 2 六	中 3 4 四	兌 1 6 一
艮 9 7 二	坎 7 9 四	乾 2 5 九

四運 午山/丁山 [下卦]
▲雙星會坐

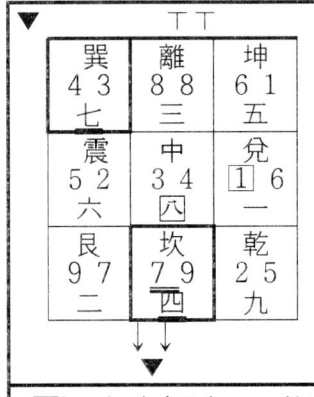

對面(: 정면)에 運盤은
〈四〉이고,
山盤〈7〉,
在^理氣上으로
已(이: 이미)^是'
「破軍居巽位(파군손거위)」
이고
更^又^
有'破軍之^醜惡(추악)山形이 相應하면,
凶은 不可'言이다 。
巽宮의 運盤〈七〉이고,
有'賊旗(적기)·敗旗(패기)·降旗(항기: 백기)山이면,
同斷이다 。

*醜(추할 추)

*賊(도둑 적)
*降(항복할 항)
*斷(끊을 단)

3. 〈9離〉에 開口筆(개구필)

丅 丅

巽 4 3 七	離 8 8 三	坤 6 1 五
震 5 2 六	中 3 4 [四]	兌 [1] 6 一
艮 9 7 二	坎 7 9 四	乾 失25失 九

↓ ↓ ▼▼ ⊗

[四]運 午山/丁山 [下卦]
▲雙星會坐

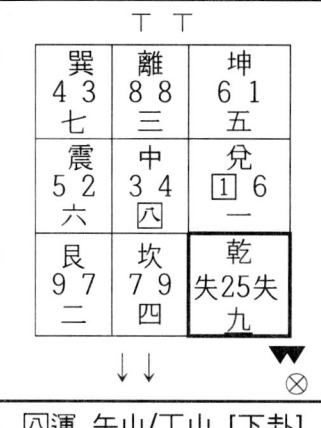

乾宮의 運盤〈九〉인,
即^
玄空之^「離方」이다 。
此宮에 砂水가
皆^失令([2]⑤)이고,
見′凶砂惡水이면,
有′
疾病損主(질병손주: 25^b) ·
鰥寡孤獨(환고고독: 25)
之^應이다 。
見′文筆開口이면,
出′訟棍(송곤: 악덕 변호사) · 神棍(신곤: 사기꾼 무당)이다 。

*損(덜 손)
*鰥(환어 환)
*寡(과부 과)
*孤(외로울 고)
*獨(홀로 독)
*訟(송사할 송)
*棍(몽둥이 곤)

4. 〈8艮〉他鄕客死(타향객사)

斜飛反背⇗

丅 丅

巽 4 3 七	離 8 8 三	坤 6 1 五
震 5 2 六	中 3 4 [四]	兌 [1] 6 一
艮 9 7 二	坎 7 9 四	乾 2 5 九

↓ ↓

[四]運 午山/丁山 [下卦]
▲雙星會坐

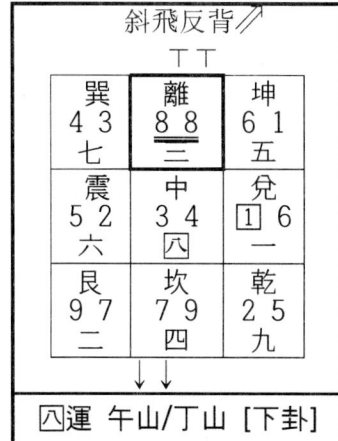

坐後
山向星이
排′
〈[8]⑧〉白(艮位)인데,
忌′見′
斜飛反背(사비반배)
之^砂水이다 。

*斜(비낄 사)
*飛(날 비)
*背(등질 배)

1층 : 天池(천지)
2층 : 太極(태극)
3층 : 先天八卦(선천팔괘)
4층 : 24坐向(좌향)
5층 : 分金(분금)
6층 : 三元(삼원)
7층 : 周天度數(주천도스)
8층 : 空亡度數(공망도수); 학자마다 이론이 조금씩 다름.

제 20장

體得其體(체득기체) · 用得其用(용득기용)

1. 金水多情(금수다정), 貪花戀酒(탐화연주),
2. 木金相反(목금상반), 背義忘恩(배의망은),
3. 震庚會局(진경회국),
   文臣而兼武將之權(문신이겸무장지권),
4. 丁丙朝乾(병정조건),
   貴客而有耆耄之壽(귀객이유 기모자수)。
5. 天市合丙坤(천시합병곤), 富堪敵國(부감적국),
6. 離壬會子癸(이임회자계), 喜產多男(희산다남)。

*徵(부를 징)
*戀(사모할 련)
*恩(은혜 은)
*兼(겸할 겸)
*武(굳셀 무)
*將(장차 장)
*耆(늙은이 기)
*耄(늙은이 모)
*堪(할 감)
*產(낳을 산)

1. 〈㊎水(1⇦7)〉가 多情하면, 貪花戀酒(탐화연주)하고,
2. 〈㊍㊎(3🡸7)〉이 相反하면, 背義忘恩(배의망은)하고,
3. 〈震庚(3🡸7)〉이 會局하면,
   文臣이 武將之權(무장지권)을 겸하고,
4. 〈丁丙(9🡺)〉이 乾(6)을 만나면,
   貴客이고 壽命長壽(수명장수)한다。
5. 〈天市(8)〉가 〈丙坤(⇦92)〉을 만나면,
   富豪(부호)가 되고,
6. 〈離(9)〉이 〈🡸壬子癸(1)〉를 만나면,
   出産(출산)한다。

〔章註〕

「㊎㊌多情」，「㊍㊎相反」은,
是는 言′玄空之^㊎㊍(73)으로,
非′西㊎·東㊍之^位이다。

〈震(3)〉은 爲′天祿(천록)이고,
〈庚(7)〉은 號′武爵(무작)인데,
玄空會合하면, 文武全才이다。

*祿(복 록)
*號(부르짖을 호)
*爵(벼슬 작)

〈丁(9)〉은 爲′南極이고,
〈丙(9)〉는 爲′太微(:太微垣[태미원])으로,
果(: 만약)에 眞情으로 朝拱하면,
主′貴而多壽이다。

*極(다할 극)
*微(작을 미)
*垣(담 원)
*拱(손 맞잡을 공)

〈艮(8)〉은 爲′天市(:天市垣[천시원])이므로,
本^主′財祿(재록)이고,
又^得′㊋㊏로 相扶한,
故^富는 可′敵′國이다。

*垣(담 원)

〈離(9)〉와〈壬子癸(1)〉이
會成′旣濟(기제: 완성)하므로, 主′多男之^慶이다。

*旣(이미 기)
*濟(건널 제)

然이나,
必^體는 得′其體이고, 用은 得′其用이어야,
方^有′是^徵인데,
若^拘′於^呆法(매법: 없이 한가지 방법에만 의존함)者하면,
百無一得(: 하나도 얻을 수없다)^也이다。

*徵(부를 징)
*拘(구애받을 구)
*呆(어리석을 매)

【鐘註】

此節은

亦^以^玄空挨星之^

得運・失運・山水品配・形體의 美惡으로

而^論이다 。

〈17 (71)〉	吉	酒色荒淫(주색황음)
〈37 (73)〉	吉	文韜武略(문도무략)
	凶	不仁不義(불인불의)
〈96 (69)〉	吉	位尊職顯(위존직현), 福壽全備(복수전비)
〈89 (98)〉	吉	婚喜重來(혼릐중대), 富可敵國(부가적국)
〈82 (28)〉	吉	田連阡陌(전련천맥)
〈91 (19)〉	吉	夫婦正配(부부정배), 人丁旺盛(인정흥왕)

*荒(거칠 황)
*淫(음란할 음)

*韜(감출 도)
*略(다스릴 략)

*阡(두렁 천)
*陌(두렁 맥)

【鐘新解】

〔章註〕中에

「震爲天祿 · 庚號武爵」等은 24名稱은,

是'從^天星(: 별자리)하여 而^出이다 。

筆者가 特^列之'於^次한다:

*號
*爵(벼슬 작)
*筆(붓 필)

24天星의 名稱(명칭)						
坎	壬	天輔(천보) 八武(팔무)	子	天壘(천루) 帝座(제좌) 陽光(양광)	癸	陰光(음광) 鑾駕(난가)
艮	丑	天廚(천주) 天吊(천적)	艮	天市(천시) 鳳閣(봉각) 陽樞(양추)	寅	天棓(천부) 金箱(금상)
震	甲	陰璣(음기) 鬼劫(귀겁)	卯	天命(천명) 天祿(천록) 將軍(장군)	乙	天官(천관) 工曹(공조)
巽	辰	天罡(천강) 天涯(천애)	巽	太乙(태을) 寶殿(보전) 文昌(문창)	巳	天屛(천병) 金枝(금지)
離	丙	太微(태미) 炎烈(염열)	午	陽權(양권) 龍墀(용지) 天馬(천마)	丁	南極(남극) 帝輦(제련)
坤	未	天常(천상) 天殺(천살)	坤	天鉞(천월) 寶蓋(보개) 地軸(지축)	申	天關(천관) 玉印(옥인)
兌	庚	天漢(천한) 武爵(무작)	酉	少微(소미) 華蓋(화개) 從魁(종괴)	辛	天乙(천을) 直符(직부)
乾	戌	天魁(천괴) 地殺(지살)	乾	天廠(천창) 天門(천문) 龍樓(용루)	亥	天皇(천황) 玉葉(옥엽)

*輔(덧방나무 보)
*壘(진 루)
*鑾(방울 란)
*駕(멍에 가)
*廚(부엌 주)
*吊(조상할 적)
*鳳(봉새 봉)
*閣(문설주 각)
*樞(지도리 추)
*枎(우거질 부)
*箱(상자 상)
*璣(구슬 기)
*劫(위협할 겁)
*祿(복 록)
*曹(관아 조)
*罡(별 이름 강)
*涯(물가 애)
*殿(큰 집 전)
*屛(병풍 병)
*微(작을 미)
*炎(불탈 염)
*烈(세찰 렬)
*墀(뜰지)
*帝(임금 제)
*輦(손수레 련)
*越(넘을 월)
*蓋(덮을 개)
*軸(굴대 축)
*爵(벼슬 작)
*華(꽃 화)
*從(좇을 종)
*魁(으뜸 괴)
*符(부신 부)
*廠(헛간 창)
*樓(다락 루)
*葉(잎 엽)

其^異名은

有'一百多個(筆者資料中에는 就^有'129個)로,

極富'文學氣息(문학기식: 문학적 표현방식)이다 。

*極(다할 극)
*息(숨 쉴 식)

「㊎㊌多情(17)」은
因^〈1白㊌〉는
在^三元에 均^是′輔佐星(보좌성)으로,
有吉無凶인데,
所以^其咎은 在′〈7赤㊎〉이다 。
一~四運 · 八~九運에(: 五~六運만 제외),
收′〈7赤〉之^山水는 皆^凶이다 。

*輔(덧방나무 보)
*佐(도울 좌)
*咎(허물 구)

「㊍㊎相反(34/67)」:
即^〈3㊍ · 4㊍〉^與^〈6㊎ · 7㊎〉은
不得令的^配合이다 。

*令(때 령)

「震庚會局(진경회국(37))」:
地元의 山向의 挨星이 得′〈37(73)〉은,
上元에는 以^〈3碧〉爲′主이고,
五~七運에는 以^〈7赤〉爲′主이며,
視′龍穴之^星辰 · 垣局하고
而^定′文武富貴之^等級으로,
大抵^
〈3㊍4㊍⇨ 9㊋〉星辰은 主′文貴이고,
〈2㊏8㊏⇨6㊎7㊎〉星辰은 主′武貴이다 。

*等(가지런할 등)
*級(등급 급)

「丁丙朝乾(정병조건: 96)」:
〈丁丙(9)〉은
配′離卦로, 屬′〈9紫〉喜氣이고;
〈乾(6)〉은
爲′首 · 官星 · 老父 ·
金玉(古代的^鐘鼎銅器^和^玉器)이고,
屬′〈6白㊎〉이다 。
〈96〉은
有′㊋가 煉(연: 제련)′眞金 ·
衣紫腰金(의자요금: 고관대작의 복장)之^象이다 。
中元에 收′〈6白〉之^龍穴砂하고,

*鐘(종 종)
*鼎(솥 정)
*銅(구리 동)
*器(그릇 기)
*煉(불릴 련)
*腰(허리 요)

得′〈9紫〉向盤飛星이 相配이거나;
下元에 收′〈9紫〉之^龍穴砂하고
得′〈6白〉向盤飛星이 相配이면,
主′貴客^而^有′耆耄(기모: 70歲以上)之^壽이다 。
「丙(9)」은 是′地元・
「丁(9)」은 是′人元으로, 所以^
「乾(6)」은 是′暗示′地元的^戌・人元的^亥이다 。

「天市合丙坤(천시합병신)」:
其中^也^有′隱謎(은미)이다 。
「丙」은 是′地元之^〈9〉,
「坤」은 是′天元之^〈2〉,
「天市」는 是′指′丑艮〈8〉-
地元之^〈8〉^與^天元之^〈8〉이다 。

*隱(숨길 은)
*迷(미혹할 미)

(1)〈[9]⑧〉〈⑧九〉
地元의 山向이 收′〈8白〉之^水이고,
得′運盤^或^山盤之^〈9紫〉가 相配이고;

(2)〈[2]⑧〉〈⑧二〉
天元의 山向이 收′〈8白〉之^水이고,
得′運盤이나・山盤之^〈2黑〉相配하거나 或^

(3)〈[9]⑧〉〈[2]⑧〉〈⑧九〉〈⑧二〉
地元・天元의 山向이, 其^向盤飛星之^〈8白〉^
與^運盤・山盤之^〈9〉・〈2〉同宮이다 。

'程明先(정명선)' 선생은
以^下元에
收′山이
得′〈[7], [8], [9]〉이고,
有′〈②〉가 相配하여야 爲′解이다 。

*配(아내 배)
*解(풀 해)

「離壬會子癸」:

其^隱謎(은미)는
可以^下에 示的^排列이 解開한데,
是以^一個字가 碰(팽)'三個字하여,
暗示'還^有'兩個字이다 。

*隱(숨길 은)
*迷(미혹할 미)
*碰(부딪칠 팽)

離9		
人元	天元	地元
丁	午	丙

↑ ↑ ↑

癸	子	壬
人元	天元	地元
坎1		

很^明顯은,
是'指'
地元・天元・人元의 山向이
得'挨星〈19〉・〈91〉的^配合이다 。
要는
地元對地元・天元對天元・人元對人元로,
收'龍穴砂水가 不犯'錯雜(착잡)^也이다 。

*錯(섞일 착)
*雜(섞일 잡)

[簡疏]

*程明先(정명선):
清代의 감여가로 낙사붕(駱士鵬)의 제자이며,
저서는 1816년에 《경의비지(經義秘旨)》을 출간하였다.

*駱(낙타 낙)
*鵬(붕새 붕)

■ 例: 八運 未山丑向[下卦・替卦]

1. 金水多情(1,7): 酒色破家(주색파가)

有水無山 ↘

辰 6 3 七	丙 生17退 三	未 8 5 五
甲 7 4 六	中 5 2 八	庚 3 9 一
丑 2 8 二	壬 9 6 四	戌 4 1 九

↙

八運 未山丑向 [下・替]
◬旺山旺向・合十

離宮에
有水無山이면,
爲′「㊎水多情」하여
主′
酒色敗家(주색패가)한다 ◦

2. 木金相反(3,4←6,7): 不仁不義

▼ ⊗ ↘

	辰 ㊎6→3㊍ 七	丙 1 7 三	未 8 5 五
▼ ⊗	甲 ㊍7→4㊍ 六	中 5 2 八	庚 3 9 一
	丑 2 8 二	壬 9 6 四	戌 4 1 九

↙

八運 未山丑向 [下・替]
◬旺山旺向・合十

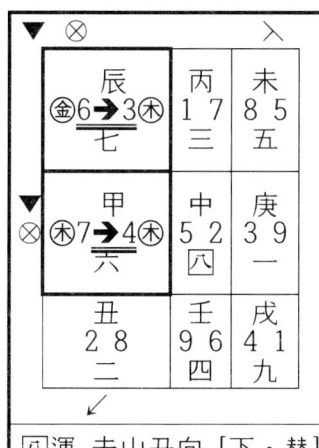

巽宮・
震宮에
見山見水(▼⊗)하면,
均^爲′
「㊍㊎相反」하여

出′不仁不義之^人하고,
亦^
肝硬化(간경화)・膽石症(담석증)・肢體傷殘(지체상잔)^
等의 疾患(질환)이다 ◦

*肝(간 간)
*硬(굳을 경)
*膽(쓸개 담)
*肢(사지 지)
*殘(해칠 잔)

3. 丁丙朝乾(9➔6): 귀인, 수명장수

入

辰 6 3 七	丙 1 7 三	未 8 5 五
甲 7 4 六	中 5 2 八	庚 3 9 一
丑 2 8 二	壬 9 6 四	戌 4 1 九

八運 未山丑向 [下・替]
◬旺山旺向・合十

壬方에
有′
高大的^木星(9)이
尖峰하면,
爲′
「丁丙朝乾」하여,
主′貴壽한다 ◦

*壽(목숨 수)

4. 天市合丙坤(892): 巨富(거부)

入

辰 6 3 七	丙 1 7 三	未 8 5 五
甲 7 4 六	中 5 2 八	庚 3 9 一
丑 2 8 二	壬 9 6 四	戌 4 1 九

土㊎

八運 未山丑向 [下・替]
◬旺山旺向・合十

丑方에
有′方池(: 사각형 연못;土)나
或^圓池(: 원형연못;㊎)이면,
爲′
「天市合丙坤」이다 ◦
因^
向盤(⑧)^
與^運盤(二)의 飛星이
合十으로,

*方(사각형 방)

發′富가 最速하고
且^鉅(거: 크고 강함)이다 ◦

*鉅(클 거)

5. 離壬會子癸(1,9): 富貴 오래감

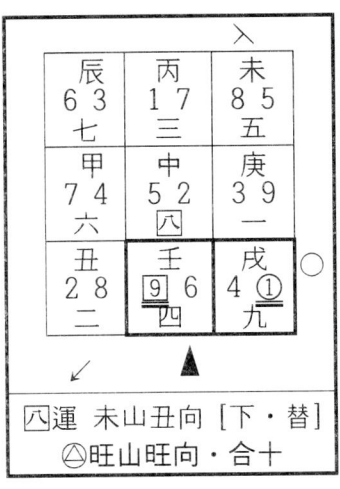

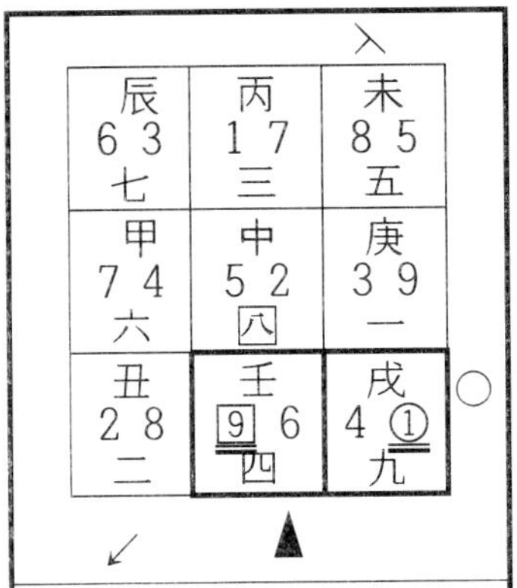

四運 未山丑向 [下・替]
◬旺山旺向・合十

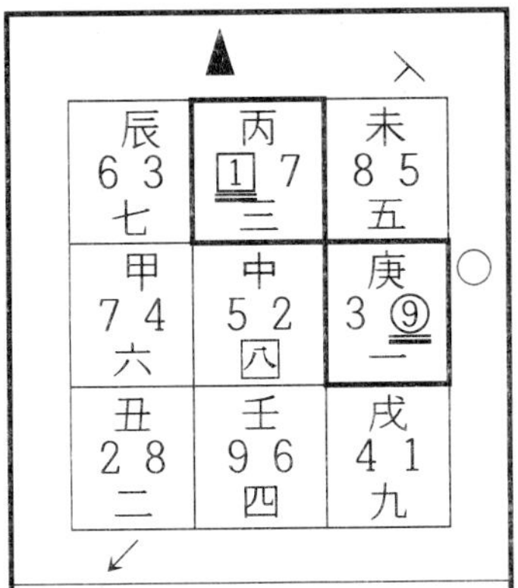

四運 未山丑向 [下・替]
◬旺山旺向・合十

壬方에는 有′秀挺之山(수정지산;9)이고・
戌方에는有′圓池(;①)가 相配이거나,
或^
丙方에 有′秀挺之山(;1)・
庚方에는 有′圓池(;⑨)가 相配하면,
爲′「離壬會子癸」이고

*挺(뺄 정)
*圓(둥글 원)
*池(못 지)
*配(아내 배)

且^
是′龍水가 夫婦(19)之^對待으로,
不但^旺丁^而已(이이)이고,
更^主′人才가 濟濟(제제: 많음)하고,
富貴가 悠久(유구)한다 。
蓋^
〈1〉 爲′數之^起(기)이고,
〈9〉 爲′數之^止(지)으로,
有始有終으로, 包含′三元^也이다 。

*濟(건널 제)
*悠(멀 유)
*久(오랠 구)
*包(쌀 포)
*始(처음 시)
*終(끝날 종)
*包(쌀 포)
*含(머금을 함)

6. 〈3,7〉 : 때가 되면 발복

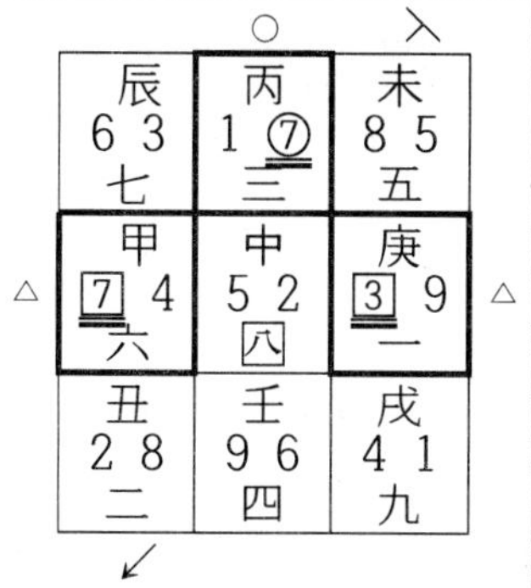

八運 未山丑向 [下・替]
◎旺山旺向・合十

八運은
距′三運이
相隔(상격)′80年이므로,

*隔(사이 뜰 격)

所以^
庚方的^〈3〉이
配′甲方的〈7〉이나
或^丙方的〈⑦〉은

必須^是′在′外局的^山峰・河流인데,
遠遠(: 아주 먼곳)^照應(조응)하면,
到′上元時에 才^有′
「震庚會局(진경회국)」으로,
文武兼資(문무겸자)之^效應(효응)이다 。

徐洪源 畵(: 現 창원대학교 미술과 명예교수)

《道德經》제 56장

知者不言(지자불언) : 아는 자는 말하지 않고,
言者不知(언자부지) : 말하는 자는 알지 못한다.
塞其兌(색기태) : 입을 다물고,
閉其門(폐기문) : 문을 꽉 닫는다,
挫其銳(좌기예) : 날카로운 것을 무디게 하고,
解其紛(해기분) : 얽힌 것을 풀어준다
和其光(화기광) : 빛을 조절하여
同其塵(동기진) : 눈높이를 맞춘다.
是謂玄同(시위현동) : 이것이 심오한 이치이다.

#塞(막힐 색)
#閉(닫을 폐)
#挫(꺾을 좌)
#銳(날카로울 예)
#紛(어지러워질 분)
#塵(속세 진)
#是(이 시)
#謂(이를 위)

제 21장

動靜(동정)과 純雜(순잡)의 吉凶(길흉)

1. 四生有合人文旺(사생유합 인문전),
四旺無沖田宅饒(사왕무충 전택요) 。

*饒(넉넉할 요)

2. 丑未換局(축미환국), 而出僧尼(이출승니),
震巽失宮(진손실궁), 而生賊丐(이생적개) 。

*換(바꿀 환)
*僧(중 승)
*尼(여중 니)
*賊(도둑 적)
*丐(거지 개)

3. 南離北坎(남리북감), 位極中天(위극중천),
長庚啓明(장경계명), 交戰四國(교전사국) 。

4. 健而動(건이동), 動非佳兆(동비가조),
止而靜(지이정), 靜固不宜(정고불의) 。

*啓(열 계)
*健(튼튼할 건)
*佳(아름다울 가)
*兆(조짐 조)

5. 富並陶朱(부병도주), 斷是堆金積玉(단시퇴금적옥),
貴比王謝(귀지왕상), 總緣喬木扶疏(총연교목부소) 。

*陶(질그릇 도)
*總(거느릴 총)
*緣(가선 연)
*喬(높을 교)
*扶(도울 부)
*疏(트일 소)

6. 辛比庚(신비경), 而辛更精神(이신경정신),
甲附乙(갑부을), 而甲益靈秀(이갑익영수) 。

*益(더할 익)
*靈(신령 령)

7. 癸爲玄龍(계위현룡), 壬號紫氣(임호자기),
昌盛各得有攸司(창성각득유유사),
丙臨文曲(병림문곡), 丁近傷官(정근상관),
人財因之耗乏(인재인지모핍) 。

*號(부르짖을 호)
*紫(자줏빛 자)
*攸(바 유)=所
*司(맡을 사)
*耗(줄 모)
*乏(가난할 핍)

1.
四生(82・46[인원: 寅申・巳亥])이 合은 人文이 旺하고,
四旺(19・37[천원: 子午・卯酉])의 合은 田宅이 旺한다.

2.
丑未(82)가 換局(: 불합국)하면, 僧尼(승니)가 난다.
震巽(34)이 失宮하면, 賊丐(적개)가 난다.

*僧(중 승)
*尼(여중 니)
*賊(도둑 적)
*丐(거지 개)

3.
南離(9)北坎(1)는, 地位가 中天(: 중궁)에 이른다.
長庚(7: 서쪽금성)과 啓明(3: 샛별)은,
交戰(一順一逆)이 四國이다.

*啓(열 계)
*戰(싸울 전)

4.
健而動(: 錯雜?)은, 動(: 득령?)하여도 佳兆(가조)가 아니고,
止而靜(: 淸純?)은, 靜(: 실령?)하면 不宜(불의)하다.
〈空亡: 합국과 불합국〉

*淸(맑을 청)
*純(순전할 순)
*錯(섞일 착)
*雜(섞일 잡)

5.
富가 陶朱(도주: 춘추전국시대에 대부호) 같으려면,
斷은 堆金積玉(: 6;퇴금적옥)이어야 하고,
貴가 王謝(귀비왕사: 대귀인),
喬木(3: 교목)扶疏(3: 부소)이어야 한다.

*陶(질그릇 도)
*總(거느릴 총)
*緣(가선 연)
*喬(높을 교)
*扶(도울 부)
*疏(트일 소)

6.
辛比庚(신비경), 而辛更精神(이신경정신), 〈同元〉
甲附乙(갑부을), 而甲益靈秀(이갑익영수). 〈同元〉

*益(더할 익)
*靈(신령 령)

7.
〈1癸〉는 玄龍(현룡)이고, 〈1壬〉은 紫氣(자기)로,
각기 攸司(유사)을 얻으면 昌盛한다. 〈淸純〉

8.
〈9丙㊋'巽4文曲㊍〉, 〈丁㊋'傷官(: 2坤)〉으로,
人財가 이로 인하여 耗乏(모핍)된다. 〈大空亡〉

*耗(줄 모)
*乏(가난할 핍)

〔章註〕

(1-2)
四生有合人文旺(사생유합 인문전),
四旺無沖田宅饒(사왕무충 전택요)。
丑未換局(축미환국), 而出僧尼(이출승니),
震巽失宮(진손실궁), 而生賊丐(이생적개)。

有′合하고 無′沖인,
即^彼此(피차: 서로)가 生生하여,
無′沖射(형기상의 충사)・反伏(: 이기상의 반복음)^也이다。

*彼(저 피)
*此(이 차)
*射(궁술사)

(3)
南離北坎(남리북감), 位極中天(위극중천),
長庚啓明(장경계명), 交戰四國(교전사국)。

東㊍(: 啓明)・西金(: 長庚)・
南離・北坎은,
言′
四生(을신정계[3791]′인신사해[8246])・
四旺(자오묘유[1937]′건곤간손[6282])이 各^得′其宜^也이다。

*啓(열 계)

(4)
健而動(건이동), 動非佳兆(동비가조),
止而靜(지이정), 靜固不宜(정고불의)。

「健動」・「止靜」은,
謂′干支卦爻가
清純者는 爲′靜止하고,
錯雜者는 爲′動健하고
論′山水인,
則^以^形이 動者는 爲′動이고,
形이 靜者는 爲′靜하여,
所謂^
「行乎는 不得不行(行은 行하여야 하고),
止乎는 不得不止(止는 止하여야 한다)」,
氣勢가 兩兼하여야, 方^是는 眞動・眞止이다。

*清(맑을 청)
*純(생사 순)
*靜(고요할 정)
*止(발 지)
*錯(섞일 착)
*雜(섞일 잡)
*建(세울 건)

(5)
富幷陶朱(부병도주), 斷是堆金積玉(단시퇴금적옥),
貴比王謝(귀지왕상), 總緣喬木扶疏(총연교복부소)。

'王謝(왕사)' · '陶朱(도주)' 은
皆^言'砂水峰巒인데, 體用이 兼得之^妙이다。

*峰(봉우리 봉)
*巒(뫼 만)
*妙(묘할 묘)

(6)
辛比庚(신비경), 而辛更精神(이신경정신),
甲附乙(갑부을), 而甲益靈秀(이갑익영수)。

甲乙 · 庚辛는 不拘이다。

*拘(잡을 구)

(7)
癸爲玄龍(계위현룡), 壬號紫氣(임호자기),
昌盛各得有攸司(창성각득유유사),
丙臨文曲(병림문곡), 丁近傷官(정근상관),
人財因之耗乏(인재인지모핍)。

來山 · 去水하는 方位의 干支는
須^歸'一路인데,
如^[丙雜巳(: 大空亡)] · [丁入未(: 大空亡)]는,
不知'挨星의 妙用하고 而^又^出卦로,
自有^
偏枯耗散(편고모산)之^病矣!

*須(모름지기 수)
*歸(돌아갈 귀)
*偏(치우칠 편)
*枯(마를 고)
*耗(줄 모)
*散(흩을 산)

【鐘註】

玄空九氣는

分′三元인 天・地・人이므로,

氣가 雖^同하더라도, 而^感應은 有′別함은,

將^星氣가 還原/爲′定位的^干支이고,

配′天星이고,

分′生・旺・墓하여, 述之^於^下이다。

*還(돌아올 환)
*配(아내 배)
*旺(성할 왕)
*墓(무덤 묘)
*述(지을 술)
*於(어조사 어)

三元 24 坐					
天元 (四旺)	【貴賤】 王侯宰輔(왕후재보) 【發福】 중간				
	−	子1白 (帝座)	午(9紫) (端門)	卯3碧 (雷門)	酉7赤 (少微)
	+	乾6白 (天門)	坤2黑 (人門)	艮8白 (天市)	巽4綠 (太乙)
人元 (四生)	【福壽】 聲名表萬秋, 堆金積玉, 螽斯千古 【發福】 느림				
	+	寅8白 (天棓)	申2黑 (天關)	巳4綠 (文曲)	亥6白 (天皇)
	−	乙3碧 (值符)	辛7赤 (天乙)	丁9紫 (壽星)	癸1白 (玄龍)
地元 (四墓庫)	【貧富】 神童會狀(신동회장), 開族大旺財丁 【發福】 빠름				
	−	辰4綠 (天罡)	戌6白 (河魁)	丑8白 (武爵.)	未2黑 (太常)
	+	甲3碧 (功曹)	庚7赤 (武爵)	丙9紫 (太微)	壬1白 (紫氣)

*侯(제후 후)
*宰(재상 재)
*輔(도울 보)
*帝(임금 제)
*端(바를 단)
*雷(우레 뢰)
*微(작을 미)
*堆(언덕 퇴)
*積(쌓을 적)
*螽(메뚜기 종)
*斯(이 사)
*棓(때릴 부)
*值(값 치)
*狀(형상 장)=壯

*河(강이름 하)
*魁(으뜸 괴)
*曹(관아)

天星의 感應은 可′參考′

《玉尺經(옥척경)》・

《入地眼(입지안: 입지안전서)》・

《催官篇(최관편)》이다。

*眼(눈 안)
*催(재촉할 최)

1. 四生(사생) 四旺(사왕): 귀인, 부자

⑴ 四生有合

「四生有合」은, 指'人元의 山向挨星之^

〈82〉 · 〈46〉을 得用이다 ◦

人元 (四生)	+	寅8白 (天棓)	申2黑 (天闕)	巳4綠 (文曲)	亥6白 (天皇)
	−	乙3碧 (值符)	辛7赤 (天乙)	丁9紫 (壽星)	癸1白 (玄龍)

⑵ 四旺無沖

「四旺無沖」은, 指'天元의 山向挨星之^

〈19〉 · 〈37〉을 得用이다 ◦

天元 (四旺)	−	子1白 (帝座)	午(9紫) (端門)	卯3碧 (雷門)	酉7赤 (少微)
	+	乾6白 (天門)	坤2黑 (人門)	艮8白 (天市)	巽4綠 (太乙)

2-1. 丑未換局(축미환국): 독신자

「丑未換局」은,

指'地元의 山向挨星之^ 〈82〉가 失用이다 ◦

2-2. 震巽失宮(진손실궁): 도적, 거지

「震巽失宮」은,

指'地元의 山向挨星之^ 〈34〉을 失用이다 ◦

「換局(환국)」 · 「失宮(실궁)」은

有'

上山下水이거나,

生旺的^運이 過了하는 兩層(: 두 가지)의 意義이다 ◦

3-1. 南離北坎(남리북감): 貴人

「南離北坎」은:

位가 極'中天으로,

指'中宮之^ 〈19(91)〉 이다 ◦

3-2. 長庚啓明(장경계명: 3,7): 武將

4 8 四	8 3 九	6 1 二
5 9 三	-3-7 五	1 ⑤ 七
9 4 八	7 2 一	2 6 六

五運 酉山卯向[下卦]
五運 辛山乙向[下卦]
◬旺山旺向

8 4 四	3 8 九	1 6 二
9 ⑤ 三	-7-3 五	5 1 七
4 9 八	2 7 一	6 2 六

五運 酉山卯向[下卦]
五運 辛山乙向[下卦]
◬旺山旺向

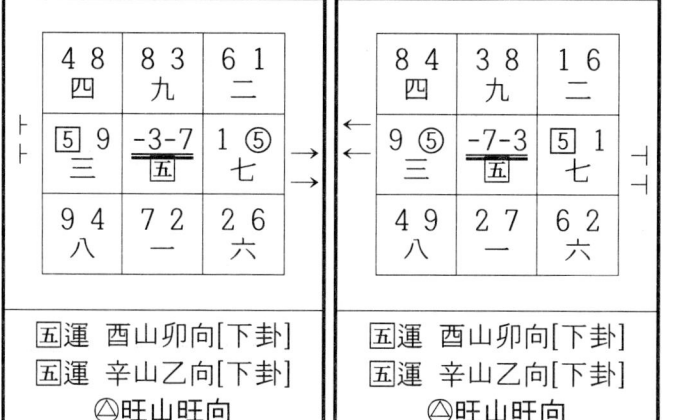

「長庚啟明(장경계명)， 交戰四國(교전사국)」은:
指′中宮之^〈37(73)〉이 一順一逆(??)인
故^爲′「交戰」인데，

2(: 卯山，乙山)

2(: 酉山，辛山)가 得′4인，
故^爲′「四國」이다 。

4. 健而動(건이동)， 動非佳兆(동비가조)
止而靜(지이정)， 靜固不宜(정고불의)

排′山이 而^得′山하고，
排′水가 而^得′水하면，
是′氣勢가 兩兼하여 眞動(: 得水)眞止(得山)이다 。
反之로，
排′山이 而^得′水하고，
排′水가 而^得′山한，
則^爲′動(: 水)도 非′佳兆(가조: 길) ·
靜(: 山)도 固^不宜(불의: 흉)하다 。

*佳(아름다울 가)
*兆(조짐 조)

(鐘接′上節하여，
以^五運盤에 暗示′陰陽動靜 · 山水空實之^秘이다 。)

5-1. 富并陶朱(부병도주) 堆金積玉(퇴금적옥): 〈6〉

「富並陶朱，斷是堆金積玉」은

《坊本(방본)》에는

作′

「富並陶朱， 斷是堅㊎遇㊏」이다 ○

〈乾6白〉은 爲′金玉으로,

若^六運에

(1)

收水가,

排′〈⑥白〉이 於^金城水^或^圓池에 放光處이고,

(2)

收山는, 排〈6白〉이 於^庫櫃山(고궤사)이면,

均^爲′「堆金積玉(퇴금적옥)」이다 ○

*坊(동네 방)

*庫(곳집 고)
*櫃(함 궤)
*堆(언덕 퇴)
*積(쌓을 적)

5-2. 貴比王謝(귀비왕사), 喬木扶疏(교목부소): 〈3〉

「貴比王謝，總緣喬木扶疏」에서,

「疏」는, 《坊本(방본)》에는 作′桑(상)이다 ○

喬木(교목)인 即^〈震3碧㊍〉星이고,

三運에 挨星하고,

(1)

砂水峰巒이 排得′〈3碧〉이면,

又^有′

富貴形狀的^山水이 相應하면

主′富貴한다 ○

(2)

同時에

收′〈③碧〉·〈④綠〉之^水도 亦^是하다 ○

*喬(높을 교)

*疏(트일 소)
*桑(뽕나무 상)
*坊(동네 방)

6. 辛比庚(신비경)， 而辛更精神(이신경정신): 同元

甲・乙・庚・辛의 句는

'沈祖綿(심조면)'의 註에 曰하기를:

『兌宮에 庚酉辛은， 辛比酉・酉比庚으로， *隔(사이뜰 격)

中에 隔′酉인， 故^辛는 不能′比′庚이다 。

此에서 言′「辛比庚」者는，

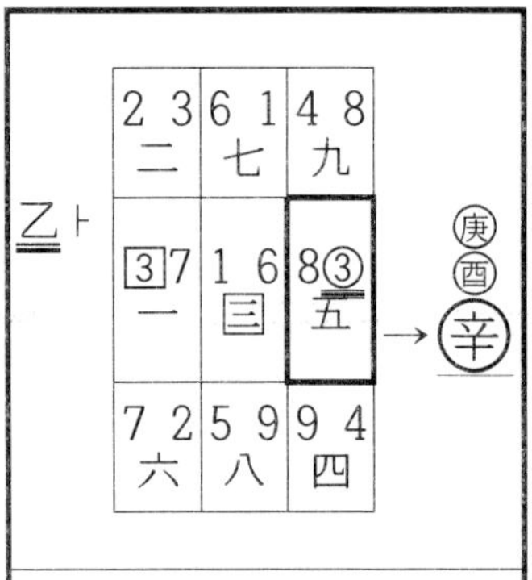

三運 乙山辛向[下卦]
◎旺山旺向

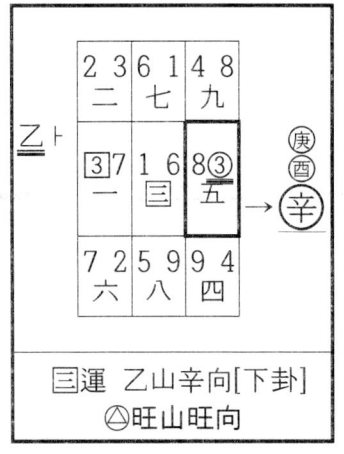

如^
三運^
立′乙山辛向(:人元)이면，
向上의
庚酉辛方에
有水인데，

'庚(:地元)' 字之^水는

不可′較^ '辛' 字處하여 爲′大하고，

'酉(:天元)' 字도 亦^然하고，

不言′酉者(: 원문:「辛比庚(신비경)」)은，

包括′於^庚辛之^中(: 가운데)이기 故(: 때문)^也이다 。

辛(:人元만 同元)은 要^「精神」者로，

言′辛方之^水은， 較′庚方하여 更^要有′精神이다 。

此는 示′向首의 用水之^法이다 。』

三元 24坐 陰陽 分類와 主管分野				
三元		陰	陽	主管
(逆子卦)	地元	辰 戌 丑 未	甲 庚 丙 壬	貧富
(父母卦)	天元	子 午 卯 酉	乾 坤 艮 巽	貴賤
(順子卦)	人元	乙 辛 丁 癸	寅 申 巳 亥	福.壽

6-2. 甲附乙(갑부을), 而甲益靈秀(이갑익영수): 同元

「甲乙은 雖^同宮이나, 中에 隔′卯하여,
亦^不能′附이다 。」

*隔(사이뜰 격)
*附(붙을 부)

(乙)(卯)(甲) ←

7 3 三	2 7 八	9 5 一
8 ④ 二	6 2 [四]	[4] 9 六
3 8 七	1 6 九	5 1 五

[四]運 庚山甲向[下卦]
◬旺山旺向

(乙)(卯)(甲) ←

9 5 五	4 9 一	2 7 三
1 ⑥ 四	8 4 [六]	[6] 2 八
5 1 九	3 8 二	7 3 七

[六]運 庚山甲向[下卦]
◬旺山旺向

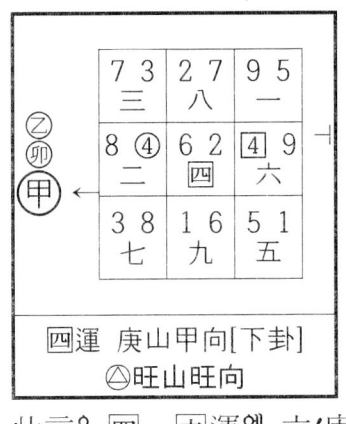

此言은 [四]・[六]運에 立′庚山甲向에서,
甲上之水이 如^放光蘊含(방광온함)한 則^吉하고,
倘^乙上之^水가 反^大한, 即^
犯′陰陽差錯之^病하여 甲이 益′「靈秀」者이고,
言′甲方之^水는 須^較′乙水하여
爲′「靈秀」^也이다 。」

其實은
「甲附乙」・「辛比庚」의 這^兩句의 中間에는
暗示′卯・酉의 這^兩個字的^存在하여,
意는 爲′
甲은 可兼′卯, 乙은 亦^可兼′卯이고,
辛은 可兼′酉, 庚은 亦^可兼′酉이다 。
若^是′
甲向에 右兼′寅(: 大空亡)이나・
乙向에 左兼′辰(: 大空亡)・
庚向에 右兼′申(: 大空亡)이나・
辛向에 左兼′戌(: 大空亡)한,
即^不是′「比(비)」・「附(부)」이고,
而^犯′出卦了이다 。
同理로, 可推′於^丙・丁・壬・癸의 諸字이다 。

*蘊(쌓을 온)
*含(머금을 함)
*差(어긋날 차)
*錯(섞일 착)
*暗(어두울 암)
*示(보일 시)

7-1 〈癸〉는 玄龍(현룡),
〈壬〉은 紫氣(자기),
각기 攸司(유사)를 얻으면 昌盛하고,
7-2: 〈丙〉이 文曲(문곡),
〈丁〉이 傷官(상관),
人財가 耗乏(모핍)한다 ˚

*紫(자줏빛 자)
*攸(바 유)=所
*傷(상처 상)
*耗(줄 모)
*乏(가난할 핍)

丙兼巳 · 丁兼未는,
犯′出卦하여,
有′人財(:人丁+財物)이 耗乏之患(모핍지환)인데,
但^
壬山丙向에 兼′亥巳하여 用′替卦는,
在^
三運(: 會向) ·
六運(: 會坐이므로 會向인 四運과 九運으로 수정요함) ·
七運(: 會向)에는
是′旺向하고,

*兼(겸할 겸)
*患(근심 환)

癸山丁向에 兼′丑未하여 用′替卦가,
在^
一運(: 會向) ·
三運(: 會向) ·
四運(: 會坐이므로 삭제하고 七運이 會向이므로 추가요함) ·

*兼(겸할 겸)

五運(: 旺山旺向) ·
六運(: 會向)運에는
是′旺向으로,
名′
「地卦出(:坐向空亡), 天卦不出(:山水合局)」으로,
庶幾(서기: 대부분)^可用하는데,
然^亦^
難免′有財無丁之^弊(폐: 폐단)이다 ˚

*庶(여러 서)
*幾(기미 기)
*亦(또 역)
*難(어려울 난)
*免(면할 면)
*弊(해질 폐)

【鐘新解】

■ 例: 下元 七運 卯山(辛山^同) [下・替]

這는 是′一個^向盤飛星이

呈現′「對待」的^奇局이다 。

*呈(나타날 정)
*奇(기이할 기)

1-1. 向星끼리 生成數(16, 27, 38, 49, 55)

巽 1⑥✓ 六	離 5①✓ 二	坤 3⑧✓ 四
震 2⑦✓ 五	中 9 5 七	兌 7③✓ 九
艮 6②✓ 一	坎 4⑨✓ 三	乾 8④✓ 八

七運 酉山/辛山[下・替]
◬旺山旺向

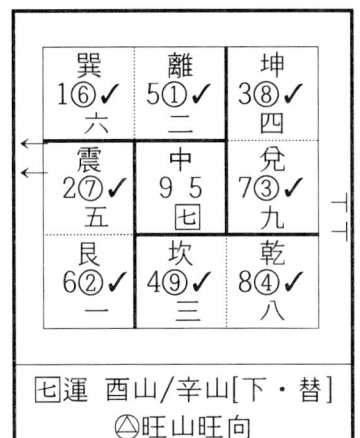

艮震宮〈②⑦〉合・
巽離宮〈⑥①〉合・
坤兌宮〈⑧③〉合・
乾坎宮〈④⑨〉合
이고,

1-2. 원단반(元旦盤)끼리 生成數(16, 27, 38, 49)

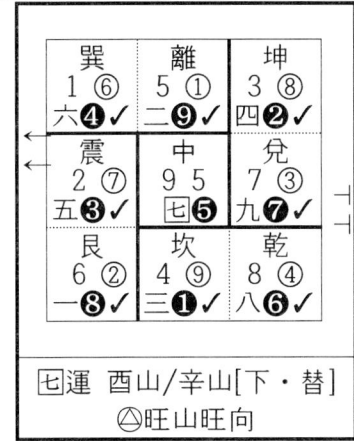

巽 1 ⑥ 六❹✓	離 5 ① 二❾✓	坤 3 ⑧ 四❷✓
震 2 ⑦ 五❸✓	中 9 5 七❺	兌 7 ③ 九❼✓
艮 6 ② 一❽✓	坎 4 ⑨ 三❶✓	乾 8 ④ 八❻✓

七運 酉山/辛山[下・替]
◬旺山旺向

與^元旦盤인
河圖之^
〈❸❽〉㊍・
〈❹❾〉㊎・
〈❷❼〉㊋・
〈❶❻〉㊌가
相生이다 。

*與(더불어 여)

1-3. 向星과 元旦盤(원단반)이 合十

巽 1⑥■ 六	離 5①• 二	坤 3⑧□ 四
震 2⑦✓ 五	中 9 5 七	兌 7③✓ 九
艮 6②□ 一	坎 4⑨• 三	乾 8④■ 八

七運 酉山/辛山[下・替]
◬旺山旺向

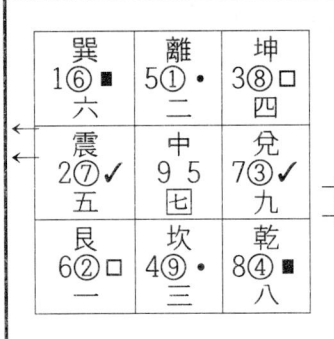

兌震〈③⑦:✓〉合十・
乾巽〈④⑥:■〉合十・
坎離〈⑨①:•〉合十・
艮坤〈②⑧:□〉合十,

1-4. 向星과 원단반(元旦盤) 合十

巽 1⑥✓ 六 ❹✓	離 5①✓ 二 ❾✓	坤 3⑧✓ 四 ❷✓
震 2⑦✓ 五 ❸✓	中 9 5 七 ❺	兌 7③✓ 九 ❼✓
艮 6②✓ 一 ❽✓	坎 4⑨✓ 三 ❶✓	乾 8④✓ 八 ❻✓

七運 酉山/辛山[下・替]
◬旺山旺向

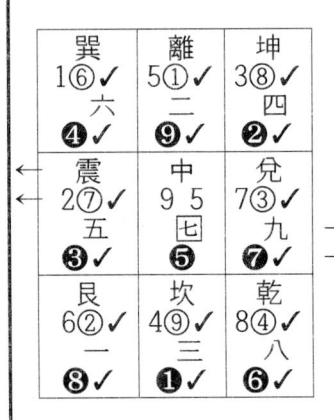

與^
元旦盤^洛書之^
兌宮震宮〈⑦❸〉・
乾宮巽宮〈⑥❹〉・
離宮坎宮〈①❾〉・
坤宮艮宮〈⑧❷〉이고
又^
上下相合이다。

二氣化生(이기화생)하고, 五行氣通(오행통기)하고,
生生不息(생생불식)하여, 變化無窮(변화무궁)하여,
用'於^
平洋水鄉(평양수향: 평지이며 주변이 물이 많은 곳)하면,
運運마다 貞吉이다。

*息(숨쉴 식)
*窮(다할 궁)
*洋(바다 양)
*鄉(시골 향)

2-1. 四生有合(사생유합)
(人元: 寅申巳亥[8246], 乙辛丁癸[3791])은 人文이 왕성하다

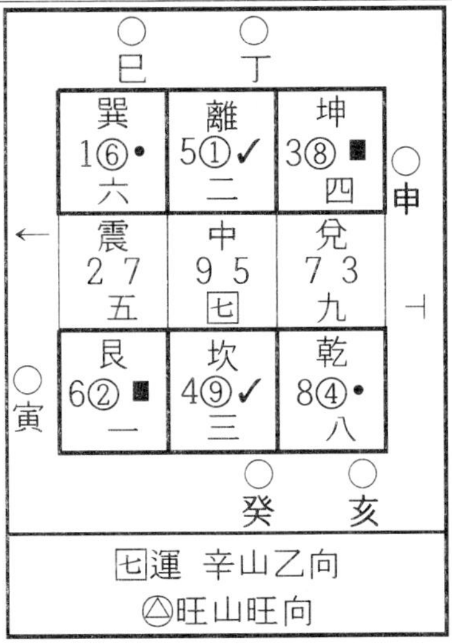

七運用'
辛山乙向(:人元)에서,
收'
癸丁(⑨①:✓)·
寅申(②⑧:■)·
巳亥(⑥④:•)^
水가
來'聚堂(취당)인,
即^「四生有合」이다 。

*聚(모일 취)

2-2: 四旺無沖
(=天元 子午卯酉[1937], 乾坤艮巽[6284])은 田宅이 넉넉하다

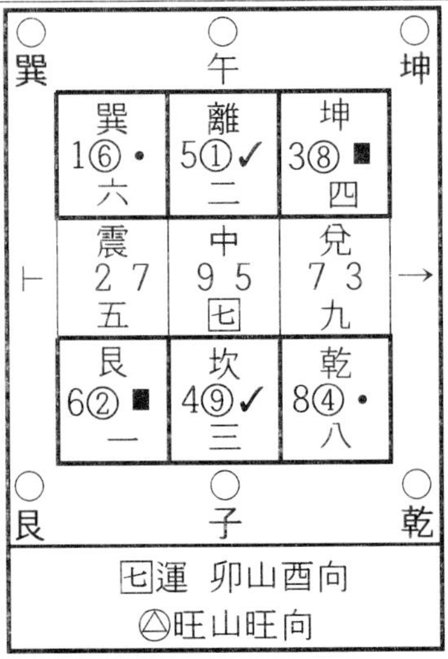

七運에 用'
卯山卯向(:天元)에서,
收'
子午(⑨①:✓)·
坤艮(②⑧:■)·
巽乾(⑥④:•)에
水가 來聚'堂인,
即^
「四旺無沖」이다 。

*收(거둘 수)
*聚(모일 취)
*堂(집 당)
*沖(부딪칠 충)

此局은
財祿(재록)이 房房(: 형제 모두)마다 有하고,
毫無(호무: 조금도 없다)^偏枯之患(편고지환: 불균형)이다 。

*偏(치우칠 편)
*枯(마를 고)
*患(근심 환)

3. 正合 城門訣

巽 1 6 六	離 5 1 二	坤 3 8 四
震 2 ⑦ 五❸	中 9 5 七	兌 7 3 九
艮 6 ② 一❽	坎 4 9 三	乾 8 4 八

○卯乙 ↑ ㊌寅

七運 辛山乙向
[下卦・替卦]

震向에
元旦盤〈❸〉^
與^
艮宮〈❽〉合인데,
震宮向上飛星(⑦)은
當令旺星이고,
〈⑦〉合′〈2〉인데,
〈②〉가
適(적: 마침)^在′艮宮으로,
艮・寅은 可用′「城門訣」로,
若^
寅의 有水가 流入′卯乙하여 聚蓄(취축)하면,
在「玄空不傳之秘」中에 稱爲′「正合」으로
主′夫妻(: 夫婦)가 偕老(해로)한다 。

*適(갈 적)
*聚(모일 취)
*蓄(쌓을 축)
*秘(숨길 비)
*稱(일컬을 칭)
*偕(함께 해)

■ 例: 五運 下卦와 替卦起星 24山 陰陽圖

1. 五運 下卦의 陰陽圖

+巽	+巳	+丙	-午	-丁	-未	+坤
-辰	④		⑨		②	+申
-乙						+庚
-卯	③	戊+5		己-5	⑦	-酉
+甲						-辛
+寅	⑧		①		⑥	-戌
+艮	-丑	-癸	-子	+壬	+亥	+乾

下卦挨星은 必^分′四局이다.

2. 五運 替卦起星의 陰陽圖

+巽 ■6	+巳 ■6	+丙 ■7	-午 ⑨	-丁 ⑨	-未 ③	+坤 ②
-辰 ■6	④		⑨		②	+申 ■1
-乙 ■2						+庚 ■9
-卯 ③	③	戊+5		己-5	⑦	-酉 ⑦
+甲 1■			■ 표시는 변화된 숫자			-辛 ⑦
+寅 ■9	⑧		①		⑥	-戌 ⑥
+艮 ■7	-丑 ■7	-癸 ①	-子 ①	+壬 ■2	+亥 ⑥	+乾 ⑥

1. 坐陰向陰(◬: 旺山旺向): 正局

用′於^後面有山・前面有水인,

即^坐實向空(좌실향공)的^穴場은, 是′正局이다 ◦

*實(열매 실)
*空(빌 공)

2. 坐陽向陽(x: 上山下水): 反局

用′於^後面有水・前面有山인,

即^坐空朝滿(좌공조만)的^穴場은,

是′反局이다 ◦

*朝(향할 조)
*滿(찰 만)

3. 坐陰向陽(▲: 雙星會坐 또는 上山):

用′於^水纏玄武(수전현무)이나

又^有′托砂的^穴場으로,

砂水가 聚秀′於^後^也이다 ◦

*纏(얽힐 전)
*托(밀 탁)
*聚(모일 취)
*於(어조사 어)

4. 坐陽向陰(○: 雙星會向 또는 下水):

用′於^前面有水・水外에 有′朝案的^穴場으로,

砂水가 聚秀′於^前^也이다 ◦

*聚(모일 취)

5. 上山下水라도 逆背山臨水이면 合局이다.

照(조: 의거하여)^這種의 基本條件하여

建造宅墳(건조택분: 집이나 묘를 조성함)하면,

排山은 而^得/高峰實地(고봉실지)하고,

排水는 而^得/低空水路(지공수로)하여야,

方^爲/動靜이 得/宜이고,

形(: 형기)^與^氣(: 이기)가 合하여야,

財丁(:財物과 人丁)가 俱^全이다。

*照(비출 조)
*這(이 저)
*條(가지 조)
*件(사건 건)
*建(세울 건)
*造(지을 조)
*宅(집, 묘지 택)
*墳(무덤 분)
*俱(함께 구)

反之(: 상산하수)라면,

排山而得水(: 山이 있어야 할 곳에 물이 있음)하고,

排水而得山(: 물이 있어야 할 곳에 山이 있음)하면,

當^用正(: 合局)되려면 而反^用逆이므로,

當^用逆(: 逆背山臨水)이어야 한데

而反^用順(: 배산임수)인, 即^動靜이 失宜(: 잘못)하여,

形(:형기)^與^氣(:익)가 不合하므로,

龍水의 陰陽이 相戰(: 불합국)한데,

豈^能/保有/丁財하겠는가?

*排(밀칠 배)
*宜(마땅할 의)
*豈(어찌 기)
*保(지킬 보)

6. 替卦起星(체괘기성): 함부로 사용하지 마라

雖^學/五運圖지만,

其他의 各運도 原則은 相同하니,

讀者는 可/準此而推(준차이추)이다。

至/於^用/替卦起星(체괘기성)는,

可/得/ '奇局' 이거나, 亦^可/得/大凶之局이므로,

是/明師가 因地制宜(인지제의: 地形에 따라 맞춤)하고,

扭轉乾坤(유전건곤: 轉禍爲福)之^作法이니,

初學^及^

未得/眞傳(진전: 기술이나 학술 방면에서 어느 사람이거나 학파에게서 진수[眞髓]를 전수[傳授]받은 것)・融會貫通(융회관통)者는,

切莫輕試(절막경시: 절대로 가볍게 사용하지 말라)이다。

*雖(비록 수)
*擧(들 거)
*讀(읽을 독)
*準(수준기 준)
*推(추측할 추)
*扭(묶을 뉴)
*轉(구를 전)
*融(화할 융)
*貫(꿸 관)
*莫(없을 막)
*輕(가벼울 경)
*試(시험할 시)

■ 例: 下元 四運 丙山壬向 兼^巳亥[替卦]

1. 丁近傷官(丁∥未: 大空亡)은 人財가 兩敗

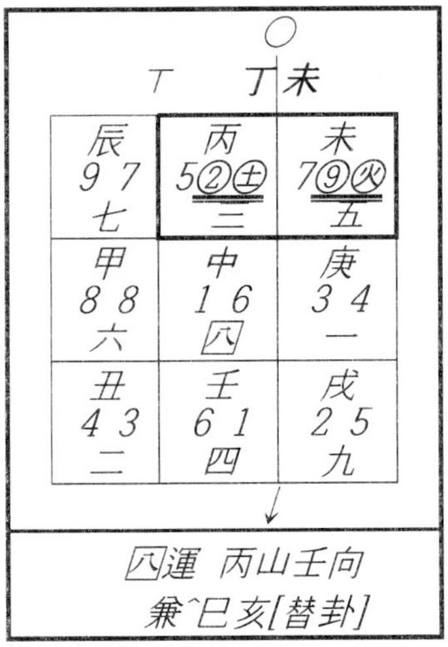

未方에
有′水路가
兼′雜入′丁한,
則^
向盤飛星之^
〈⑨紫㊋⇨〉가
洩′
於〈②黑㊏〉하여,

*雜(섞일 잡)
*紫(자줏빛 자)
*洩(샐 설)

是′爲′「丁近傷官(정근상관: 丁未大空亡)」
(指′玄空之^〈9丙㊋〉이 生′〈2未㊏〉하여
爲′傷官)이다 。

《古鏡歌(고경가)》에
云하기를
『坤宮得運丁財足(곤궁득운 정재족)
; 坤宮이 運을 받으면 人丁과 財物이 넉넉하고)
一氣清純福始悠(일기청순 복시유);
: 一氣가 清純하면 福은 아주 오래가지만)
如若庚來財損折(여약경래 재손절),
; 만약에 申庚大空亡이면 재물이 줄어들고)
一逢丁位賤無羞(일봉정위 천무수) 。
; 丁未大空亡은 賤(천)하여 沒廉恥(몰염치)하다 。)』
縱(종: 설령)^發富하더라도,
其^社會에서 評價(평가)는 亦^不高하고,
且^有′婦女가 不貞之^醜聞(추문)이다 。

*古(옛 고)
*鏡(거울 경)
*歌(노래 가)

*純(순수할 순)
*始(비로소 시)
*悠(멀 유)

*損(손해 손)
*折(꺾을 절)

*逢(만날 봉)
*賤(천할 천)
*羞(부끄러울 수)

*縱(설령 종)
*醜(추할 추)
*聞(들을 문)

2. 丙臨文曲(丙 ‖ 巳: 大空亡)은 人財兩敗

▼

巳|丙

丁

辰 ㊋[9]7 七	丙 ㊏[5]2 三	未 7 9 五
甲 8 8 六	中 1 6 四	庚 3 4 一
丑 4 3 二	壬 6 1 四	戌 2 5 九

↓

四運 丙山壬向 兼^巳亥
[替卦]

巳方에 有′
高山이 雜入′丙한,
則^山盤飛星之^
〈[9]紫㊋⇨〉가
洩′於^〈[5]黃㊏〉,
是′爲′
「丙臨文曲」
(坐山은 本來^
就^是′丙兼巳)이다 。

《古鏡歌》에 云하기를:
『陽은 富貴가 永^無休(영무휴: 오래감)인데,
　夾入′他宮^也하면 要′愁心(수심: 걱정);

　莫′謂′丁行坤位(丁未大空亡)하면 美인데,
　一^通′未位하면 子(: 男)이 先^憂(우: 걱정)이다 。

　如^逢′巳水(巳丙大空亡)하면 女가 愁死(수사)이고,
　一^遇′鬼龍하면 自^相矛(상모: 모순)이다 。

　富貴之家내 男女가 折(절: 요절)하고,
　蛇羊(사양: 巳丙과 丁未 大空亡)은 大概^日來(: 때가 되면)하면 蹂(유: 凶)이다 。』

*夾(낄 협)
*遇(만날 우)
*矛(창 모)

*蛇(뱀 사)
*羊(양 양)
*概(대개 개)
*蹂(밟을 유)

若^(: 추가로)
山形이 醜惡하면,
主′出′愚蠢人丁(우준인정)이나, 或^生而不育하여,
多^有′夭折(요절)者한다 。

*醜(추할 추)
*愚(어리석을 우)
*蠢(어리석을 준)
*夭(어릴 요)
*折(꺾을 절)

3-1. 震巽失宮(진손실궁)

丁

辰 9 7 七	丙 5 2 三	未 7 9 五
甲 8 8 六	中 1 6 [八]	庚 〈[3]④〉 一
丑 〈[4]③〉 二	壬 6 1 四	戌 2 5 九

↓

[八]運 丙山壬向 兼^巳亥
[替卦起星]

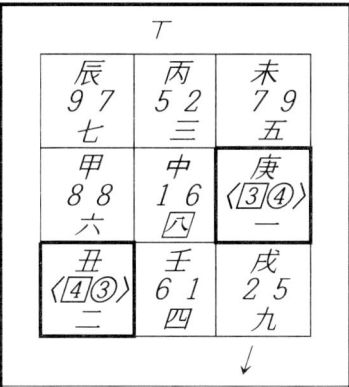

艮兌의 二宮에,
飛星〈[3]④〉·
〈[4]③〉인데,
山水(: 山星과 向星)가
均^是'
下元
[八]運之^殺氣이다 。

3-2. 震巽失宮(진손실궁)

丁

辰 9 7 七	丙 5 2 三	未 7 9 五
甲 8 8 六	中 1 6 [八]	庚 [3] ④ 一
丑 [4] ③ 二	壬 6 1 四	戌 2 5 九

▼ (庚)　⊗ (丑)　↓

[八]運 丙山向 兼^巳亥
[替卦起星]

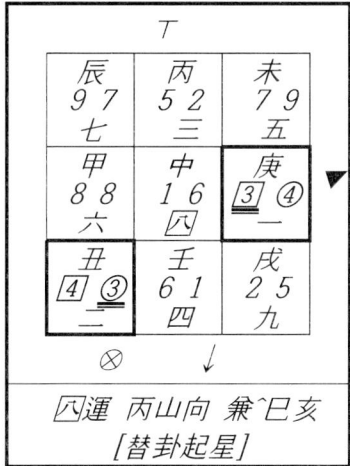

丑方(⊗)에 若^
有'斜走之^水路·
暗巷(암항: 어두운 골목)·
地下道·
橋洞(교동: 교각 사이의 아치형으로 된 반원형의 구멍)이고,

*暗(어두울 암)
*巷(골목 항)
*橋(다리 교)
*洞(터널 동)

庚方(▼)에
有'賊旗(적기)·刺面山(자면산)·
穿砂(천사;欹斜不正[의사부정]^而^傾陡[경두]的^地形)·
探頭山(탐두산; 或^探頭屋[탐두옥])은,
均^
主'出'賊盜(적도)이다 。

*賊(도둑 적)
*刺(찌를 자)
*穿(뚫을 천)
*欹(기울 의)
*傾(기울 경)
*陡(험할 두)
*賊(도둑 적)
*盜(훔칠 도)

3-3. 震巽失宮(진손실궁)

丁

辰 9 7 七	丙 5 2 三	未 7 9 五
甲 8 8 六	中 1 6 四	庚 3 4 二
丑 4 3 二	壬 6 1 四	戌 2 5 九

四運 丙山壬向
兼^巳亥[替卦起星]

丑方(;4)에는
有′
托鉢山(탁발산)·
木杓山(목표산)·
挽籃山(만람산)·
鶉依百納山(순의백납산)·
破網山(파망산)·
離鄕砂(이향사),

*托(밀 탁)
*鉢(바리때 발)
*杓(자루 표)
*挽(당길 만)
*籃(바구니 람)
*鶉(메추라기 순)
*納(바칠 납)
*網(그물 망)

庚方(;④)에는
有′
斜飛水(사비수)·
反跳水(반도수)·
反飛水(반비수)는,
均^主′出′乞丐(걸개: 거지)·
漂泊無依(표박무의: 떠돌이)之^人이다 ○
〈34〉·〈43〉은,
失運에는 爲′「震巽失宮」인데,
但^要′有′形相이 副(부: 符合)하여야,
其^應이 始^靈驗(영험)이다 ○

*斜(비낄 사)
*跳(뛸 도)
*乞(빌 걸)
*丐(빌 개)
*漂(떠돌 표)
*泊(배 댈 박)
*依(의지할 의)
*始(비로소 시)
*靈(신령 령)
*驗(증험할 험)

4. 堅金遇土(견금우토): 巨富(거부)

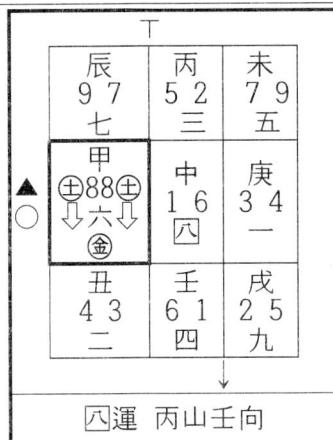

丁

辰 9 7 七	丙 5 2 三	未 7 9 五
甲 ㊏88㊏ ⇩六⇩ ㊎	中 1 6 囚	庚 3 4 一
丑 4 3 二	壬 6 1 四	戌 2 5 九

▲ ○

囚運 丙山壬向

兼^巳亥[替卦]

甲方에

雙〈8㊏〉이

坐′於^

天盤〈六白〉之上하고,

有′方形(: ㊏;8)이나

或^圓形(㊎;六)의

池塘(지당: 水)^及^

金箱(금상: 山)·

庫櫃(고궤: 山)·

倉囷(창균: 창고: 山)·

堆錢(퇴전: 山)·

錦被蓋錢(금피개전: 山)·

辮錢(변전: 山)·

接錢(접전: 山)·

玉釜(옥부: 山)^

等의 富砂는,

乃′「堅㊎遇㊏(견금우토)」으로, 可′出′巨富이다 ○

砂形圖(사형도)는,

讀者는 可查′

《人子須知(인자수지)》·

《玉髓眞經(옥수진경)》이다 ○

*箱(상자 상)

*櫃(함 궤)

*囷(곳집 균)

*堆(언덕 퇴)

*錢(돈 전)

*錦(비단 금)

*蓋(덮을 개)

*辮(땋을 변)

*錢(돈 전)

*釜(가마 부)

*查(조사할 사)

*須(모름지기 수)

*髓(골수 수)

제 22장

四墓四生(사묘생사)과 卦內卦外(괘내괘외)

1. 見祿存(견녹존), 瘟廣必發(온황필발),

2. 遇文曲(우무곡), 蕩子無歸(탕자무귀)이다 。

3. 値廉貞而頓見火災(치염정이 돈견화재),

4. 逢軍破而多虧身體(봉군파이 다휴신체)이다 。

5. 四墓非吉(사묘비길),
   陽土陰土貴剪裁(양토음토 귀전재),

6. 四生非凶(사생비흉),
   卦內卦外由我取(내재괘외 유아취) 。

7. 若知禍福緣因(약지화복연인),
   妙在天心槖籥(묘재천심탁약) 。

*瘟(염병 온)
*癀(황달병 황)

*蕩(쓸어버릴 탕)

*頓(갑자기 돈)

*虧(이지러질 휴)

*剪(자를 전)
*裁(마를 재)

*槖(전대 탁)
*籥(피리 약)

1. 〈3祿存(녹존)〉을 보면,
瘟癀(온황: 전염병)이 반드시 나타나고,

2. 〈4文曲(무곡)〉을 만나면,
가출한 자식이 돌아오지 않는다.

3. 〈5廉貞(염정)〉이 있으면,
갑자기 火災(화재)가 난다,

4. 〈7軍破(파군)〉을 만나면,
대개 身體가 손상된다.

5. 四墓(사고: 辰戌丑未)라도
吉이 아니고(포태이론으로는 吉),
(五行상) 陽㊏(: 辰戌)와 陰㊏(:丑未)의 貴함은
剪裁(전재: 순역)에 달려있고,

6. 四生(사생: 寅申巳亥)이라고
凶이 아니고(포태이론으로는 凶),
卦內(: 得; 生旺)와 卦外(: 失; 退衰死殺)에 달려있다.

7. 만약에 禍福의 원인을 알려면,
妙는 槖籥(탁약: 中宮)에 있다.

《道德經》 제 5장

其猶槖籥乎(기유탁약호): 대장간의 가죽 바람주머니는
虛而不屈(허이불굴): 비어 있으나 빵빵하고.
動而愈出(동이유출): 움직일수록 더더욱 품어낸다.
多言數窮(다언수궁): 말이 많으면 쉽게 곤란해지므로,
不如守中(불여수중): 중심을 지키는 것이 제일 좋다.

#猶(오히려 유)
#屈(굽을 굴)
#愈(더욱 유)
#窮(다할 궁)

〔**章註**〕

此節은

專^辨′諸星之^應驗(응험)하는데

必須^

測′氣象・

辨′九星・

察′形勢・

看′遠近,

再^推′

五行의 生剋制化之理・吉凶消長之機하여, 而^

言′得・言′失하고

言′禍・言′福하면,

自^能′百不失一(백불일실: 백발백중)이다 。

*專(오로지 전)
*辨(분별할 변)
*驗(증험할 험)
*借(빌 차)
*庫(창고 고)
*謂(이를 위)
*從(좇을 종)
*裁(마를 재)

(1)「陰㊏」・「陽㊏」者란,

「借庫(차고: 失)」・「自庫(자고: 得)」之^謂이다 。

(2)「卦內」・「卦外」者란,

得・失之^謂이다 。

讀者는 須^從′「天心(: 중궁숫자)」・「顚倒(: 순역)」之^間의 裁取(재취)′得失하면, 自^無不′當(무불당: 틀림이 없음)^矣이다!

《靑囊》萬卷이,

總^不出(: 벗어나지 못함)′體用이란 二字하니;

體는 有′山・水之^分하고,

用은 有′得・失之^辨이다 。

*囊(주머니 낭)

體에는 有′移步之不同(이보지부동)이고,

用에는 有′隨時之更變(수시지경변)이다 。

用은 必^依′形(: 형기)하여 而^顯′休咎(휴구: 길흉),

體는 必^因′氣(: 이기)하여 而^見′吉凶한다 。

要之^는,

體에 無用이면 不靈(불령)하고,

*隨(따를 수)
*休(쉴 휴)
*咎(허물 구)
*驗(증험할 험)
*默(잠잠할 묵)
*參(간여할 참)

用이 無體이면 不驗(불험)하니,
必須^
形(: 형기)과 氣(: 이기)를 兩兼하고,
默參(묵참)′九星의 生剋之^理하여,
以^推′休咎(휴구: 길흉)하면,
方^得′體用之^精微(정미)하다 ◦

此^《秘旨》는 言體言用하고,
縷析條分(누석조분: 조목조목 나누어 분석함)하고,
闡發精詳(천발정상)하고,
無微不入(무미불입: 매우 세밀함)하고,
非′深得′《靑囊(청낭)》之^奧(오: 심오함)·
河洛之^理者는,
焉^能′道(: 말하다)′其^隻子(척자: 일언반구)^耶하겠는가?

*縷(실 루)
*析(가를 석)
*條(가지 조)
*闡(밝힐 천)
*精(쓿은쌀 정)
*詳(자세할 상)
*微(작을 미)
*奧(속 오)
*焉(어찌 언)
*隻(마리 척)
*耶(~입니까 야)

'道光(:청조 제8대 선종황제[1782~1850년]의 연호)'
癸未(1823년) '無心道人(: 章仲山의 호)' 註(주)

【鐘註】

「見/綠存(녹존: 3)」・
「遇/文曲(문곡: 4)」・
「值/廉貞(염정: 5)」・
「逢/破軍(파군: 7)은」,
當^與^上句인
「丙(9)臨文曲・丁(9)近傷宮은,
人財因之하여 耗乏(모핍)한다」連接되어,

*耗(줄어들 모)
*乏(가난할 핍)

此言은 挨星
〈93〉이 失運에는 主/瘟癀(온황: 전염병)하고,
〈94〉이 挨星이 失運에는 出/蕩子(탕자)이고,
〈95〉이 挨星이 失運에는 又^逢/凶惡之^形이면 主/火災이고,
〈97〉이 挨星이 失運에는 主/身體가 殘傷이다 ◦

*瘟(염병 온)
*癀(황달병 황)
*蕩(쓸어버릴 탕)
*殘(해칠 잔)
*傷(상처 상)

分開/來看/亦^可:
〈祿存3碧〉은 爲/蟲(충: 세균)으로,
失令・不得用하면, 主/罹患(이환)/傳染病(전염병)이고;

*罹(근심 리)
*患(근심 환)
*染(물들일 염)

〈文曲4綠〉은 爲/風으로,
其性이 飄動(표동)하여,
失令・不得/用하면, 主/出/浪蕩之人(낭탕지인)이고;

*飄(회오리바람 표)
*浪(물결 랑)
*蕩(쓸어버릴 탕)

〈廉貞5黃〉은 性이 烈하여,
飛出/中宮하면 化爲/㊋星으로,
失令・不得/用하면, 主/遭/火災・橫禍(횡화)하고;

*遭(만날 조)
*橫(가로 횡)
*禍(재화 화)

〈破軍7赤〉은 爲/㊎으로, 性이 銳利(예리)하여,
失令・不得/用하면, 主/刀傷・橫死한다 ◦

*銳(날카로울 예)
*利(날카로울 리)

【鐘新解】

1.楊筠松의《天玉經》의 陽土陰土와 自庫借庫

陽㊏(: +辰+戌)・陰㊏(: -丑-未)와

自庫(자고)・借庫(차고)는

《天玉經(천옥경)》에

『要求′富貴하려면 三般卦(삼반괘: 왕기,생기,차생기)이고,

出卦(: 大空亡)는 家가 貧乏(빈핍)이다 。

寅申巳亥(: 四生)에 水가 來長하면,

五行(: 九星五行)은 向中藏(향중장: 得失)이다 。

辰戌丑未(: 四墓)인 叩金龍(고금룡: 得失)이고,

動得하면 永不窮(영불궁)이다 。

若^還^

借庫(: 출괘;失)는 富한 後에 貧이고,

自庫(: 불출괘;得)는 樂이 長春(장춘: 오래감)이다 。』

*借(빌 차)
*庫(곳집 고)
*貧(가난할 빈)
*乏(가난할 핍)
*藏(감출 장)
*叩(두드릴 고)
*窮(다할 궁)
*還(돌아올 환)

【鐘按】

三合胞胎理論: 매판적방위(呆板的方位)는 오류

陽㊏는 指′〈+辰+戌〉・

陰㊏는 指′〈-丑-未〉이다 。

〈+辰〉은 爲′㊌之^墓庫이고,

〈+戌〉은 爲′㊋之^墓庫이고,

〈-丑〉은 爲′㊎之^墓庫이고,

〈-未〉는 爲′㊍之^墓庫이다 。

三合地理에서

以^此^ '四庫' 를 配′雙山하여

爲′ '四大局水口' 인데, 而曰하기를

『乙丙交而趨戌(을병교이추술: ㊋局),

辛壬會而聚辰(신임회이취진: ㊌局),

斗牛納丁庚之氣(두우납정경지기: ㊎局),

金羊收癸甲之靈(금양수계갑지령: ㊍局)』이다 。

又^演爲′殺入・救貧黃泉이다,

而日

「四個黃泉能殺人，辰戌丑未爲破軍;

四個黃泉能救人，辰戌丑未爲巨門」。
又以
二十八宿之
‘亢金龍’은 在′〈辰〉이고.
‘黃金狗’는 在′〈戌〉이고.
‘牛金牛’는 在′〈丑〉이고.
‘鬼金羊’은 在′〈未〉이고,
而^曰′‘四金殺(사금살)’이다。
種種마다 名目(: 이유)는, 先賢이 多有′論述하였는데,
而^
‘蔣大鴻(장대홍)’이 作′
《平砂玉尺辨僞(평사옥척변위)》
‘張心言’은 作′《叢說》하여,
闢之最力(벽지최력)하여,
詳見′‘張心言(장심언)’의
《地理辨正疏》〈卷五〉與〈卷末〉하였다。
[簡疏]
더욱 자세한 내용은 ‘鐘義明(종의명)’의
저서《地理實用集》155~159쪽을 참고바랍니다.

2. 蔣大鴻선생의 自庫(: 出卦)와 借庫(: 不出卦)

'蔣大鴻(장대홍)' 이 云하기를

『辰戌丑未는,

雖^俗에서 云하기를 '四庫' 인데,

其實^玄空에서는

不重(: 중요하지 않음)'墓庫之說(묘고지설)한다 。

'借庫(차고)' 는, 出卦(:大空亡)^也이다 。

'自庫(자고)' 는, 不出卦^也이다 。

是'重은 在'出卦・不出卦이고

不重'墓庫^也이다 。』

*俗(세속 속)

*庫(곳집 고)

*借(빌 차)

3. 章仲山선생의 《直解(: 지리변정직해)》

'章仲山(장중산)' 의

《直解(: 地理辨正直解)》에서는

『寅申巳亥・辰戌丑未는,

俱^屬/四維(:乾坤艮巽)之^爻神이다 。

「五行」인, 卽^大玄空의 九星五行이다 。

'叩金龍(고금룡)' ・ '向中藏(향중장)' 者는,

是/言/水裡龍神의 得^與^失^也이다 。

「得」은 爲/「動」이고, 又^謂「自庫」이며;

「不得」인, 卽^謂/「出卦」이고,

又^謂/「借庫」이다 。

「借庫」・「自庫」는,

不論/水之^去來이며,

總^要/得/五行(: 현공구성오행)의 生旺之^氣이고,

不必/拘/於^庫^與^不庫^也이다 。

時師는

一見하여

水來로 便^云/立/某向하고,

收/某方의 水來하였으니 爲/長生水가 到/堂이고,

'左水倒右' 者는 當^立/ '陽向' 하고, 如^

'右水倒左' 者는 當^立/ '陰向' 하고,

長生・官・旺(: 帝旺)方水는 宜^來하고,

衰・病・死・絶方水는 宜^去하여야 하고,

去處는

必須^〈辰丑戌未〉^方이면

便^爲/歸/ '庫' 하는데,

九州(: 中國)의 一例이고,

中外(중국이외의 나라)가 皆^然(: 오류를 활용있다는 의미)인데,

深可痛哉(심가통재: 잘못 알고 있다는 사실에 가슴이 아프다는 의미)이구나!』

*俱(함께 구)
*屬(속할 속)
*維(맬 유)
*叩(두드릴 고)
*歸(돌아갈 귀)
*庫(곳집 고)
*深(깊을 심)
*痛(아플 통)
*哉(어조사 재)

4. 鍾義明의 이론

(1) 四生・四旺・四墓는 오류이다

基′於^上述하여,

可知′玄空水法은

① 得: 生旺

是以^

向盤飛星之^<u>生旺</u>이 逢′水하면 爲′「得」이고,

② 失: 退衰死殺

向盤飛星之^<u>退衰死殺</u>이 逢′水하면

爲′「不得」・爲′「失」로,

24山之^吉凶은,

權衡(균형: 길흉을 분별하다)/

全^在′於^

元運의 立極之^山向(下卦・替卦)飛星있으며,

而^不在′於^

「四生・四旺・四墓」的^의

呆板(매판: 고정된 방식)의 吉凶이다 ◦

*逑(지을 술)
*權(저울추 권)
*衡(저울대 형)
*呆(어리석을 매)
*板(널빤지 판)

(2) -2未, -4辰, -6戌, -8丑는 모두 陰土이다

「+陽㊏·-陰㊏」의 其實은 是/
玄空飛星^地元的^
〈陰㊏: -2(未), -4(辰), -6(戌), -8(丑)〉·
〈陽㊏: +1(壬), +3(甲), +7(庚), +9(丙)〉^和^
〈土五(陰陽)〉之^臨/於^辰戌丑未^者는,
而^飛星은
以^用/逆(: -陰)하면 爲/吉하고,
四墓의 水口는 三合에서는 言/吉이지만(: 삼합포태이론),
實^分/陰陽하여 當^用/陰(: 逆)인,
故^曰/「貴은 剪裁(전재)」이다 。
'剪裁(전재: 재단(裁斷: 치수에 맞게 재고 자름)' 는
是/
指/隨^元運·視/水口之^陰陽하여
而^定/取捨(취사: 버리고 취함)한다 。

*剪(자를 전)
*裁(재단할 재)

*取(취할 취)
*捨(버릴 사)

(3) 심소훈 선생의 성문결 소개

※「自庫」·「借庫」는

是′玄空의「城門訣」之^秘인데,

‘蔣大鴻’·‘章仲山’ 선생은

均^顧′左右하고 而^言他(: 다른 말을 함)하여,

故意로 隱藏(은장)하였다。

凡^

向首의 左右의 二宮은 是′「城門」으로

與^向首가

合′生成的^이면 是′「正城門」이고·

不合′生成的^이면 是′「副城門」이다。

城門的^運盤飛星을

可以^入′中宮하여 逆飛하면,

玄空에서는 稱爲′可用′「城門訣」이다。

「城門訣」之^

正者(: 정성문)는 名′「自庫」이고,

副者(: 부성문)는 名′「借庫」이다,

*顧(돌아볼 고)
*隱(숨길 은)
*藏(감출 장)
*稱(일컬을 칭)

(4) 司馬頭陀(사마두타)선생의 水法

‘司馬頭陀(사마두타: 720~814년)’의 水法에서는

稱爲′「正馬」·「借馬」

(所謂「馬」는 就^是′‘祿命法’中的^財星)이다。

*祿(복 록)

① 救貧黃泉(구빈황천)

用′「城門訣」하면 可′發財한,

即^「救貧黃泉(구빈황천)」이고

*救(건질 구)
*泉(샘 천)

② 殺人黃泉(살인황천)

不可用′「城門訣」的^水인

則^會發′凶禍인,

即^「殺人黃泉(살인황천)」이다。

*禍(재화 화)

(5) 卦內는 生旺, 卦外는 退衰死殺

同理로,

水가 從^ '長生' 位에서 流出하면,

也^不是'全^作'凶斷

(三合地理에서는

謂'沖生한 則^傷丁絶嗣)인데,

而^要는

以^向盤飛星이 所值的^元運而定한데,

當元運이 生旺(:「卦內」)인 則^用之^하고,

當元運이 退衰死殺(:「卦外」)인 則^棄之^한,

故^曰'「由我取(유아취)」이다 。

(6) 鍾義明의 이론종합

總之하자면, 24方位는, *總(모을 총)

① 生旺

當元運에 生旺이고,

排′山에 得′山하고(: 旺山)・

排′水에 得′水하고(: 旺向),

又^

不犯′干支가 出卦(: 大空亡)・差錯(차착: 小空亡)한,

則^字字(: 24坐向)마다 可用하는데,

用′山한 則^發′丁貴하고,

用′水한 則^發′財祿한다 。

*差(어긋날 차)
*錯(섞일 착)

② 死殺

反′之하여, 若^當元運이 死殺인데,

排′於^山한 則^人丁이 損折(손절)하고,

排′於^水한 則^財產이 耗乏(모핍)하여,

字字(: 24좌향)마다 皆^不可′用이고,

*損(덜 손)
*折(꺾을 절)
*耗(줄 모)
*乏(가난할 핍)

③ 空亡

若^又^

犯′干支(: 24坐向)가 出卦・差錯하면,

更^有′破家覆宗(파가복종)之^處이다 。

*差(어긋날 차)
*錯(섞일 착)
*破(깨뜨릴 파)
*覆(뒤집힐 복)

④ 時間, 空間

其^吉凶과 剋應(극응: 영향)은 是′

隨′

時間(元運: 3元9運)・

空間(穴場^及^周圍的^地理環境形勢)하여

而^有′不同的^效應(효응)이다 。

*隨(따를 수)
*周(두루 주)
*圍(둘레 위)
*環(고리 환)
*境(지경 경)

(7) 三合派의 이론: 오류

不像(:같잖은)

以^「四經三合五行」以^出水口로

定′長生(장생)・帝旺(제왕)・墓庫(묘고)하여

立向消水하는

「向上五行」은,

以^

向上으로 起′長生・帝旺이,

水口는 在′衰(쇠)・沐(욕: 沐浴)・胎(태)方은

爲′「借庫消水」하고,

以^小玄空五行으로 分′水하여 爲′

生入・剋入은 爲′吉하고,

生出・剋出은 爲′凶하고;

以^天盤縫針으로 立向消水하는데,

謂′

'萬水는 皆^從(:부터)′天하여 上來(: 위에서 내려옴)'

라고 하고,

水路는 都^要′從^天干으로 來去하는....等等의

用法的^三合派의 地理이다。

(8) 卦內(공망이 아님 · 합국) · 卦外(공망 · 불합국)

「卦內」・「卦外」는,

從《天玉經》中에

'蔣大鴻'・

'章仲山'・

'溫明遠(온명원: 《地理合璧》의 저자)'

的^註語에,

可知'卦에는

有'「地卦」・「天卦」之^分이다 。

① 地卦(: 地盤正針 24坐向)

「地卦」

는 是'羅經(나경)의 地盤正針的^24山으로,

每^三山一卦的^「卦」이며,

又^從'每卦는

分出'地元・天元・人元的^「卦」이다 。

來龍・坐向・砂水는

不犯'地元^與^人元의 相雜(:大空亡;

①亥壬・②癸丑・③寅甲・④乙辰・

⑤巳丙・⑥丁未・⑦申庚・⑧辛戌^及^

①壬亥・②丑癸・③甲寅・④辰乙・

⑤丙巳・⑥未丁・⑦庚申・⑧戌辛)인,

即^爲'「卦內(: 空亡이 아님)」이다 。

《玄空秘旨》에서 提出한

「四墓・四生」,

「非吉・非凶」인,

即^

點出(점출)'這^八個^地支方位는

是'

後天八卦이며, 卦^與^卦的^交界(:大空亡)인데,

必須^謹愼(근신)하여 運用하라 。

*謹(삼갈 근)
*愼(삼갈 신)

② 天卦(:生旺氣): 三般卦, 三陽星, 內卦

「天卦」는
是′指′元運的^三般卦로,
每^一運的^
'旺氣' ^和^ '生氣(:生氣와 次生氣)'
的^三의 顆星(과성)으로,
如^下元 七運에
〈7赤〉은 爲′旺氣이고,
〈8白〉〈9紫〉는 爲′生氣로,
〈7, 8, 9〉這^三顆星인
即^是′下元七運的^
「三般卦」하며, 又^稱′
「三陽星」이다 。

*顆(낟알 과)

(狹義的^으로
「天卦」는 是′指′向盤飛星(: 向星)이고, 而
「地卦」는 是′指′山盤飛星(: 山星)이다 。
初^習′玄空者는
常^會被′這些^名詞를 搞混(고혼: 혼동)하는데,
務/要弄′清楚(청초: 분명)한다 。)

*狹(좁을 협)
*習(익힐 습)
*這(이 저)
*些(적을 사)
*搞(할 고)
*混(섞을 혼)
*弄(할 롱)
*楚(모형 초)

③ 卦內(: 合局得令)

龍穴砂水가

排山得山・排水得水하면,

均^在′'旺氣'^和^'生氣'가

「三般卦」之^內하여,

是爲′「卦內」이다 。

(1) 三般卦(: 三陽星)

(2) 地卦出(: 좌향空亡)+天卦不出(: 득령 및 합국)

(3) 眞卦內(①+空亡아님)

④ 卦外: 大空亡, 天卦出실령(또는 불합국)

龍穴砂水的^

方位나,

干支가

犯′人元・地元相雜하면,

名′「出卦(: 大空亡:地卦出)」이고;

在^元運的^退衰死殺方位가,

不在′「三般卦」內하면,

也^是′「出卦(:天卦出)」이다 。

兩者가 都^是′「卦外」이다 。

⑤「眞卦外」,「卦內」,「眞卦內」

1) 眞卦外: 天卦・地卦는 모두 出卦면 사용불가

地卦出(:大空亡)・天卦出(: 합국)가 都^出卦는,

是「眞卦外」이다 。

2) 卦內: 地卦出・天卦不出은 조심하여 사용가능

地卦出(: 空亡)・天卦不出(: 합국)하면,

仍^可算′「卦內」이다 。

*仍(인할 잉)

3) 眞卦內:天卦・地卦가 不出卦이면 사용가능

天卦・地卦가 都^不犯′出卦이면,

是′「眞卦內」이다 。

《天玉經》에 云하기를

『惟有挨星爲最貴(유유애성 위최귀: ; 오직 애성이 가장 귀중한데),

泄漏天機秘(설루천기비: ; 하늘의 비밀을 누설하였다)이다。

天機若然安在內(천기약연 안재내: ; 천기가 만약에 안에 있으면),

家活當富貴(가활당부귀: ; 가문은 활기차며 부귀하고)이다。

天機若然安在外(천기약연 안재외: ; 천기가 만약에 밖에 있으면),

家活漸退敗(가활점퇴패: ; 가정의 활기는 점점 기울고)이다。

五星配出九星名(오성배출 구성명: ; 오성에서 구성이 배출하면),

天下任橫行(천하임횡행: ; 천하를 마음대로 다닐 것이다)이다。』

*挨(칠 애)
*洩(샐 설)
*漏(샐 루)
*漸(점점 점)
*任(맡길 임)
*配(아내 배)
*任(맡길 임)
*橫(가로 횡)

《玄空秘旨》에서 所謂^的한
「天心槖籥(천심탁약: 본장 7번)」은,
就^是′《天玉經》에서
所說的^
‘挨星(애성)’과‘天機(천기)’는,
隨^元運하여 變化′陰陽하고,
順逆′流行的^九星之^氣이다 ○
在′特定的^時間內에서,
利用′山向的^操控(조공: 조종)하고,
使′九星之氣가 適當的^與^
明暗(명암)·
動靜(동정)·
空實(공실)·
凸凹(철요)·
高低(고저)·
大小(대소)·
尖方圓(첨원방)·
曲直(곡직)·
山嶽(산악)·
江河(강하)·
岡阜(강부)·
湖池(호지)^
等의 地理^要素와 結合하여,
產生′對^人類하여 有益的^效應하면,
斯(사: 이것)가 爲′「妙」이다 ○

《終》

*槖(전대 탁)
*籥(피리 약)
*隨(따를 수)
*操(잡을 조)
*控(통제할 공)
*適(갈 적)
*當(당할 당)
*與(더불어 여)
*暗(어두울 암)
*凸(볼록할 철)
*凹(오목할 요)
*曲(굽을 곡)
*直(곧을 직)
*嶽(큰 산 악)
*岡(산등성이 강)
*阜(언덕 부)
*湖(호수 호)
*池(못 지)
*素(성분 소)
*益(더할 익)
*斯(이 사)
*終(끝날 종)

제 1장

變易(변역)과 不易(불역)의 이치

1. 不知變易(불지변역)， 但知不易(단지불역)，
九星八卦皆空(구성팔괘개공)，

2. 不識三般(불식삼반)， 那識兩片(나식양편)，
凡屬五行盡錯(범속오행진착)이다 。

3. 顚之倒之(전지도지)，
轉禍福於指掌之間(전화복어지장지간)，

4. 左挨右挨(좌애우애)，
辨吉凶於毫芒之際(변길흉어호망지제) 。

5. 一天星斗(일천성두)， 運用只在中央(운용지재중앙);
九曜干支(구요간지)， 旋轉由乎北極(선전유호북극) 。

*但(다만 단)
*皆(다 개)
*那(어찌 나)
*錯(섞일 착)
*顚(뒤집을 전)
*倒(넘어질 도)
*辨(분별할 변)
*毫(가는 털 호)
*芒(털끝 망)
*旋(돌 선)
*轉(구를 전)

1. 變易(변역)을 모르고, 不易(불역)만 알고 있다면,
九星과 八卦는 모두 헛되고,

2. 三般(:生旺氣)도 모르는데, 兩片(:順逆)을 알 것인가!
三合五行(: 포태법)은 아주 잘못된 이론이다.

3. 顚之倒之(전지도지: 挨星)에 따라,
禍福(화복)은 掌訣(장결:현공풍수)에 있다.

4. 陽左로 順行하고 陰右로 逆行하는데,
조금의 차이에 따라 吉凶이 다르게 나타난다.

5. 하늘에 별도 북극성을 중심으로 돌듯이,
九星을 中宮에 넣고 順逆飛排한다.

*順(순할 순)
*逆(거스를 역)
*挨(밀칠 애)=飛
*訣(비결 결)

제 2장

夫婦(부부)와 兒孫(아손)

1. 夫婦相逢於道路(부부상봉 어도로),
   却嫌阻隔不通情(각혐조격 불통정);

2. 兒孫盡在於門庭(아손진재 어문정),
   猶恐凶頑非孝義(유공흉완 비효의)。

*逢(만날 봉)
*却(오히려 각)
*嫌(싫어할 혐)
*阻(험할 조)
*隔(사이 뜰 격)

*兒(아이 아)
*庭(뜰 정)
*恐(두려울 공)
*頑(완고할 완)

1. 夫婦(: 旺氣向星과 旺氣山星)에 道路(:合局)이라도,
   山水가 凶象이면 오히려 싫어하여 무정한 부부이고,

2. 夫婦(: 生氣向星과 生氣山星)이 門庭(:合局)이라도,
   山水가 凶象이면 오히려 두렵고 불효자가 난다.

제 3장

空亡(공망)과 反吟伏吟(반음복음)

*吟(신음할 음)

1. 卦爻雜亂(괘효잡란), 異姓同居(이성동거),

2. 吉凶相併(길흉상병), 螟蛉爲嗣(명령위사)。

*雜(섞일 잡)
*異(다를 이)

*併(아우를 병)
*嗣(이을 사)

1. 坐向이 空亡이면, 다른 성씨와 같이 살게 되고,

2. 吉凶이 뒤섞이고, 養子(양자)를 들이게 된다.

*姓(성 성)
#性(성품 성)

제 4장

九星組合(구성조합)·有吉有凶(유길유흉)

1. 山風值而泉石膏肓(산풍치이 천석고황),

*膏(살찔 고)
*肓(명치끝 황)

2. 午酉逢而江湖花柜(오유봉이 강호화류) ○

3. 星連奎璧(성련규벽),
啓八代之文章(계팔대지 문장),

4. 胃入斗牛(위입두우),
積千箱之玉帛(적천상지 옥백),

5. 雞交鼠而傾瀉(계교서이 경사),
必犯徒流(필범도류);

6. 雷出地而相沖(뇌출지이 상충),
定遭桎梏(정조질곡) ○

*逢(만날 봉)
*奎(별이름 규)
*璧(둥근 옥 벽)
*啓(열 계)
*胃(별이름 위)
*箱(상자 상)
*帛(비단 백)
*鼠(쥐 서)
*瀉(쏟을 사)
*徙(귀양보낼 사)
*桎(차꼬 질)
*梏(쇠고랑 곡)

1. 山이 風을 만나면, 泉石膏肓(천석고황)이고
〈8山㊏〉←〈4風㊍〉는 탈속(脫俗)주의자이고,

2. 午가 酉를 만나면, 江湖에 花柳(화류)이고,
〈9午㊋〉→〈7酉㊎〉는 난봉꾼이고,

3. 星(성)이 奎璧(규벽)을 만나면, 대문장가 나고,
〈1虛㊌〉⇦〈6奎㊎〉은 문장가이고,

4. 胃에 斗牛(두우)면, 천 상자의 玉帛(옥백)을 쌓고,
〈7胃㊎〉=〈8斗牛㊎〉은 부자이고,

5. 雞(계)에 鼠(서)이고, 물이 傾瀉(경사)지면, 유배되고;
〈7鷄㊎〉⇨〈1鼠㊌〉는 범죄자이고,

6. 雷(뇌)에 地(2)이고, 相沖(상충)하면, 장애물을 만난다.
〈3雷㊍〉→〈2地㊏〉는 장애물이다

제 5장
生剋制化의 正變(정변)과 補瀉(보사)

1. 火若剋金兼化木(화약극금 겸화목),
   數經回祿之災(삭경회록지재),

*數(자주 삭)

2. 土能制水復生金(토능제수 부생금),
   定主田庄之富(정주전장지부);

*庄(농막 장)

3. 木見火而生聰明奇士(목견화이생 총명기사),

*聰(귀밝을 총)

4. 火見土而生愚鈍頑夫(화견토이생 우둔완부),

*愚(어리석을 우)
*鈍(무딜 둔)
*頑(둔할 완)

5-1. 無室家之相依(무실가지 상의),
   奔走於東西道路(분주어 동서도로),

*奔(달릴 분)

5-2. 鮮姻緣之作合(선인연지 작합),
   寄食於南北人家(기식어 남북인가)。

*鮮(적을 선)
*姻(혼인 인)
*緣(인연 연)

1. ㊋剋㊎에 ㊍生㊋하면, 누차 화재가 발생하고,
   [〈7㊎〉🡐〈9㊋〉]⇦〈3㊍ · 4㊍〉: 화재

2. ㊏剋㊌하더라도 金生水하면, 부동산 부자가 나고;
   [〈2㊏8㊏〉🡒〈1㊌〉]⇦〈6㊎ · 7㊎〉: 부자

3. ㊍生㊋하면 聰明奇士(총명기사)가 나고,
   〈3㊍⇨9㊋〉, 〈4㊍⇨9㊋〉: 총명

4. ㊋生㊏는 愚鈍頑夫(우둔완부)가 난다.
   〈9㊋⇨2㊏〉, 〈9㊋⇨5㊏〉, 〈9㊋⇨8㊏〉: 우둔

5-1. 室家(:집안)에 의지할 곳이 없으면,
   이리 저리로 분주하고,
   〈3㊍〉🡐〈6㊎7㊎〉: 부부갈등

5-2. 姻緣(:인연)이 없으면, 이집 저집에서 빌어먹는다.
   〈9㊋〉🡐〈1㊌〉: 거지

제 6장

多情無情(다정무정) · 正配雙至(정배쌍지)

1. 男女多情(남녀다정),
   無媒妁而爲私合(무매작이 위사합);

*媒(중매 매)
*妁(중매 작)

2. 陰陽相見(음양상견),
   遇冤讐則反無情(우원수즉 반무정)이다 。

*冤(원통할 원)
*讐(원수 수)

3. 惟正配而一交(유정배이 일교),
   有夢蘭之兆(유몽란지조);

*夢(꿈 몽)
*蘭(난초 란)

4. 得干神之雙至(득간신지 쌍지),
   多折桂之英(다절계지영) 。

*折(꺾을 절)
*桂(계수나무 계)

1. 男女가 多情하여, 婚前同居(혼전동거)하고;
   : 形吉理凶 · 失令에 〈78〉

2. 陰陽이 相見이라도, 원수를 만나 오히려 무정하다.
   : 〈出卦〉, 〈不合局〉

3. 正配가 되면, 귀한 아들을 낳고;
   : 夫婦配 〈1-9〉, 〈2-8〉, 〈3-7〉, 〈4-6〉

4. 干神이 雙至을 얻으면, 과거급제한다.
   : 雌雄配 〈1-9〉, 〈2-6〉, 〈3-4〉, 〈7-8〉

제 7장

陰神火曜(음신화요), 非類姻親(비류인친)

1. 陰神滿地成群(음신만지 성군),
   紅粉場中快活(홍분장중쾌활),

*粉(가루 분)
*快(쾌할 쾌)

2. 火曜聯珠相遇(화요련주상우),
青雲路上逍遙(청운로상소요)。

*逍(거닐 소)
*遙(멀 요)

3. 非類相從(비류상종)， 家多淫亂(비류상종);
姻親相合(인친상합)，世出賢良(세출현량)

*從(좇을 종)
*姻(혼인 인)

1. 陰數(-2,-4,-7,-9)이 무리를 이루면,
여성들이 모여 음란하다.

2. 火星이 연속되면 출세하여 여유롭다.
〈16〉은 합격, 출마당선

3. 다른 種類가 같지 않으면(出卦), 집안에 음란하고;
來龍·坐向·水口가 不雜(부잡)하면, 현량이 나온다.

제 8장

排山排水(배산배수)와 趨旺避衰(추왕피쇠)

1. 負棟入南離(부동입남리),
竚見廳堂再煥(저견 청당재환),

*棟(용마루 동)
*竚(우두커니 저)
*廳(관청 청)
*煥(불꽃 환)

2. 驅車朝北闕(구거조북궐),
時聞丹詔頻來(시문 단조빈래)。

*驅(몰 구)
*詔(고할 조)
*頻(자주 빈)

3. 全無生氣入門(전무생기입문),
糧蹇一宿(양건일숙),
會有旺神到穴(회유왕신도혈),
富積千箱(부적천상)。

*糧(양식 량)
*蹇(절 건)
*宿(묵을 숙)
*到(이를 도)
*積(쌓을 적)
*箱(상자 상)

1. 용마루를 지고 남쪽으로 들어가면,

집을 신축(또는 가문의 영광)한다.
〈3㊍〉⇨〈9㊋〉: 신축, 교지(敎旨), 임명장

2. 수레를 몰고 대궐의 북문을 향하여,
교지(敎旨)를 받게 된다
〈3㊍〉⇦〈1㊌〉: 발령장이나 임명장

3. 大門에 生氣가 없으면 하루 먹을 양식도 없고,
大門에 旺氣가 이르면 대부호가 된다.

제 9장

先後天體用(선후천체용) · 河洛相參(하락상참)

1. 相剋而有相濟之功(상극이유 상제지공),
先天之乾坤大定(선천지 건곤대정)。

2. 相生而有相凌之害(상생이유 상능지해),
後天之金木交併(후천지 금목교병)。

*濟(도울 제)
*凌(깔볼 능)
*併(아우를 병)

1. 後天으로는 相剋하여도 유익한 공로가 있는 것은,
先天의 乾坤이 大定(대정)하기 때문이다。

2. 先天으로는 相生하여도 업신여기는 피해가 있는 것은,
後天의 ㊎㊍이 交併(교병)하기 때문이다。

제 10장

形理兼看(형리겸찰)은 制化(제화)의 精微(정미)

*微(작을 미)

1. 木傷土而金位重重(목상토이 금위중중),
禍須有救(화수유구),

2. 火制金而水神疊疊(화제금이 수신첩첩),
災亦能禳(재역능양)。

*方(드디어 방)
*疊(겹쳐질 첩)
*禳(물리칠 양)

3. 土濁水而木旺(토탁수이목왕), 無妨(무방),

4. 金伐木而火榮(금벌목이화영), 無忌(무기) 。

*濁(흐릴 탁)
*妨(방해할 방)
*榮(꽃 영)
*忌(꺼릴 기)

1. ㊍剋㊏인데 ㊎剋㊍하면, 禍를 모면한다。
: 〈6㊎7㊎〉➔【3㊍➔8㊏】

*禍(재화 화)

2. ㊋剋㊎하는데 ㊌剋㊋하면, 재앙을 막아낸다。
: 〈1㊌〉➔【9㊋➔6㊎7㊎】

*災(재앙 재)

3. ㊏剋水㊌하는데 ㊍이 旺(왕:相生)하면, 무방하다。
: 〈3㊍4㊍〉➔【2㊏5㊏8㊏➔1㊌】

4. ㊎剋㊍하는데 ㊋가 榮(영:相生)하면, 꺼리지 않는다。
: 〈9㊋〉 ➔【6㊎7㊎➔3㊍4㊍】

*禳(액막이 양)
*榮(왕성할 영)

제 11장

忌神(기신)은 制神(제신)으로 조절

1. 忌神旺而 制神衰(기신왕이 제신쇠),
乃入室以 操戈(내입실이 조과),

2. 吉神衰而 凶神旺(길신쇠이 흉신왕),
直開門而 揖盜(직개문이 읍도) 。

*操(잡을 조)
*戈(창 과)
*揖(읍 읍)
*盜(훔칠 도)

1. 忌神(기신: 나를 剋하는 신)이 旺(왕)한데,
制神(제신: 기신을 극하는 신)이 衰(쇠)하면,
바로 집안에 싸움이 일어나고,

2. 吉神(나를 生하는 신)이 衰하고, 凶神이 旺하면,
바로 도둑이 불러 드린다。

제 12장

剋入(극입)과 生入(생입)

1. 重重剋入(중중극입)， 立見死亡(입견사망)，
   位位生來(위위생래)， 連添喜氣(연첨희기) 。

2. 不剋我(불극아)， 而剋我同類(이극아동류)，
   多鰥寡孤獨之人(다과부고독지인)，

3. 不生我(부생아)， 而生我家人(이생아가인)，
   出俊秀聰明之士(출준수총명지사) 。

*立(즉시 립)
*添(더할 첨)
*鰥(홀아비 환)
*寡(적을 과)
*俊(뛰어날 준)
*聰(귀 밝을 총)

1. 重重으로 剋入(: 失運)하면, 즉시 死亡하고,
   位位마다 相生(: 得運)하면, 喜氣(희기)가 연속된다 。

2. 不剋我(:當運合局)이라도, 我同類(:生氣)가 불합국은,
   (當運이 지나면) 鰥寡孤獨(환과고독)이 난다,

3. 不生我(:當運불합국)이라도, 我家人(:생기) 합국이면,
   (當運이 지나면) 俊秀聰明(준수총명)한 사람이 난다。

제 13장

不姙(불임)·生氣山(생기산)의 有無情(유무정)

1. 爲父所剋(위부소극)，
   男不招兒(남불초아)，

2. 爲母所傷(위자소상)，
   女難得嗣(여난득사);

3. 後人不肖(후인불초)，
   因生方之 反背無情(인생방지 반배무정)，

*招(부를 초)
*兒(아이 아)
*亂(어지러울 란)
*嗣(이을 사)
*肖(닮을 초)
*背(등 배)

4. 賢嗣承宗(현사승종),
緣生位之 端方朝揖(연생위지 단방조읍) 。

*嗣(이을 사)
*承(받들 승)
*緣(인연 연)
*端(바를 단)
*揖(읍할 읍)

1. 父가 剋하면 男子가 불임이고, 〈6㊎➔3㊍〉

2. 母가 剋하면, 女子가 불임이다。 〈2㊏➔1㊌〉

3. 자식이 부모보다 못난 이유는,
生氣方의 山이 反背하여 無情하기 때문이고,

4. 賢嗣承宗(현사승종: 자손번창)하는 이유는,
生氣方에 山이 단정하게 朝揖(조읍)하기 때문이다。

제 14장

지나친 我剋(아극)과 지나친 我生(아생)

1. 我剋彼而 竟遭其辱(아극피이 경조기욕),
爲^財帛^以^喪身(위재백이 상신),

2. 我生之而 反受其殃(아생지이 반수기앙),
因^產難^而^致死(인산난이 치사) 。

*辱(욕되게할 욕)
*帛(비단 백)
*殃(재앙 앙)
*致(보낼 치)

내가 相剋하여도 마침내는 욕이 되어,
재물로 사람이 상한다,

내가 相生하여도 오히려 재앙을 받아,
출산하다가 죽는다.

제 15장

形(형)과 氣(기)의 相剋(상극)과 利害(이해)

1. 腹多水而膨脹(복다수이팽창),

2. 足見金而蹣跚(족견금이만산)。

3. 巽宮水路纏乾(손궁수로전건),
主有吊樑之厄(주유조량지액),

4. 兌位明堂破震(태위명당파진),
定生吐血之災(정생토혈지재)。

5. 風行地而硬直難當(풍행지이 경직난당),
室有欺姑之婦(실유기고지부),

6. 火燒天而張牙相鬪(화소천이장아상투),
家生罵父之兒(가생매부지아)。

*膨(부풀 팽)
*脹(배부를 창)
*蹣(비틀거릴 만)
*跚(비틀거릴 산)
*纏(얽힐 전)
*吊(조상할 적)
*樑(들보 량)
*吐(토할 토)
*欺(속일 기)
*姑(시어미 고)
*燒(사를 소)
*張(베풀 장)
*鬪(싸움 투)
*罵(욕할 매)

1. 〈2㊏➔1㊌〉: 복부질병
배에 물이 많이 차면은 膨脹(팽창)이라고 한다.

2. 〈6㊎ · 7㊎➔3㊍〉: 절뚝발이
〈足(3)〉에 〈㊎〉을 만나면 절뚝발이이다.

3. 〈6㊎➔4㊍〉: 자살, 질식사망
〈巽宮(4)〉의 水路가 〈乾宮(6)〉을 감아 돌면, 懸樑之犯(현량지범: 목매달고 자살)이다.

4. 〈7㊎➔3㊍〉: 간질환으로 吐血(토혈)
〈兌(7)〉位에 물이 있고 ´〈震(3)〉을 相剋하면,
吐血(토혈)이다.

5. 〈4㊍➔2㊏〉: 불효 며느리
〈風地(42)〉에 도로가 直衝(직충)하면 감당하기 어려워,

집안에 며느리가 시어머니를 업신여긴다.

6. 〈9㊋➔6㊎〉: 불효자식
〈㊋〉剋〈㊎〉하고 張牙相鬪(장아상투: 形氣凶象)이면,
집안에 불효자가 생긴다.

제 16장

兩局相關(양국산관)과 孤龍單結(고룡단결)

1. 兩局相關(양국상관), 必生孿子(필생련자), *孿(쌍둥이 련)

2. 孤龍單結(고룡단결), 定有獨夫(정유독부) ° *孤(외로울 고)

1. 兩局相關(: 상산이나 하수의 합국)이면,
   慶事가 겹치고,
   〈上山+合局, 下水+合局〉

2. 孤龍單結(: 上山불합국이나 下水불합국)는,
   獨夫(독부: 노총각)가 난다。
   〈上山(또는 下水)不合局+巒頭가 不眞〉

제 17장

卦理(괘리)와 變卦(변리)

1. 坎宮高塞而耳聾(감궁고색 이이롱), *塞(막힐 색) *聾(귀머거리 롱)

2. 離位傷殘而目瞎(이위상잔 이목할), *殘(해칠 잔) *瞎(애꾸눈 할)

3. 兌缺陷而脣亡齒寒(태결함이 순망치한), *缺(이지러질 결) *脣(입술 순) *憂(근심할 우)

4. 艮破碎而筋臂折(간파쇄이 근비절), *筋(힘줄 근) *臂(팔 비)

*折(꺾을 절)

5. 山地被風吹(산지피풍취), 還生風疾(환생풍질),

*被(당할 피)
*吹(불 취)

6. 雷風因金死(뇌풍인금사), 定被刀兵(정피도병)。

1. 〈①坎〉에 막혀 있으면 耳聾(이롱: 귀먹어리)이고,
〈①㊌〉←〈2㊏〉〈5㊏〉〈8㊏〉

*聾(귀머거리 롱)

2. 〈⑨離〉가 상잔(傷殘)하면 目瞎(목할: 장님)이 나고,
〈⑨㊋〉←〈1㊌〉

*殘(해칠 잔)
*瞎(애꾸눈 할)

3. 〈⑦兌〉에 결함(缺陷)이면 脣亡齒寒(순망치한)이다,
〈⑦㊎〉←〈9㊋〉

*缺(이지러질 결)
*脣(입술 순)

4. 〈⑧艮〉이 파쇄(破碎)하면 筋臂(근비)가 상하고,
〈⑧㊏〉←〈3㊍〉〈4㊍〉

*筋(힘줄 근)
*臂(팔 비)

5. 〈8艮㊏=2坤㊏〉에 風吹하면, 風疾(: 반신불수)이고,
〈8㊏2㊏〉←〈4㊍〉

6. 〈34㊍〉이 〈6㊎7㊎〉에 死하면, 필히 刀兵(: 전쟁)이다。
〈3㊍4㊍〉←〈6㊎7㊎〉

제 18장

子息卦(자식괘)와 父母爻(부모효)

1. 家有少亡(가유소망),
只爲沖殘子息卦(지위충잔 자식괘),

*沖(찌를 충)
*殘(해칠 잔)

2. 庭無耆老(정무기로),
都因攻破父母爻(도인공파부모효)。

*庭(뜰 정)
*耆(늙은이 기)

1. 집안에 젊은이가 죽는 이유는,
자식괘(: 山星, 向星)가 충잔(沖殘: 相剋)하기 때문이고,

2. 집안에 장수하는 사람이 없는 이유는,
부모효(: 運盤)가 공파(攻破: 相剋)되었기 때문이다。

제 19장

因形察氣(인형찰기): 形氣로 地氣를 살핀다

1. 漏道在坎宮(누도재감궁),
遺精洩血(유정설혈),

2. 破軍居巽位(파군거손위),
顚疾風狂(전질풍광)。

3. 開口筆插離方(개구필 삽리방),
必落孫山之外(필락 손외지외),

4. 離鄉砂飛艮位(이향사 비간위),
定亡驛路之中(정망 역로지중)。

*漏(샐 루)
*遺(끼칠 유)
*洩(샐 설)
*顚(머리 전)
*狂(미칠 광)
*插(꽂을 삽)
*驛(역참 역)
*路(길 로)

1. 「누도(漏道)」가 〈坎宮(1)〉에 있으면,
생식기에 遺精(유정)이나 洩血(설혈)하고,
〈⊗+1〉

2. 「파군(破軍)」이 〈巽位(4)〉에 있으면,
顚疾風狂(전질풍광: 미치광이)이다。
〈▼+4〉

3. 「개구필(開口筆)」이 〈離方(9)〉에 있으면,
과거에 낙방(落榜)하고,
〈▼+9〉

4. 「이향사(離鄕砂)」가 〈艮位(8)〉에 있으면,
객사(客死)한다.
〈▼+8〉

제 20장

體得其體(체득기체) · 用得其用(용득기용)

1. 金水多情(금수다정), 貪花戀酒(탐화연주),
2. 木金相反(목금상반), 背義忘恩(배의망은),
3. 震庚會局(진경회국),
文臣而兼武將之權(문신이겸무장지권),
4. 丁丙朝乾(병정조건),
貴客而有耆耄之壽(귀객이유 기모자수)。
5. 天市合丙坤(천시합병곤), 富堪敵國(부감적국),
6. 離壬會子癸(이임회자계), 喜產多男(희산다남)。

*徵(부를 징)
*戀(사모할 련)
*恩(은혜 은)
*兼(겸할 겸)
*武(굳셀 무)
*將(장차 장)
*耆(늙은이 기)
*耄(늙은이 모)
*堪(할 감)

1. 〈㊎水(1⇦7)〉가 多情하면, 貪花戀酒(탐화연주)하고,
2. 〈㊍㊎(3🡐7)〉이 相反하면, 背義忘恩(배의망은)하고,
3. 〈震庚(3🡐7)〉이 會局하면,
文臣이 武將之權(무장지권)을 겸하고,
4. 〈丁丙(9🡒)〉이 乾(6)을 만나면,
貴客이고 壽命長壽(수명장수)한다.
5. 〈天市(8)〉가 〈丙坤(⇦92)〉을 만나면,

富豪(부호)가 되고,

6. 〈離(9)〉이 〈←壬子癸(1)〉를 만나면,
出産(출산)한다.

제 21장

動靜(동정)과 純雜(순잡)의 吉凶(길흉)

1. 四生有合人文旺(사생유합 인문전),
四旺無沖田宅饒(사왕무충 전택요) 。

*饒(넉넉할 요)

2. 丑未換局(축미환국), 而出僧尼(이출승니),
震巽失宮(진손실궁), 而生賊丐(이생적개) 。

*換(바꿀 환)
*僧(중 승)
*尼(여중 니)
*賊(도둑 적)
*丐(거지 개)

3. 南離北坎(남리북감), 位極中天(위극중천),
長庚啓明(장경계명), 交戰四國(교전사국) 。

4. 健而動(건이동), 動非佳兆(동비가조),
止而靜(지이정), 靜固不宜(정고불의) 。

*啓(열 계)
*健(튼튼할 건)
*佳(아름다울 가)
*兆(조짐 조)

5. 富並陶朱(부병도주), 斷是堆金積玉(단시퇴금적옥),
貴比王謝(귀지왕상), 總緣喬木扶疏(총연교복부소) 。

*陶(질그릇 도)
*總(거느릴 총)
*緣(가선 연)
*喬(높을 교)
*扶(도울 부)
*疏(트일 소)

6. 辛比庚(신비경), 而辛更精神(이신경정신),
甲附乙(갑부을), 而甲益靈秀(이갑익영수) 。

*益(더할 익)
*靈(신령 령)

7. 癸爲玄龍(계위현룡), 壬號紫氣(임호자기),
昌盛各得有攸司(창성각득유유사),
丙臨文曲(병림문곡), 丁近傷官(정근상관),

*號(부르짖을 호)
*紫(자줏빛 자)
*攸(바 유)=所
*司(맡을 사)

人財因之耗乏(인재인지모핍) 。

*耗(줄 모)
*乏(가난할 핍)

1.
四生(82・46[인원: 寅申・巳亥])이 合은 人文이 旺하고,
四旺(19・37[천원: 子午・卯酉])의 合은 田宅이 旺한다.

2.
丑未(82)가 換局(: 불합국)하면, 僧尼(승니)가 난다.
震巽(34)이 失宮하면, 賊丐(적개)가 난다.

*僧(중 승)
*尼(여중 니)
*賊(도둑 적)
*丐(거지 개)

3.
南離(9)北坎(1)는, 地位가 中天(: 중궁)에 이른다.
長庚(7: 서쪽금성)과 啓明(3: 샛별)은,
交戰(一順一逆)이 四國이다.

*啓(열 계)
*戰(싸울 전)

4.
健而動(: 錯雜?)은, 動(: 득령?)하여도 佳兆(가조)가 아니고,
止而靜(: 淸純?)은, 靜(: 실령?)하면 不宜(불의)하다.
〈공망: 합국과 불합국〉

*淸(맑을 청)
*純(순전할 순)
*錯(섞일 착)
*雜(섞일 잡)

5.
富가 陶朱(도주: 춘추전국시대에 대부호) 같으려면,
斷은 堆金積玉(: 6;퇴금적옥)이어야 하고,
貴가 王謝(귀비왕사: 대귀인),
喬木(3: 교목)扶疏(3: 부소)이어야 한다.

*陶(질그릇 도)
*總(거느릴 총)
*緣(가선 연)
*喬(높을 교)
*扶(도울 부)
*疏(트일 소)

6.
辛比庚(신비경), 而辛更精神(이신경정신), 〈同元〉
甲附乙(갑부을), 而甲益靈秀(이갑익영수). 〈同元〉

*益(더할 익)
*靈(신령 령)

7.
〈1癸〉는 玄龍(현룡)이고, 〈1壬〉은 紫氣(자기)로,
각기 攸司(유사)을 얻으면 昌盛한다. 〈淸純〉

8.
〈9丙㊋′巽4文曲㊍〉, 〈丁㊋′傷官(: 2坤)〉으로,

*耗(줄 모)
*乏(가난할 핍)

人財가 이로 인하여 耗乏(모핍)된다。 〈大空亡〉

제 22장

四墓四生(사묘생사)과 卦內卦外(괘내괘외)

1. 見祿存(견녹존), 瘟廣必發(온황필발),

2. 遇文曲(우무곡), 蕩子無歸(탕자무귀)이다 。

3. 値廉貞而頓見火災(치염정이 돈견화재),

4. 逢軍破而多虧身體(봉군파이 다휴신체)이다 。

5. 四墓非吉(사묘비길),
   陽土陰土貴剪裁(양토음토 귀전재),

6. 四生非凶(사생비흉),
   卦內卦外由我取(내재괘외 유아취) 。

7. 若知禍福緣因(약지화복연인),
   妙在天心橐籥(묘재천심탁약) 。

*瘟(염병 온)
*癀(황달병 황)

*蕩(쓸어버릴 탕)

*頓(갑자기 돈)

*虧(이지러질 휴)

*剪(자를 전)
*裁(마를 재)

*橐(전대 탁)
*籥(피리 약)

1. 〈3祿存(녹존)〉을 보면,
   瘟癀(온황: 전염병)이 반드시 나타나고,

2. 〈4文曲(무곡)〉을 만나면,
   가출한 자식이 돌아오지 않는다。

3. 〈5廉貞(염정)〉이 있으면,
   갑자기 火災(화재)가 난다,

4. 〈7軍破(파군)〉을 만나면,
   대개 身體가 손상된다。

5. 四墓(四庫: 辰戌丑未)라도
吉이 아니고(포태이론으로는 吉),
(五行상) 陽㊏(: 辰戌)와 陰㊏(:丑未)의 貴함은
剪裁(전재: 순역)에 달려있고,

6. 四生(: 寅申巳亥)이라고
凶이 아니고(포태이론으로는 凶),
卦內(: 得; 生旺)와 卦外(: 失; 退衰死殺)에 달려있다.

7. 만약에 禍福의 원인을 알려면,
妙는 橐籥(탁약: 中宮)에 있다.

1運《1864-1883년》(下卦·替卦)飛星盤

坐＼卦	下卦	替卦	坐＼卦	下卦	替卦
壬	7九4 2五9 9七2 8八3 ~~-6+5 ▲㊀~~ 4三7 3四8 [1]六① 5二6	~~←~~	丙	4九7 9五2 2七9 3九8 ~~+5-6 ◉㊀~~ 7三4 8四3 [1]六① 6二5	~~←~~
子	5九6 [1]五① 3七8 4八7 +6-5 ◉㊀ 8三3 9四2 2六9 7二4	←	午	6九5 [1]五① 8七3 7八4 -5+6 ▲㊀ 3三8 2四9 9六2 4二7	←
癸	‖ ↑	↖	丁	‖ ↑	↖
丑	5九6 9五2 7七4 6八5 -4+7 ▲㊀ 2三9 [1]四① 8六3 3二8	7九8 2五4 9七6 8八7 -6+9 ㊀ 4三2 3四3 [1]六5 5二①	未	6九5 2五9 4七7 5八6 +7-4 ◉㊀ 9三2 [1]四① 3六8 8二3	8九7 4五2 6七9 7八8 +9-6 ㊀ 2三4 3四3 5六① [1]二5
艮	3九8 8五3 [1]七① 2八9 +4-7 ◉㊀ 6三5 7四4 9六2 5二6	5九8 [1]五3 3七① 4八9 +6-7 ㊀ 8三5 9四4 2六2 7二6	坤	8九3 3五8 [1]七① 9八2 -7+4 ▲㊀ 5三6 4四7 2六9 6二5	8九5 3五① [1]七3 9八4 -7+6 ㊀ 5三8 4四9 2六2 6二7
寅	‖ ↑	// ↑	申	↑	↑
甲	9九2 4五7 2七9 [1]八① -8+3 ▲㊀ 6三5 5四6 3六8 7二4	8九9 3五5 [1]七7 9八8 -7+① ㊀ 5三3 4四4 2六6 6二2	庚	2九9 7五4 9七2 [1]八① -3+8 ◉㊀ 5三6 6四5 8六3 4二7	9九8 5五3 7七① 8八9 +[1]-7 ㊀ 3三5 4四4 6六2 2二6
卯	7九4 3五8 5七6 6八5 +8-3 ◉㊀ [1]三① 2四9 4六7 9二2	6九3 2五7 4七5 5八4 +7-2 ㊀ 9三9 [1]四8 3六6 8二①	酉	4九7 8五3 6七5 5八6 -3+8 ▲㊀ [1]三① 9四2 7六4 2二9	3九6 7五2 5七4 4八5 -2+7 ㊀ 9三9 8四① 6六3 [1]二8
乙	↑	8九3 4五7 6七5 7八4 +9-2 ㊀ 2三9 3四8 5六6 [1]二①	辛	‖ ↑	3九8 7五4 5七6 4八7 -2+9 ㊀ 9三2 8四3 6六5 [1]二①
辰	8九3 4五7 6七5 7八4 +9-2 ◉㊀ 2三9 3四8 5六6 [1]二①	6九3 2五7 4七5 5八4 +7-2 ㊀ 9三9 [1]四8 3六6 8二①	戌	3九8 7五4 5七6 4八7 -2+9 ▲㊀ 9三2 8四3 6六5 [1]二①	3九6 7五2 5七4 4八5 -2+7 ㊀ 9三9 8四① 6六3 [1]二8
巽	7九① 5五6 3七8 2八9 -9+2 ▲㊀ 7三4 6四5 4六7 8二3	←	乾	[1]九① 6五5 8七3 9八2 +2-9 ◉㊀ 4三7 5四6 7六4 3二8	←
巳	‖ ↑	[1]九9 5五5 3七7 2八8 -9+① ㊀ 7三3 6四4 4六6 8二2	亥	↑	9九① 5五5 7七3 8八2 +[1]-9 ㊀ 3三7 4四6 6六4 2二8

2運《1884-1903》(下卦·替卦)飛星盤

坐\卦	下卦	替卦	坐\卦	下卦	替卦
壬	6一7 [2]六② 4八9 5九8 +7-6◎㊁ 9四4 1五3 3七1 8三5	8一7 4六② 6八9 7九8 +9-6㊁ [2]四4 3五3 5七1 1三5	丙	7一6 [2]②六 9八4 8九5 -6+7▲㊁ 4四9 3五1 1七3 5三8	7一8 [2]六4 9八6 8九7 -6+9㊁ 4四② 3五3 1七5 5三1
子	8一5 3六1 1八3 9九4 -7+6▲㊁ 5四8 4五9 [2]七② 6三7	⬅	午	5一8 1六3 3八1 4九9 +6-7◎㊁ 8四5 9五4 [2]②七 7三6	⬅
癸	‖ ⬆	↖	丁	‖ ⬆	↖
丑	6一9 1六4 8八② 7九1 -5-8※㊁ 3四6 [2]五5 9七3 4三7	6一8 1六3 8八1 7九9 -5-7㊁ 3四5 [2]五4 9七② 4三6	未	9一6 4六1 [2]八8 1九7 -8-5※㊁ 6四3 5五② 3七9 7三4	8一6 3六1 1八8 9九7 -7-5㊁ 5四3 4五② [2]七9 6三4
艮	4一7 9六3 [2]八5 3九6 +5+8✕㊁ 7四1 8五② 1七4 6三9	4一6 9六② [2]八4 3九5 +5+7㊁ 7四9 8五1 1七3 6三8	坤	7一4 3六9 5八② 6九3 +8+5✕㊁ 1四7 [2]五8 4七1 9三6	6一4 [2]六9 4八② 5九3 +7+5㊁ 9四7 1五8 3七1 8三6
寅	⬆	4一8 9六4 [2]八6 3五7 +5+9㊁ 7四② 8五3 1七5 6三1	申	⬆	8一4 4六9 6八② 7九3 +9+5㊁ [2]四7 3五8 5七1 1三6
甲	8一5 4六9 6八7 7九6 +9-4◎㊁ [2]四② 3五1 5七8 1三3	6一7 [2]六② 4八9 5九8 +7-6㊁ 9四4 1五3 3七1 8三5	庚	5一8 9六4 7八6 6九7 -4+9▲㊁ [2]四② 1五3 8七5 3三1	7一6 [2]六② 9八4 8九5 -6+7㊁ 4四9 3五1 1七3 5三8
卯	1一3 5六8 3八1 [2]九② -9+4▲㊁ 7四6 6五7 4七9 8三5	1一5 5六1 3八3 [2]九4 -9+6㊁ 7四8 6五9 4七② 8三7	酉	3一1 8六5 1八3 [2]九② +4-9◎㊁ 6四7 7五6 9七4 5三8	5一1 1六5 3八3 4九② +6-9㊁ 8四7 9五6 [2]七4 7三8
乙	‖ ⬆	// ⬆	辛	‖ ⬆	// ⬆
辰	9一② 5六7 7八9 8九1 +1+3✕㊁ 3四5 4五6 6七8 [2]三4	1一9 6六5 8八7 9九8 +[2]+1㊁ 4四3 5五4 7七6 3三②	戌	[2]一9 7六5 9八7 1九8 +3+1✕㊁ 5四3 6五4 8七6 4三②	9一1 5六6 7八8 8九9 +1+②㊁ 3四4 4五5 6七7 [2]三3
巽	[2]一4 6六8 4八6 3九5 -1-3※㊁ 8四1 7五9 5七7 9三②	[2]一3 6六7 4八5 3九4 -1-②㊁ 8四9 7五8 5七6 9三1	乾	4一② 8六6 6八4 5九3 -3-1※㊁ 1四8 9五7 7七5 [2]三9	3一② 7六6 5八4 4九3 -[2]-1㊁ 9四8 8五7 6七5 1三9
巳	‖ ⬆	// ⬆	亥	‖ ⬆	// ⬆

3運《1904-1923》(下卦·替卦) 飛星盤

坐＼卦	下卦	替卦	坐＼卦	下卦	替卦
壬	9二6 4七2 2九4 1一5 [-8+7 ▲㊁] 6五9 5六1 [3]八③ 7四8	8二8 [3]七4 1九6 9一7 [-7+9 ㊁] 5五2 4六③ 2八5 6四1	丙	6二9 2七4 4九2 5一1 [+7-8 ◉㊁] 9五6 1六5 [3]八③ 8四7	8二8 4七③ 6九1 7一9 [+9-7 ㊁] 2五5 [3]六4 5八2 1四6
子	7二8 [3]七③ 5九1 6一9 [+8-7 ◉㊁] 1五5 2六4 4八2 9四6	6二8 2七③ 4九1 5一9 [+7-7 ㊁] 9五5 1六4 [3]八2 8四6	午	8二7 [3]七③ 1九5 9一6 [-7+8 ▲㊁] 5五1 4六2 2八4 6四9	8二6 [3]七2 1九4 9一5 [-7+7 ㊁] 5五9 4六1 2八③ 6四8
癸	↑	8二8 4七③ 6九1 7一9 [+9-7 ㊁] 2五5 [3]六4 5八2 1四6	丁	‖ ↑	8二8 [3]七4 1九6 9六7 [-7+9 ㊁] 5五2 4六③ 2八5 6四1
丑	7二8 2七4 9九6 8一7 [-6+9 ▲㊁] 4五2 [3]六③ 1八5 5四1	7二6 2七2 9九4 8一5 [-6+7 ㊁] 4五9 [3]六1 1八③ 5四8	未	8二7 4七2 6九9 7一8 [+9-6 ◉㊁] 2五4 [3]六③ 5八1 1四5	6二7 2七2 4九9 5一8 [+7-6 ㊁] 9五4 1六③ [3]八1 8四5
艮	5二1 1七5 [3]九③ 4一2 [+6-9 ◉㊁] 8五7 9六6 2八4 7四8	← //	坤	1二5 5七1 [3]③九 2一4 [-9+6 ▲㊁] 7五8 6六9 4八2 8四7	← //
寅	‖ ↑	// ↖	申	‖ ↑	// ↖
甲	9二4 5七9 7九2 8一③ [+1+5 ✕㊁] [3]五7 4六8 6八1 2四6	1二4 6七9 8九2 9一③ [+2+5 ㊁] 4五7 5六8 7八1 [3]四6	庚	4二9 9七5 2九7 [3]一8 [+5+1 ✕㊁] 7五③ 8六4 1八6 6四2	4二1 9七6 2九8 [3]一9 [+5+2 ㊁] 7五4 8六5 1八7 6四③
卯	2二6 6七1 4九8 [3]一7 [-1-5 ※㊁] 8五③ 7六2 5八9 9四4	← //	酉	6二2 1七6 8九4 7一③ [-5-1 ※㊁] [3]五8 2六7 9八5 4四9	← //
乙	‖ ↑	// ↖	辛	‖ ↑	// ↖
辰	[3]二5 7七9 5九7 4一6 [-2-4 ※㊁] 9五2 8六1 6八8 1四③	[3]二7 7七2 5九9 4一8 [-2-6 ㊁] 9五4 8六③ 6八1 1四5	戌	5二③ 9七7 7九5 6一4 [-4-2 ※㊁] 2五9 1六8 8八6 [3]四1	7二③ 2七7 9九5 8一4 [-6-2 ㊁] 4五9 [3]六8 1八6 5四1
巽	1二③ 6七8 8九1 9一2 [+2+4 ✕㊁] 4五6 5六7 7八9 [3]四5	1二5 6七1 8九③ 9一4 [+2+6 ㊁] 4五8 5六9 7八2 [3]四7	乾	[3]二1 8七6 1九8 2一9 [+4+2 ✕㊁] 6五4 7六5 9八7 5四③	5二1 1七6 [3]九8 4一9 [+6+2 ㊁] 8五4 9六5 2八7 7四③
巳	‖ ↑	9二5 5七1 7九③ 8一4 [+1+6 ㊁] [3]五8 4六9 6八2 2四7	亥	‖ ↑	5二9 1七5 [3]九7 4一8 [+6+1 ㊁] 8五③ 9六4 2八6 7四2

4運《1924-1943》(下卦·替卦) 飛星盤

坐＼卦	下卦	替卦	坐＼卦	下卦	替卦
壬	8三9 [4]八④ 6一2 7二1 +9-8 ●四 2六6 3七5 5九3 1五7	6三8 2八3 [4]一1 9二5 +7-7 四 95六 1七④ 3九2 8五6	丙	9三8 [4]八④ 2一6 1二7 -8+9 ▲四 6六2 5七3 3九5 7五1	8三6 3八2 1一④ 9二5 -7+7 四 5六9 [4]七1 2九3 6五8
子	1三7 5八3 3一5 2二6 -9+8 ▲四 7六1 6七2 [4]九④ 8五9	1三6 5八2 3一④ 2二5 -9+7 四 7六9 6七1 [4]九3 8五8	午	7三1 3八5 5一3 6二2 +8-9 ●四 1六7 2七6 [4]九④ 9五8	6三1 2八5 [4]一3 5二2 +7-9 四 9六7 1七6 3九④ 8五8
癸	‖ ↑	1三8 5八④ 3一6 2二7 -9+9 四 7六2 6七3 [4]九5 8五1	丁	‖ ↑	8三1 [4]九5 6一3 7二2 +9-9 四 2五7 3七6 5九④ 1五8
丑	6三9 2八5 [4]一7 5二8 +7+1 X四 9六3 1七④ 3九6 8五2	8三1 [4]八6 6一8 7二9 +9+2 四 2六④ 3七5 5九7 1五3	未	9三6 5八2 7一④ 8二5 +1+7 X四 3六9 [4]七1 6九3 2五8	1三8 6八④ 8一6 9二7 +2+9 四 [4]六2 5七3 7九5 3五1
艮	8三2 3八6 1一④ 9二3 -7-1 ※四 5六8 [4]七7 2九5 6五9	← //	坤	2三8 6八3 [4]一1 3二9 -1-7 ※四 8六5 7七④ 5九2 9五6	← //
寅	‖ ↑	// ↖	申	‖ ↑	// ↖
甲	3三7 7八2 5一9 [4]二8 -2-6 ※四 9六④ 8七3 6九1 1五5	←	庚	7三3 2八7 9一5 8二④ -6-2 ※四 [4]六9 3七8 1九6 5五1	←
卯	1三5 6八1 8一3 9二④ +2+6 X四 [4]六8 5七9 7九2 3五7	←	酉	5三1 1八6 3一8 [4]二9 +6+2 X四 8六④ 9七5 2九7 7五3	←
乙	‖ ↑	9三5 5八1 7一3 8二④ +1+6 四 3六8 [4]七9 6九2 2五7	辛	‖ ↑	5三9 1八5 3一7 [4]二8 +6+1 四 8六3 9七4 2九6 7五2
辰	2三6 7八1 9一8 1二7 +3-5 ●四 5六3 6七2 8九9 [4]五④	9三6 5八1 7一8 8二7 +1-5 四 3六3 [4]七2 6九9 2五④	戌	6三2 1八7 8一9 7二1 -5+3 ▲四 3六5 2七6 9九8 [4]五④	6三9 1八5 8一7 7二8 -5+1 四 3六3 2七④ 9九6 [4]五2
巽	[4]三④ 8八9 6一2 5二3 ⊠ -3+5 ▲四 1六7 9七8 7九1 2五6	3三④ 7八9 5一2 [4]二3 ⊠ -2+5 四 9六7 8七8 6九1 1五6	乾	[4]三④ 9八8 2一6 3二5 ⊠ +5-3 ●四 7六1 8七9 1九7 6五2	[4]三3 9八7 2一5 3二④ ⊠ +5-2 四 7六9 8七8 1九6 6五1
巳	‖ ⊠ ↑	// ⊠ ↑	亥	‖ ⊠ ↑	// ⊠ ↑

5運《1944-1963》(下卦·替卦) 飛星盤

坐＼卦	下卦	替卦	坐＼卦	下卦	替卦
壬	9四8 [5]九4 7二6 8三7 +1+9㊄ 3七2 4八3 6一⑤ 2六1	1四6 6九2 8二4 9三⑤ +2+7㊄ 4七9 [5]八1 7一3 3六8	丙	8四9 4九⑤ 6二7 7三8 +9+1㊄ 2七3 3八4 [5]一6 1六2	6四1 2九6 4二8 [5]三9 +7+2㊄ 9七4 1八⑤ 3一7 8六3
子	2四1 6九⑤ 4二3 3三2 -1-9※㊄ 8七7 7八6 [5]一4 9六8	←	午	1四2 [5]九6 3二4 2三3 -9-1※㊄ 7七8 6八7 4一⑤ 8六9	← //
癸	⬆	↖	丁	⬆	↖
丑	9四3 4九7 2二⑤ 1三4 -8-2※㊄ 6七9 [5]八8 3一6 7六1	8四3 3九7 1二⑤ 9三4 -7-2㊄ [5]七9 4八8 2一6 6六1	未	3四9 7九4 [5]二2 1 4三 -2-8※㊄ 9七6 8八⑤ 6一3 1六7	3四8 7九3 [5]二1 4三9 -2-7㊄ 9七⑤ 8八4 6一2 1六6
艮	7四1 3九6 [5]二8 6三9 +8+2X㊄ 1七4 2八⑤ 4一7 9六3	6四1 2九6 4二8 [5]三9 +7+2㊄ 9七4 1八⑤ 3一7 8六3	坤	1四7 6九3 8二⑤ 9三6 +2+8X㊄ 4七1 [5]八2 7一4 3六9	1四6 6九2 8二4 9三⑤ +2+7㊄ 4七9 [5]八1 7一3 3六8
寅	‖ ⬆	8四9 4九⑤ 6二7 7三8 +9+1㊄ 2七3 3八4 [5]一6 1六2	申	‖ ⬆	9四8 [5]九4 7二6 8三7 +1+9㊄ 3七2 4八3 6一⑤ 2六1
甲	2四6 7九2 9二4 1三⑤ +3+7X㊄ [5]七9 6八1 8一3 4六8	9四8 [5]九4 7二6 8三7 +1+9㊄ 3七2 4八3 6一⑤ 2六1	庚	6四2 2九7 4二9 [5]三1 +7+3X㊄ 9七⑤ 1八6 3一8 8六4	8四9 4九⑤ 6二7 7三8 +9+1㊄ 2七3 3八4 [5]一6 1六2
卯	4四8 8九3 6二1 [5]三9 -3-7※㊄ 1七⑤ 9八4 7一2 2六6	3四8 7九3 [5]二1 4三9 -2-7㊄ 9七⑤ 8八4 6一2 1六6	酉	8四4 3九8 1二6 9三⑤ -7-3※㊄ [5]七1 4八9 2一7 6六2	8四3 3九7 1二⑤ 9三4 -7-2㊄ [5]七9 4八8 2一6 6六1
乙	‖ ⬆	// ⬆	辛	‖ ⬆	// ⬆
辰	[5]四7 9九2 7二9 6三8 -4-6※㊄ 2七4 1八3 8一1 3六⑤	7四7 2九2 9二9 8三8 -6-6㊄ 4七4 3八3 1一1 [5]六⑤	戌	7四⑤ 2九9 9二7 8三6 -6-4※㊄ 4七2 3八1 1一8 [5]六3	7四7 2九2 9二9 8三8 -6-6㊄ 4七4 3八3 1一1 [5]六⑤
巽	3四⑤ 8九1 1二3 2三4 +4+6X㊄ 6七8 7八9 9一2 [5]六7	[5]四⑤ 1九1 3二3 4三4 +6+6㊄ 8七8 9八9 2一2 7六7	乾	[5]四3 1九8 3二1 4三2 +6+4X㊄ 8七6 9八7 2一9 7六⑤	[5]四⑤ 1九1 3二3 4三4 +6+6㊄ 8七8 9八9 2一2 7六7
巳	‖ ⬆	// ⬆	亥	‖ ⬆	// ⬆

6運《1964-1983年》(下卦·替卦) 飛星盤

坐＼卦	下卦	替卦	坐＼卦	下卦	替卦
壬	3五9 7一5 5三7 4四8 -2+1▲六 9八3 8九4 6二⑥ 1七2	3五1 7一⑥ 5三8 4四9 -2+2六 9八4 8九5 6二7 1七3	丙	9五3 5一7 7三5 8四4 +1-2◉六 3八9 4九8 6二⑥ 2七1	1五3 6一7 8三5 9四4 +2-2六 4八9 5九8 7二⑥ 3七1
子	1五2 6一⑥ 8三4 9四3 +2-1◉六 4八8 5九7 7二5 3七9	1五2 6一⑥ 8三4 9四3 +2-1六 4八8 5九7 7二5 3七9	午	2五1 6一⑥ 4三8 3四9 -1+2▲六 8八4 7九5 5二7 9七3	2五1 6一⑥ 4三8 3四9 -1+2六 8八4 7九5 5二7 9七3
癸	‖ ⬆	9五2 5一⑥ 7三4 8四3 +1-1六 3八8 4九7 6二5 2七9	丁	‖ ⬆	2五9 6一5 4三7 3四8 -1+1六 8八3 7九4 5二⑥ 9七2
丑	8五2 4一7 6三9 7四1 +9+3✕六 2八5 3九⑥ 5二8 1七4	6五9 2一5 4三7 5四8 +7+1六 9八3 1九4 3二⑥ 8七2	未	2五8 7一4 9三⑥ 1四7 +3+9✕六 5八2 6九3 8二5 4七1	9五⑥ 5一2 7三4 8四5 +1+7六 3八9 4九1 6二3 2七8
艮	1五4 5一8 3三⑥ 2四5 -9-3※六 7八1 6九9 4二7 8七2	1五3 5一7 3三5 2四4 -9-2六 7八9 6九8 4二⑥ 8七1	坤	4五1 8一5 6三3 5四2 -3-9※六 1八7 9九⑥ 7二4 2七8	3五1 7一5 5三3 4四2 -2-9六 9八7 8九⑥ 6二4 1七8
寅	‖ ⬆	1五3 5一7 3三5 2四4 -9-2六 7八9 6九8 4二⑥ 8七1	申	‖ ⬆	⬆
甲	5五9 9一4 7三2 6四1 -4-8※六 2八⑥ 1九5 8二3 3七7	7五8 2一3 9三1 8四9 -6-7六 4八5 3九4 1二2 5七⑥	庚	9五5 4一9 2三7 1四⑥ -8-4※六 6八2 5九1 3二8 7七3	8五7 3一2 1三9 9四8 -7-⑥六 5八4 4九3 2二1 6七5
卯	3五7 8一3 1三5 2四⑥ +4+8✕六 6八1 7九2 9二4 5七9	5五⑥ 1一2 3三4 4四5 +6+7六 8八9 9九1 2二3 7七8	酉	7五3 3一8 5三1 6四2 +8+4✕六 1八⑥ 2九7 4二9 9七5	6五5 2一1 4三3 5四4 +7+⑥六 9八8 1九9 3二2 8七7
乙	‖ ⬆	5五8 1一4 3三⑥ 4四7 +6+9六 8八2 9九3 2二5 7七1	辛	‖ ⬆	8五5 4一1 6三3 7四4 +9+⑥六 2八8 3九9 5二2 1七7
辰	6五⑥ 1一2 8三4 7四5 -5+7▲六 3八9 2九1 9二3 4七8	6五8 1一4 8三⑥ 7四7 -5+9六 3八2 2九3 9二5 4七1	戌	6五⑥ 2一1 4三8 5四7 +7-5◉六 9八3 1九2 3二9 8七4	8五⑥ 4一1 6三8 7四7 +9-5六 2八3 3九2 5二9 1七4
巽	4五8 9一3 2三1 3四9 ⊠+5-7◉六 7八5 8九4 1二2 6七⑥	4五8 9一3 2三1 3四9 ⊠+5-7六 7八5 8九4 1二2 6七⑥	乾	8五4 3一9 1三2 9四3 ⊠-7+5▲六 5八7 4九8 2二1 6七⑥	8五4 3一9 1三2 9四3 ⊠-7+5六 5八7 4九8 2二1 6七⑥
巳	⊠⬆	⊠⬆	亥	‖ ⊠⬆	// ⊠⬆

7運《 1984-2003年》(下卦·替卦) 飛星盤

坐＼卦	下卦	替卦	坐＼卦	下卦	替卦
+壬	2六3 7二⑦ 9四5 1五4 [+3-2 ●㊆] 5九9 6一8 8三6 4八1	9六3 5二⑦ 7四5 8五4 [+1-2 ㊆] 3九9 4一8 6三6 2八1	-丙	3六2 7二⑦ 5四9 4五1 [-2+3 ▲㊆] 9九5 8一6 6三8 1八4	3六9 7二5 5四⑦ 4五8 [-2+1 ㊆] 9九3 8一4 6三6 1八2
-子	4六1 8二6 6四8 5五9 [-3+2 ▲㊆] 1九4 9一5 7三⑦ 2八3	3六1 7二6 5四8 4五9 [-2+2 ㊆] 9九4 8一5 6三⑦ 1八3	+午	1六4 6二8 8四6 9五5 [+2-3 ●㊆] 4九1 5一9 7三⑦ 3八2	1六3 6二⑦ 8四5 9五4 [+2-2 ㊆] 4九9 5一8 7三6 3八1
-癸	‖ [⬆]	3六9 7二5 5四⑦ 4五8 [-2+1 ㊆] 9九3 8一4 6三6 1八2	+丁	‖ [⬆]	9六3 5二⑦ 7四5 8五4 [+1-2 ㊆] 3九9 4一8 6三6 2八1
+丑	9六5 5二9 7四⑦ 8五6 [+1-4 ●㊆] 3九2 4一1 6三8 2八3	1六⑦ 6二2 8四9 9五8 [+2-6 ㊆] 4九4 5一3 7三1 3八5	-未	5六9 9二5 7四⑦ 6五8 [-4+1 ▲㊆] 2九3 1一4 8三6 3八2	7六1 2二6 9四8 8五9 [-6+2 ㊆] 4九4 3一5 1三⑦ 5八3
-艮	2六3 6二8 4四1 3五2 [-1+4 ▲㊆] 8九6 7一⑦ 5三9 9八5	2六5 6二1 4四3 3五4 [-1+6 ㊆] 8九8 7一9 5三2 9八⑦	+坤	3六2 8二6 1四4 2五3 [+4-1 ●㊆] 6九8 7一⑦ 9三5 5八9	5六2 1二6 3四4 4五3 [+6-1 ㊆] 8九8 9一⑦ 2三5 7八9
-寅	‖ [⬆]	[⬆]	+申	‖ [⬆]	[⬆]
+甲	4六8 9二4 2四6 3五⑦ [+5+9 ㊆ ✕] 7九2 8一3 1三5 6八1	4六6 9二2 2四4 3五5 [+5+⑦ ㊆ ✕] 7九9 8一1 1三3 6八8	+庚	8六4 4二9 6四2 7五3 [+9+5 ㊆ ✕] 2九⑦ 3一8 5三1 1八6	6六4 2二9 4四2 5五3 [+7+5 ㊆ ✕] 9九⑦ 1一8 3三1 8八6
-卯	6六1 1二5 8四3 7五2 [-5-9 ※㊆] 3九⑦ 2一6 9三4 4八8	= [⬅]	-酉	1六6 5二1 3四8 2五⑦ [-9-5 ※㊆] 7九3 6一2 4三9 8八4	= [⬅]
-乙	‖ [⬆]	// = [↖]	-辛	‖ [⬆]	// = [↖]
-辰	7六9 2二4 9四2 8五1 [-6-8 ※㊆] 4九6 3一5 1三3 5八⑦	7六8 2二3 9四1 8五9 [-6-⑦ ㊆] 4九5 3一4 1三2 5八6	-戌	9六⑦ 4二2 2四9 1五8 [-8-6 ※㊆] 6九4 5一3 3三1 7八5	8六⑦ 3二2 1四9 9五8 [-7-6 ㊆] 5九4 4一3 2三1 6八5
+巽	5六⑦ 1二3 3四5 4五6 [+6+8 X㊆] 8九1 9一2 2三4 7八9	5六6 1二2 3四4 4五5 [+6+⑦ ㊆] 8九9 9一1 2三3 7八8	+乾	7六5 3二1 5四3 6五4 [+8+6 X㊆] 1九8 2一9 4三2 9八⑦	6六5 2二1 4四3 5五4 [+7+6 ㊆] 9九8 1一9 3三2 8八⑦
+巳	‖ [⬆]	5六8 1二4 3四6 4五⑦ [+6+9 ㊆] 8九2 9一3 2三5 7八1	+亥	‖ [⬆]	8六5 4二1 6四3 7五4 [+9+6 ㊆] 2九8 3一9 5三2 1八⑦

8運《2004-2023年》(下卦·替卦) 飛星盤

坐＼卦	下卦	替卦	坐＼卦	下卦	替卦
－壬	5七2 9三7 7五9 6六1 -4+3 ▲八 2一5 1二6 8四8 3九4	7七9 2三5 9五7 8六8 -6+1 八 4一3 3二4 1四6 5九2	＋丙	2七5 7三9 9五7 1六6 +3-4 ●八 5一2 6二1 8四8 4九3	9七7 5三2 7五9 8六8 +1-6 八 3一4 4二3 6四1 2九5
＋子	3七4 8三8 1五6 2六5 +4-3 ●八 6一1 7二9 9四7 5九2	5七3 1三7 3五5 4六4 +6-2 八 8一9 9二8 2四6 7九1	－午	4七3 8三8 6五1 5六2 -3+4 ▲八 1一6 9二7 7四9 2九5	3七5 7三1 5五3 4六4 -2+6 八 9一8 8二9 6四2 1九7
＋癸	‖ ↑	// ↑	－丁	↑	// ↑
－丑	3七6 7三1 5五8 4六7 -2-5 ※八 9一3 8二2 6四9 1九4	←	－未	6七3 1三7 8五5 7六4 -5-2 ※八 3一9 2二8 9四6 4九1	←
＋艮	1七4 6三9 8五2 9六3 +2+5 ✕八 4一7 5二8 7四1 3九6	~~←~~	＋坤	4七1 9三6 2五8 3六9 +5+2 ✕八 7一4 8二5 1四7 6九3	~~←~~
＋寅	~~↑~~	9七4 5三9 7五2 8六3 +1+5 八 3一7 4二8 6四1 2九6	＋申	~~↑~~	4七9 9三5 2五7 3六8 +5+1 八 7一3 8二4 1四6 6九2
－甲	7七9 2三5 9五7 8六8 -6+1 ▲八 4一3 3二4 1四6 5九2	7七1 2三6 9五8 8六9 -6+2 八 4一4 3二5 1四7 5九3	＋庚	9七7 5三2 7五9 8六8 +1-6 ●八 3一4 4二3 6四1 2九5	1七7 6三2 8五9 9六8 +2-6 八 4一4 5二3 7四1 3九5
＋卯	5七2 1三6 3五4 4六3 +6-1 ●八 8一8 9二7 2四5 7九9	←	－酉	2七5 6三1 4五3 3六4 -1+6 ▲八 8一8 7二9 5四2 9九7	←
＋乙	↑	↖	－辛	↑	↖
＋辰	6七8 2三4 4五6 5六7 +7+9 ✕八 9一2 1二3 3四5 8九1	8七6 4三2 6五4 7六5 +9+7 八 2一9 3二1 5四3 1九8	＋戌	8七6 4三2 6五4 7六5 +9+7 ✕八 2一9 3二1 5四3 1九8	6七8 2三4 4五6 5六7 +7+9 八 9一2 1二3 3四5 8九1
－巽	8七1 3三5 1五3 9六2 -7-9 ※八 5一7 4二6 2四4 6九8	←	－乾	1七8 5三3 3五1 2六9 -9-7 ※八 7一5 6二4 4四2 8九6	←
－巳	↑	↖	－亥	↑	↖

9運《2024-2043年》(下卦·替卦) 飛星盤

坐＼卦	下卦	替卦	坐＼卦	下卦	替卦
壬	4八5 9四⑨ 2六7 3七6 +5-4(九) 7二2 8三1 1五8 6一3	4八7 9四2 2六⑨ 3七8 +5-6(九) 7二4 8三3 1五1 6一5	丙	5八4 ⑨四9 7六2 6七3 -4+5(九) 2二7 1三8 8五1 3一6	7八4 2四⑨ 9六2 8七3 -6+5(九) 4二7 3三8 1五1 5一6
子	6八3 1四8 8六1 7七2 -5+4(九) 3二6 2三7 9五⑨ 4一5	6八5 1四1 8六3 7七4 -5+6(九) 3二8 2三⑨ 9五2 4一7	午	3八6 8四1 1六8 2七7 +4-5(九) 6二3 7三2 9五⑨ 5一4	5八6 1四1 3六8 4七7 +6-5(九) 8二3 9三2 2五⑨ 7一4
癸	↑	↑	丁	↑	↑
丑	2八7 7四2 9六⑨ 1七8 +3-6(九) 5二4 6三3 8五1 4一5	9八7 5四2 7六⑨ 8七8 +1-6(九) 3二4 4三3 6五1 2一5	未	7八2 2四7 9六⑨ 8七1 -6+3(九) 4二5 3三6 1五8 5一4	7八⑨ 2四5 9六7 8七8 -6+1(九) 4二3 3三4 1五6 5一2
艮	4八5 8四1 6六3 5七4 -3+6(九) 1二8 9三⑨ 7五2 2一7	3八5 7四1 5六3 4七4 -2+6(九) 9二8 8三⑨ 6五2 1一7	坤	5八4 1四8 3六6 4七5 +6-3(九) 8二1 9三⑨ 2五7 7一2	5八3 1四7 3六5 4七4 +6-2(九) 8二⑨ 9三8 2五6 7一1
寅	↑	↑	申	↑	↑
甲	6八3 2四7 4六5 5七4 +7-2(九) 9二⑨ 1三8 3五6 8一1	8八3 4四7 6六5 7七4 +9-2(九) 2二⑨ 3三8 5五6 1一1	庚	3八6 7四2 5六4 4七5 -2+7(九) 9六⑨ 8三1 6五3 1一8	3八8 7四4 5六6 4七7 -2+⑨(九) 9六2 8三3 6五5 1一1
卯	8八1 3四6 1六8 9七⑨ -7+2(九) 5二4 4三5 2五7 6一3	←	酉	1八8 6四3 8六1 9七⑨ +2-7(九) 4二5 5三4 7五2 3一6	←
乙	↑	8八⑨ 3四5 1六7 9七8 -7+1(九) 5二3 4三4 2五6 6一2	辛	↑	9八8 5四3 7六1 8七⑨ +1-7(九) 3二5 4三4 6五2 2一6
辰	9八⑨ 4四5 2六7 1七8 -8+1(九) 6二3 5三4 3五6 7一2	8八1 3四6 1六8 9七⑨ -7+2(九) 5二4 4三5 2五7 6一3	戌	9八⑨ 5四4 7六2 8七1 +1-8(九) 3二6 4三5 6五3 2一7	1八8 6四3 8六1 9七⑨ +2-7(九) 4二5 5三4 7五2 3一6
巽	7八2 3四6 5六4 6七3 +8-1(九) 1二8 2三7 4五5 9一⑨	6八2 2四6 4六4 5七3 +7-1(九) 9二8 1三7 3五5 8一⑨	乾	2八7 6四3 4六5 3七6 -1+8(九) 8二1 7三2 5五4 9一⑨	2八6 6四2 4六4 3七5 -1+7(九) 8二⑨ 7三1 5五3 9一8
巳	↑	8八2 4四6 6六4 7七3 +9-1(九) 2二8 3三7 5五5 1一⑨	亥	↑	2八8 6四4 4六6 3七7 -1+⑨(九) 8二2 7三3 5五5 9一1

《玄空秘旨》

2014년 9월 22일 1판 인쇄
2014년 9월 25일 1판 발행

펴낸이 : 문해성
펴낸곳 : 상원문화사
주소 : 서울시 은평구 신사1동 32-9 대일빌딩 2층
전화 : (02) 354-8646 팩시밀리 : (02) 384-8644
이메일 : mjs1044@naver.com

출판등록 : 1996년 7월 2일 제8-190호
ISBN 979-11-85179-07-0 (03180)

懸吐
柳湖基(류호기) : 대전대, 동방대학원대학교, 가천대 현공풍수강의(현)
풍수사상에 있어서 동기감응의 철학적 고찰(석사논문)
權渡訓(권도훈) : 글로벌 사이버대 동양학부 겸임교수(현)

簡疏
崔明宇(최명우) : 대한현공풍수지리학회(http://cafe.daum.net/gusrhdvndtn) 연구소장